地理学论文写作

姚鲁烽 何书金 赵 歆 著

科学出版社
北 京

内 容 简 介

本书是《地理学报》三位资深编辑在多年编辑工作经验总结的基础上，结合《地理学报》2000~2014年15年间900多位地理学及其相邻学科的专家学者的10 000多份论文审稿意见分析和整理编写而成。可供广大地理学论文撰写者写作时参考。

本书第一篇系统地阐述地理学论文撰写中在论文选题、体例、数据、文献、插图、表格、英文摘要等7个方面的规范格式。第二篇是论述地理学论文的类型与结构。对时空变化类论文、相关影响类论文、数学模拟类论文、分级分区类论文、实验分析类论文、综述评论类论文等6种主要类型论文的形式进行结构和层次的分析。书末附录包括《地理学报》的投稿问题解答、论文检查项目、审稿专家名录等。

本书可供地理学、气象学、生态学、海洋学、水利学、规划学等学科的青年学者和研究生参考使用。

图书在版编目（CIP）数据

地理学论文写作/姚鲁烽，何书金，赵歆著. —北京：科学出版社，2015.6
ISBN 978-7-03-044627-5

Ⅰ.①地… Ⅱ.①姚…②何…③赵… Ⅲ.①地理学—论文—写作
Ⅳ.①H152.3

中国版本图书馆CIP数据核字（2015）第124820号

责任编辑：杨帅英　唐保军　朱海燕／责任校对：张小霞
责任印制：吴兆东／封面设计：图阅社

科学出版社 出版
北京东黄城根北街16号
邮政编码：100717
http://www.sciencep.com

北京建宏印刷有限公司印刷
科学出版社发行　各地新华书店经销
*

2015年6月第 一 版　开本：787×1092　1/16
2024年7月第九次印刷　印张：12 1/4
字数：290 000

定价：88.00元
（如有印装质量问题，我社负责调换）

序　言

　　《地理学论文写作》是由《地理学报》编辑部的姚鲁烽、何书金、赵歆等三位编辑根据 2000~2014 年的 15 年间论文审稿中提出的意见整理完成的。三位作者都是具有 15 年以上的编辑工作经验，他们对于审稿专家提出的审稿意见，不仅是反馈给作者用于修改论文，而且还对每篇审稿意见进行认真研究，分析审稿专家发现问题的视角、提出问题的类型、解决问题的方法。并且进行不断地总结和归纳，曾针对地理学论文写作中存在的问题撰写过系列论文，并最终形成该书。用"十年磨一剑"来形容该书是不为过的。该书的编写过程也是编写者进步的过程，他们将编写过程中积累的知识用于《地理学报》的编辑工作中，使得《地理学报》的编辑水平和学术影响力不断提高。近 5 年来，《地理学报》的影响因子一直位于中国 5000 余种科技期刊的前 5 名。该书撰写是在分析上万篇审稿意见的基础上，对写作技巧的荟萃，其出版的意义在于为广大地理学论文撰写者的写作提供指导。该书的特点是：

　　1) 该书汇集了全国优秀地理学者的学术思想和写作经验

　　该书是作者根据全国 900 余位各专业审稿专家对《地理学报》送审稿提出的意见整理出来的，《地理学报》作为代表中国地理学最高学术水平的期刊，挑选的审稿专家都是各专业、各地区的高水平学者。高质量论文的发表既有作者的辛勤努力，也有审稿专家的鼎力帮助。《地理学报》每篇论文的选稿和修改都离不开广大审稿专家的认真审阅和细致修改。

　　2) 该书总结了多年地理学论文审稿、选稿、编稿工作的经验

　　读者在阅览科技期刊时，看到的都是经过专家认真评审、作者仔细修改后发表的论文。而在论文修改过程中作者进行了哪些修改和完善，读者是看不到的。还有很多来稿因为没有通过评审，而未能在《地理学报》刊出。特别是很多高水平的科技期刊，退稿率往往都很高，可谓"一刊成名千稿退"。人们一般不知道各类稿件的退稿原因，所以后来投稿者在论文中往往会出现同样的问题。该书出版的目的，就是帮助投稿作者尽量减少前人论文中常出现的问题，增加投稿的用稿率。

　　3) 该书提供了青年地理学者尽快掌握论文写作的方法

　　科学研究事业的发展，离不开青年学者的不断涌现和成长。《地理学

报》的很多青年作者都是刚刚加入科研行列的新生力量，有些人还是第一次向科技期刊投稿。很多来稿难免出现各种学术问题和写作疏忽。该书出版的主要目的之一，就是帮助青年作者尽快地掌握科学研究的方法、提高论文写作的水平。

当然，一门学科的发展与进步，总是伴随着各种不同学术观点的讨论与争议。这一点在期刊论文审稿中尤能显现出来。审稿专家对作者研究工作的质疑、作者对审稿意见的反驳，始终贯穿在每份科技期刊的审稿选稿过程中。该书的作者一直试图将各种争议在不同论文送审过程中寻找共识，用于完善该书的写作。尽管如此，我认为还会有不少读者会对该书的一些观点提出质疑。因此，我在这里真诚欢迎各专业学者对该书第一版提出不同意见和修改建议，以进一步完善地理学的写作方法和提高《地理学报》的编辑出版水平。

最后，我谨向《地理学报》的全体投稿作者、审稿专家、期刊编辑表示衷心的感谢。是他们锲而不舍的努力和卓有成效的工作，共同成就了该书的问世。

刘昌明

中国科学院院士、《地理学报》主编

前　言

本书是作者在多年编辑工作经验总结的基础上，结合对《地理学报》上万份审稿意见进行分类整理后编写的。主要目的是帮助地理学及其相邻学科的论文初写者掌握写作的论文格式、基本要求和基础知识。需要说明的是：

(1) 本书所用的分析资料和学术观点都来自全国各专业、各地区专家学者为《地理学报》提供的审稿意见。由于书中阐述的所有观点和意见都不是某一位审稿专家独自提出的，而是多位学者的共同意见，所以不在书中一一列举各种观点提出者的姓名，而是在本书列举近15年来为《地理学报》审稿的专家名录。以此向所有审稿专家表示衷心的感谢。

(2) 本书撰写的主要目的是为撰写论文的初学者提供写作帮助。本书中列举的内容都是来稿中经常出现的问题。出现这种情况的原因主要有两点：一是投稿作者分别来自地理学的不同专业，在撰写跨专业稿件时，由于不太熟悉其他专业的一些学术知识，容易犯专业错误。二是由于一些来稿作者是非地理学科的师生，所以来稿中对地理学的一些基础性知识往往了解不够。为了使更多初次进行地理学论文写作的青年学者和非地理专业读者能够在地理学期刊发表自己的研究成果，本书对来稿中地理学基础方面的问题进行规范。

(3) 书中指出的问题不是某一位作者的问题，而是审稿中常见的问题。有些审稿中提出的问题在编辑反馈给作者时，作者提出过异议。为了验证审稿意见的正确性，我们在以后遇到类似问题稿件时，又分送不同专家审稿，以验证有关学术争议问题。书中所举证的实例都是由《地理学报》已发表的论文中摘选的，作者借此机会向《地理学报》的全体投稿作者表示衷心的感谢。

(4) 我们进行审稿意见总结，不是为了替代专家审稿，而是用于对专家审稿意见进行必要的补充。每份审稿意见都是针对具体的一份论文的，如何将特定的审稿意见用于不同稿件中出现的同类问题，是我们研究的目的之一。这样做的结果，既可以用来提高发表论文的学术水平和影响力，也可以验证该项意见的普遍应用作用。

(5) 本书的部分内容曾分别在中国科学院地理科学与资源研究所、中国科学院大学、北京师范大学、中山大学、首都师范大学、南京师范大学、辽宁师范大学、陕西师范大学、华南师范大学、湖南师范大学、福建师范大学、浙江师范大学、四川师范大学、江西师范大学、贵州师范大学、哈尔滨师范大学、云南大学、云南师范大学、山东师范大学、广西师范大学、黑龙江大学、广州大学、河南财经政法大学、衡阳师范学院、湖南文理学院、广州地理研究所等科研单位和高校试讲过，听取了广大地理学科研工作者和师生对论文写作方面的意见和建议，并进行了大量的修改。

(6) 中国科学院地理科学与资源研究所岳天祥研究员审阅了数学模拟方面的内容，

刘盛和研究员审阅了经济地理方面的内容，尤联元研究员审阅了地貌学方面的内容，北京师范大学龚道溢教授审阅了气候学方面的内容，中国科学院植物研究所姜联合编审审阅了植物生态学方面的内容。安徽师范大学吴立博士、《地理学报》编辑部于信芳博士、李义编辑负责对全书进行校对，作者谨此表示衷心的感谢。

（7）真诚欢迎广大读者对本书的内容提出宝贵意见，以利于地理学论文写作方法的进一步完善。

作　者

2015 年 5 月 5 日

目 录

序言
前言

第一篇 地理学论文的基本写作要求

第1章 论文的选题 ………………………………………………………… 3
1.1 选题的基本要求 ………………………………………………………… 3
1.2 创新研究的选题 ………………………………………………………… 3
　1.2.1 研究方向的创新 …………………………………………………… 4
　1.2.2 研究方法的创新 …………………………………………………… 4
　1.2.3 研究内容的创新 …………………………………………………… 5
1.3 深入研究的选题 ………………………………………………………… 5
　1.3.1 研究时段的加长 …………………………………………………… 5
　1.3.2 研究范围的扩大 …………………………………………………… 5
　1.3.3 研究层次的深入 …………………………………………………… 5
1.4 选题的学科区别 ………………………………………………………… 6
　1.4.1 地理学研究与论文的选题特点 …………………………………… 6
　1.4.2 论文学科跨度与投稿期刊类型 …………………………………… 6
　1.4.3 地理学与相邻学科的选题区别 …………………………………… 7
1.5 选题的注意事项 ………………………………………………………… 9

第2章 论文的体例 ………………………………………………………… 10
2.1 论文的标题 ……………………………………………………………… 10
　2.1.1 标题的简明性 ……………………………………………………… 10
　2.1.2 标题的确切性 ……………………………………………………… 10
　2.1.3 标题的层次性 ……………………………………………………… 11
　2.1.4 标题的自明性 ……………………………………………………… 12
2.2 论文的摘要 ……………………………………………………………… 12
2.3 关键词选择 ……………………………………………………………… 13
2.4 引言的撰写 ……………………………………………………………… 13
2.5 正文的体例 ……………………………………………………………… 14
　2.5.1 研究区概述 ………………………………………………………… 14
　2.5.2 数据的说明 ………………………………………………………… 14
　2.5.3 方法的论述 ………………………………………………………… 15

2.5.4 内容的排列 …………………………………………………… 16
 2.6 结论的阐述 ………………………………………………………… 17
 2.7 讨论的内容 ………………………………………………………… 18
 2.8 文字的表达 ………………………………………………………… 18
 2.9 全文的协调 ………………………………………………………… 19
第 3 章 论文的数据使用 ………………………………………………… 21
 3.1 数据的各种组合 …………………………………………………… 21
  3.1.1 不同类型的数据组合 …………………………………… 22
  3.1.2 不同比例的数据组合 …………………………………… 22
  3.1.3 不同时间的数据组合 …………………………………… 22
  3.1.4 不同精度的数据组合 …………………………………… 22
 3.2 数据的来源说明 …………………………………………………… 23
 3.3 数据的时间要求 …………………………………………………… 24
  3.3.1 数据的时段长度 ………………………………………… 24
  3.3.2 数据的即时程度 ………………………………………… 25
  3.3.3 数据的周期完整 ………………………………………… 26
  3.3.4 数据的时间同步 ………………………………………… 26
  3.3.5 数据的时间选择 ………………………………………… 27
  3.3.6 数据的时序间隔 ………………………………………… 27
  3.3.7 数据的时序插补 ………………………………………… 28
 3.4 数据的空间要求 …………………………………………………… 28
  3.4.1 数据的空间范围 ………………………………………… 28
  3.4.2 数据的空间密度 ………………………………………… 29
  3.4.3 数据的空间插补 ………………………………………… 30
  3.4.4 数据的空间类型 ………………………………………… 31
  3.4.5 数据的空间变化 ………………………………………… 31
 3.5 数据的处理过程 …………………………………………………… 32
  3.5.1 数据的数字化处理 ……………………………………… 32
  3.5.2 数据的标准化处理 ……………………………………… 32
  3.5.3 数据的可视化处理 ……………………………………… 33
  3.5.4 数据的参数化处理 ……………………………………… 33
  3.5.5 数据处理中的问题 ……………………………………… 33
 3.6 数据的精度要求 …………………………………………………… 34
 3.7 数据的分析检验 …………………………………………………… 35
  3.7.1 数据的合理性检验 ……………………………………… 35
  3.7.2 数据的显著性检验 ……………………………………… 36
  3.7.3 数据的代表性检验 ……………………………………… 36
  3.7.4 数据的替代性检验 ……………………………………… 36
  3.7.5 数据的区域性检验 ……………………………………… 37

  3.7.6 数据频率分布检验 ………………………………………………… 37
  3.7.7 数据的统计差异检验 ………………………………………………… 37
 3.8 数据的检索收集 ……………………………………………………………… 37
第4章 论文的插图编绘 ………………………………………………………… 39
 4.1 地图的编绘 …………………………………………………………………… 39
  4.1.1 底图的选择 …………………………………………………………… 39
  4.1.2 地物的标注 …………………………………………………………… 40
  4.1.3 经纬度格式 …………………………………………………………… 40
  4.1.4 插图的比例 …………………………………………………………… 41
  4.1.5 插图的字体字号 ……………………………………………………… 41
  4.1.6 插图的图例要求 ……………………………………………………… 42
  4.1.7 插图的颜色选择 ……………………………………………………… 43
  4.1.8 插图的校对检验 ……………………………………………………… 45
 4.2 曲线图编绘 …………………………………………………………………… 45
  4.2.1 曲线图的坐标 ………………………………………………………… 46
  4.2.2 曲线图的线型 ………………………………………………………… 46
  4.2.3 曲线图的标注 ………………………………………………………… 47
  4.2.4 曲线图的底色 ………………………………………………………… 47
 4.3 剖面图的编绘 ………………………………………………………………… 47
  4.3.1 地层剖面图的编绘 …………………………………………………… 47
  4.3.2 地形剖面图的编绘 …………………………………………………… 47
 4.4 比例图的编绘 ………………………………………………………………… 49
 4.5 流程图的规范 ………………………………………………………………… 49
  4.5.1 流程图的类型 ………………………………………………………… 50
  4.5.2 流程图的构成 ………………………………………………………… 50
 4.6 照片的使用规范 ……………………………………………………………… 50
  4.6.1 照片的使用 …………………………………………………………… 50
  4.6.2 电镜片的使用 ………………………………………………………… 51
 4.7 图组的规范 …………………………………………………………………… 52
  4.7.1 图组的标题 …………………………………………………………… 52
  4.7.2 图组的图例 …………………………………………………………… 52
  4.7.3 图组的排列 …………………………………………………………… 52
 4.8 图形文件的处理 ……………………………………………………………… 53
  4.8.1 图形文件的类型 ……………………………………………………… 53
  4.8.2 图形文件的转换 ……………………………………………………… 53
  4.8.3 图形文件的压缩 ……………………………………………………… 54
  4.8.4 图形文件的修饰 ……………………………………………………… 55
  4.8.5 图形文件的合并 ……………………………………………………… 56
 4.9 插图使用的说明 ……………………………………………………………… 56

4.9.1　插图意义的说明 …… 56
　　4.9.2　插图数据的说明 …… 57
　　4.9.3　插图来源的说明 …… 57

第5章　论文表格的排列 …… 58
5.1　表格的基本格式 …… 58
　　5.1.1　表格的形式 …… 58
　　5.1.2　表头的项目 …… 59
　　5.1.3　表注的说明 …… 60
5.2　表格的数据格式 …… 60
　　5.2.1　数据的集合 …… 60
　　5.2.2　数据的排序 …… 60
　　5.2.3　数据的对比 …… 61
　　5.2.4　数据的核对 …… 62
5.3　文字表格的格式 …… 62

第6章　论文的英文摘要 …… 63
6.1　时间的英文表达 …… 63
6.2　地名的英文译法 …… 64
6.3　英文的符号使用 …… 65

第7章　论文的参考文献 …… 67
7.1　参考文献的广泛性 …… 67
7.2　参考文献的相关性 …… 68
7.3　参考文献的可靠性 …… 69
7.4　参考文献的查找方法 …… 70
7.5　参考文献的格式类型 …… 71
　　7.5.1　顺序编码制 …… 71
　　7.5.2　著者–出版年制 …… 72
　　7.5.3　参考文献的常见错误 …… 72

第二篇　地理学论文的分类写作

第8章　时空变化类论文的写作 …… 75
8.1　时空变化研究的主要内容 …… 75
　　8.1.1　分布范围的变化 …… 75
　　8.1.2　分布界线的变化 …… 76
　　8.1.3　三维空间的变化 …… 77
　　8.1.4　形态格局的变化 …… 78
　　8.1.5　分布质心的变化 …… 78
8.2　时空变化研究的基本要点 …… 79
　　8.2.1　时空变化的幅度 …… 79

  8.2.2 时空变化的阶段 …………………………………………………… 81
  8.2.3 时空变化的趋势 …………………………………………………… 83
  8.2.4 时空变化的周期 …………………………………………………… 84
  8.2.5 时空变化的原因 …………………………………………………… 85
 8.3 时空变化研究的常用方法 ……………………………………………… 86
  8.3.1 时空变化的范围选择 ……………………………………………… 86
  8.3.2 时空变化的数据分析 ……………………………………………… 87
  8.3.3 时空变化的地图对比 ……………………………………………… 88
  8.3.4 时空变化的表格应用 ……………………………………………… 91

第9章 相关影响类论文的写作 …………………………………………… 93
 9.1 相关影响研究的主要类型 ……………………………………………… 93
  9.1.1 多要素对单要素的影响 …………………………………………… 93
  9.1.2 单要素对单要素的影响 …………………………………………… 94
  9.1.3 单要素对多要素的影响 …………………………………………… 94
 9.2 相关影响研究的基本要点 ……………………………………………… 94
  9.2.1 相关影响的数据选择 ……………………………………………… 95
  9.2.2 相关影响的信度检验 ……………………………………………… 96
  9.2.3 相关影响的机理分析 ……………………………………………… 97
  9.2.4 相关影响的过程分析 ……………………………………………… 98
  9.2.5 相关影响的环境背景 ……………………………………………… 99
  9.2.6 相关影响的程度排序 …………………………………………… 100
  9.2.7 相关影响的区域差异 …………………………………………… 101
  9.2.8 相关影响的时间差异 …………………………………………… 102
 9.3 相关影响研究的常用方法 …………………………………………… 103
  9.3.1 相关影响的曲线分析 …………………………………………… 103
  9.3.2 相关影响的地图分析 …………………………………………… 106
  9.3.3 相关影响的表格分析 …………………………………………… 107
 9.4 各类地理要素的影响因素 …………………………………………… 107
  9.4.1 气候变化的影响因素 …………………………………………… 107
  9.4.2 地貌演化的影响因素 …………………………………………… 108
  9.4.3 水文变化的影响因素 …………………………………………… 108
  9.4.4 植被变化的影响因素 …………………………………………… 110
  9.4.5 土壤变化的影响因素 …………………………………………… 110
  9.4.6 环境化学的影响因素 …………………………………………… 111
  9.4.7 农业布局的影响因素 …………………………………………… 111

第10章 分级分区类论文的写作 ………………………………………… 113
 10.1 分级研究的要点 ……………………………………………………… 113
  10.1.1 分级指标的选择 ……………………………………………… 113
  10.1.2 单项指标的确定 ……………………………………………… 115

10.1.3 综合指标的计算 …………………………………………… 117
       10.1.4 评价等级的确定 …………………………………………… 118
       10.1.5 分级结果的分析 …………………………………………… 119
    10.2 分区研究的要点 ……………………………………………………… 119
       10.2.1 分区研究的类型 …………………………………………… 119
       10.2.2 分区研究的方法 …………………………………………… 120
       10.2.3 区域划分的顺序 …………………………………………… 122
       10.2.4 分区特征的阐述 …………………………………………… 122
       10.2.5 分区结果的显示 …………………………………………… 122
    10.3 分类研究的要点 ……………………………………………………… 125
       10.3.1 分类标准的建立 …………………………………………… 125
       10.3.2 分类研究的顺序 …………………………………………… 126
       10.3.3 分类结果的显示 …………………………………………… 126
    10.4 分类基础上的分级分区显示 ………………………………………… 127
第 11 章 实验分析类论文的写作 …………………………………………… 129
    11.1 样品的选择与采集 …………………………………………………… 129
       11.1.1 分析样品的选择 …………………………………………… 129
       11.1.2 测试指标的说明 …………………………………………… 130
       11.1.3 采样地点的布局 …………………………………………… 130
       11.1.4 采样环境的说明 …………………………………………… 133
       11.1.5 采样时间的说明 …………………………………………… 134
       11.1.6 样品采集的方法 …………………………………………… 134
    11.2 分析的方法与过程 …………………………………………………… 135
       11.2.1 实验仪器的说明 …………………………………………… 135
       11.2.2 测试方法的说明 …………………………………………… 135
    11.3 数据的校正与检验 …………………………………………………… 136
       11.3.1 数据的误差 ………………………………………………… 136
       11.3.2 数据的校正 ………………………………………………… 137
       11.3.3 数据的检验 ………………………………………………… 137
    11.4 数据的对比与分析 …………………………………………………… 138
       11.4.1 变化规律的分析 …………………………………………… 138
       11.4.2 异常数据的分析 …………………………………………… 138
       11.4.3 影响原因的分析 …………………………………………… 139
第 12 章 数学模拟类论文的写作 …………………………………………… 140
    12.1 数学模型的选择 ……………………………………………………… 140
       12.1.1 数学模型的选择方法 ……………………………………… 140
       12.1.2 数学模型的选择依据 ……………………………………… 141
       12.1.3 数学模型的选择说明 ……………………………………… 142
    12.2 数学模型的改进 ……………………………………………………… 143

12.2.1　数学模型的专业改进 …………………………………… 143
　　12.2.2　数学模型的区域改进 …………………………………… 143
　　12.2.3　数学模型的参数调整 …………………………………… 143
　12.3　数学模型的构建 …………………………………………………… 144
　　12.3.1　数学模型的构建依据 …………………………………… 145
　　12.3.2　数学公式的排列方式 …………………………………… 145
　12.4　数学模型的参数 …………………………………………………… 146
　　12.4.1　参数选择的说明 ………………………………………… 146
　　12.4.2　参数符号的定义 ………………………………………… 146
　　12.4.3　参数赋值的方法 ………………………………………… 147
　　12.4.4　参数系数的率定 ………………………………………… 148
　　12.4.5　参数使用中常见的问题 ………………………………… 148
　12.5　数学模拟的分析 …………………………………………………… 148
　　12.5.1　模拟分析的数据选择 …………………………………… 149
　　12.5.2　模拟分析的范围选择 …………………………………… 149
　　12.5.3　模拟分析的时段选择 …………………………………… 149
　　12.5.4　模拟分析的结果说明 …………………………………… 149
　12.6　模拟计算的检验 …………………………………………………… 150
　　12.6.1　模拟误差的检验 ………………………………………… 150
　　12.6.2　模拟条件的检验 ………………………………………… 151
　　12.6.3　模型参数的检验 ………………………………………… 151
　　12.6.4　模拟结果的检验 ………………………………………… 152

第13章　综述评论类论文的写作 ………………………………………… 154
　13.1　综述资料的收集 …………………………………………………… 154
　13.2　综述内容的排序 …………………………………………………… 155
　　13.2.1　按理论类型排序 ………………………………………… 155
　　13.2.2　按研究方法排序 ………………………………………… 155
　　13.2.3　按研究尺度排序 ………………………………………… 156
　　13.2.4　按发展阶段排序 ………………………………………… 157
　　13.2.5　按研究区域排序 ………………………………………… 157
　13.3　评述分析的要点 …………………………………………………… 157
　　13.3.1　研究内容的层次 ………………………………………… 157
　　13.3.2　研究区域的差异 ………………………………………… 158
　　13.3.3　研究方法的侧重 ………………………………………… 158
　　13.3.4　研究发展的趋势 ………………………………………… 158

参考文献 ……………………………………………………………………… 160
附录A　《地理学报》投稿问题解答 ……………………………………… 162
附录B　《地理学报》论文检查项目 ……………………………………… 168
附录C　《地理学报》审稿专家名录 ……………………………………… 170

第一篇 地理学论文的基本写作要求

本篇针对地理学论文写作中7个主要方面的问题进行分析，包括：论文的选题、论文的体例、论文的数据使用、论文的插图编绘、论文表格的排列、论文的英文摘要、论文的参考文献，分别列举了这些方面的基本要求、格式规范和常见问题。

论文格式首先反映的是作者的学风和研究态度。在长期的编辑工作中我们发现，一篇格式规范的论文送审后通常很快就能收到审稿回信，而一篇格式不符合所投期刊要求的论文其审稿周期往往很长，甚至难以收到审稿回音。

本篇提出论文基本写作要求的目的，就是提醒投稿者务必注意各类写作规范，从而写出符合期刊要求的论文，以利于作者尽快得到审稿人的回复意见，减少因格式不规范造成拒稿。

第 1 章　论文的选题

本章所阐述的是期刊论文选题，而不是课题研究选题或学位论文选题。科技期刊很多论文来稿的选题是基于研究课题项目中的子课题或学位论文的部分内容。论文选题可分为创新研究选题和深入研究选题。

1.1　选题的基本要求

从论文写作的角度定义论文：论文就是围绕一个论题，通过对论据的分析，提出自己的新论点。由此可概括论文选题的基本要求：论题要集中、论据要充分、论点有新意。

1）论题的集中

论文应围绕一个主题写，即一篇论文不宜涉及多个论题。科技论文与学术专著的区别是：论文是集中选择一个论题进行研究，而专著则多围绕某一学科进行综合研究。因此，论文最好集中一个论题进行论述。例如，研究自然灾害，最好是针对某一种气候灾害进行分析，而不宜去研究某一地区的暴雨、干旱、高温、低温、大风、沙尘、阴雨、霜冻、雷暴、冰雹、地震、滑坡等各类灾害，因为每一种自然灾害的形成机理、空间分布、季节差异都有所不同，如果一篇论文面面俱到，那么对每一种灾害都难以分析到位。

2）论据的充分

选择论文题目应考虑已掌握数据的类型和数量。例如，当研究范围不够大时，不宜选择空间变化、区域划分方面的研究主题；当研究时段不够长时，不宜选择周期分析、趋势预测方面的研究主题；当数据类型不够丰富时，不宜选择相关影响方面的研究主题。

此外，应注意不宜将同类研究分解成多篇论文分别投稿。与其通过数据拆解多发几篇低水平的论文，不如集成数据完成一篇高水平的论文。

3）论点的新意

学术论文的结论要有新意，应提出自己新的论点或新的研究方法，而不能是大家熟知的、或是可以推断的常识。阐述论文选题新意应注意：首先，选题前应广泛查阅前人发表的文献，避免重复研究前人已发表的学术成果；其次，在摘要或引言中说明自己工作的最新进展，以及本研究不同于前人的地方。

1.2　创新研究的选题

科技创新是学术研究发展的动力，也是科技论文选题的重要标准。论题的创新性主要表现在：研究方向的创新、研究方法的创新、研究内容的创新。

1.2.1 研究方向的创新

研究方向的创新主要包括：基于国家建设需要的研究方向创新、基于学科基础理论的研究方向创新及基于学科交叉融合的研究方向创新。选择论题方向之前要全面了解前人的工作，使自己的研究站在一个较高的起点上。

1）基于国家建设需要的研究方向创新

地理学研究很重要的一个目的就是为国家的战略发展提供科学依据。中国经济社会的高速发展为地理学研究不断提供新的研究方向。例如，20 世纪 90 年代开展的土地利用研究、21 世纪开展的中国主体功能区划研究。

2）基于学科基础理论的研究方向创新

基础理论研究是学科发展的重要保证。近年来，各种观测、实验、统计数据的快速积累为基础理论的研究打下坚实的基础。例如，全球气候变化的特征和影响因素、地表过程的演化趋势和机理、地理学的数学模拟方法等研究。

3）基于学科交叉融合的研究方向创新

学科交叉有利于解决学科边缘问题，为学科发展寻找新的切入点。例如，在碳循环研究中，可以从生态学的原理和实验中发现微观现象，找到碳循环的机理。从地理学的原理和数据中发现其宏观分布状况和环境影响的关系。学科交叉不仅有利于找到新的研究方向，还有利于引进新的研究方法。

许多项目研究由不同专业的研究机构或学者共同完成，还有很多学者在攻读不同专业学位或参加不同研究项目期间，从事过不同领域的学习和研究，这为学科交叉提供了有利的条件。

地理学学科交叉论文容易出现的问题是，有些作者虽然有其他学科的知识基础，但缺少地理学的相关课程学习，因此他们在论文写作中容易将一些地理学基础知识当作新发现进行论证，因此未能获得通过审稿。所以，论文选题和撰写过程中应注意学科的差异性，补充掌握相关研究学科的基础知识。

1.2.2 研究方法的创新

研究方法的创新主要包括：使用新的实验手段、构建新的数学模型、制定新的评价标准等。通过创新来提高数据精度、加快分析速度，从而说明新方法的优越性。

1）提高数据精度

基于新型设备获取的高精度数据进行分析，是论文选题的重要方向之一。例如，随着遥感技术的发展，遥感影像的分辨率不断提高，因此，高精度的遥感数据分析成为重要的论文研究内容之一。再如，随着各类高精度自动采样设备在艰苦环境地区的使用、各专业新型试验仪器的出现，样品的分析精度也在不断提高。

2）加快分析速度

由于地理信息科学技术的进步，对大数据量的快速分析成为地理学论文选题的方向。例如，遥感解译设备的改进、影像处理软件的升级、云数据技术的推广都为加快数据分析速度提供帮助。

1.2.3 研究内容的创新

伴随着经济社会的发展，地理环境问题日益突出。这些新的社会环境问题也就成为地理学论文的重要选题。例如，在水文学研究中，过去长期进行的是农业用水、工业用水、生活用水的研究。随着环境问题的出现，有关学者开始进行综合性的生态用水研究。

1.3 深入研究的选题

很多论文的选题是在前人的工作基础上，运用新的数据或新的方法，通过进一步研究得到比前人更全面、更深入的科学认识。由于研究生刚开始从事研究工作，并且学习时间有限，所以多数学位论文属于这种情况。

深入研究选题的途径主要包括：加长研究时段、扩大研究范围、加深研究层次、改进研究方法。

1.3.1 研究时段的加长

加长研究时段是深入研究选题的重要途径之一。通过对较长周期的研究，可以更完整地观察自然地理要素变化和经济地理发展过程。

很多地区已有前人的相关研究成果，在此基础上进行的选题研究，应有新的数据支持。例如，前人发表过某地"近40年来的气温变化"研究，通过增加最新数据，选题就可取"近50年来的气温变化"。再如，前人发表过某城市"民国时期的发展"研究，在补充数据的基础上，选题就可用"近100年来的发展"等。

依据观测、统计数据完成的论文，一般应比前人工作增加至少5年的数据时段长度；依据全国普查资料完成的论文应补充最近一次的普查数据。

1.3.2 研究范围的扩大

扩大研究范围也是深入研究选题的重要途径之一。扩大研究区，可以更全面地分析大尺度的空间变化规律和区域分异特征。

由于受到资料收集、工作时间、研究经费等方面的限制，前人的研究范围相对较小。因此，新的选题可在前人工作基础上进一步扩大研究范围。例如，可以扩大气候、地貌、植被、水文、土壤等自然地理范围的研究，以及行政区、经济区、旅游区、城市群、交通线等经济地理范围的研究。

1.3.3 研究层次的深入

深入研究层次是论文选题的又一重要途径。地理学研究论文的层次可分为三级，即：阐述基本现象—揭示变化规律—分析因果关系。

1）论文写作的初级层次：阐述基本现象

根据获得的相关数据，阐述某一地理要素出现的基本现象，这是地理学论文研究完成的初级阶段。这一阶段的论文要求作者采用第一手数据，或者对数据进行计算分析。

2）论文写作的中级层次：揭示变化规律

通过分析大范围、长时段地理要素的现象，揭示地理要素的时空变化规律，这是地理学论文研究达到的中级层次。

获取大范围、长时段数据的主要方法是：①查找相关的数据库；②采用遥感、地理信息系统等方法获取数据；③通过网络检索，广泛收集前人发表的同类数据。

3）论文写作的高级层次：分析因果关系

依据不同地理要素的时空变化特征对比，分析不同地理要素的相关影响，从而得出要素之间的因果关系，这是地理学论文研究的高级层次。

在进行论文选题时，当我们发现前人对研究区一些地理现象进行过阐述，但对这些现象的规律和形成原因分析得不够全面时，就可以选择同类研究选题进一步分析这些地理要素规律及其相关影响。高水平学术期刊一般多要求论文中有深层次分析结果。

1.4　选题的学科区别

1.4.1　地理学研究与论文的选题特点

地理学是一门以综合性和区域性见长的学科。地理学的综合性通过要素多样化来体现，区域性则表现为区域分异或区域差异。地理学综合研究是对地球表层各要素的相互作用及人地关系的研究，帮助我们认识地球表层系统的过去、现状和未来的趋势，把握其变化的脉搏。格局是认识世界的表观，过程是理解事物变化的机理，基于长期的野外观测和综合调查及模型模拟，对不同时空尺度下的地理格局与过程进行耦合研究，是从机理上理解与解决地理学综合研究的有效途径与方法（傅伯杰，2014）。

综合性和区域性是地理学及研究的特点，也是地理学论文选题的特点。各类地理要素的空间变化特征、时间演化规律、相互影响机理是地理学论文选题的主要特点。

1.4.2　论文学科跨度与投稿期刊类型

论文选题与投稿选刊要相互对应，投稿时主要应考虑到论文的研究范围和期刊的学科范围。论文选题范围大小一般分为3类：①专业性论文，研究内容涉及地理学某一专业（图1.1（a））；②跨专业论文，研究内容涉及地理学多个专业（图1.1（b））；③跨学科论文，研究内容涉及地理学与其他学科（图1.1（c））。不同学科研究范围的论文最好投递到不同类型的期刊（表1.1）。

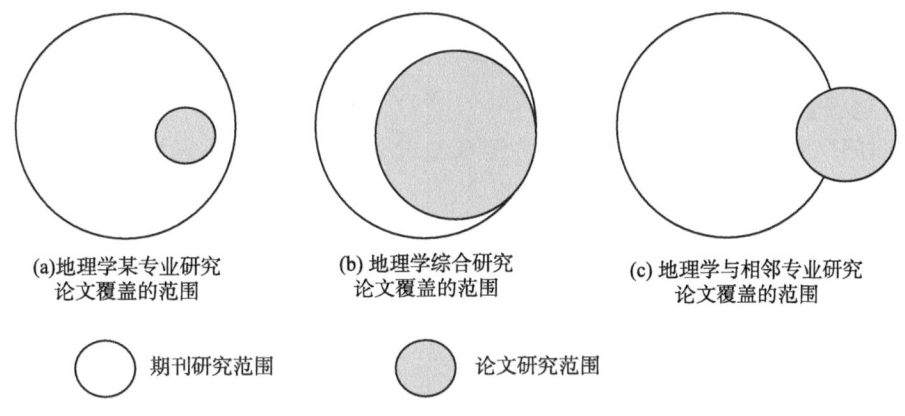

图 1.1 期刊选题范围与论文研究范围的关系

表 1.1 地理学及其相邻学科期刊的主要收稿范围

期刊类型	期刊举例	主要收稿范围
专业期刊	中国沙漠、冰川冻土、湖泊科学、湿地科学	地理学某一专业（图1.1（a））
学科期刊	地理学报、地理科学、地理研究、地理科学进展	地理学综合（图1.1（b））
综合期刊	科学通报、中国科学. 地球科学、地球科学进展	跨地理学与其他学科（图1.1（c））

投稿前应查阅相关期刊的征稿简则、论文目录、相关论文及有关期刊介绍的文章（刘昌明等，2005）。

1.4.3 地理学与相邻学科的选题区别

地理学与相邻的气象学、地质学、水利学、土壤学、城市学等学科在论文选题上有很多相近之处，但在研究内容、研究时段、研究空间等 3 个方面是有一定区别的。作者在论文选题和投稿时应特别注意。

判别论文选题是属于地理学还是其他相邻学科，比较简洁的方法是在中国期刊网上输入论文研究要素的关键词进行检索，查询以往这类论文主要发布在何类学科的期刊上。

另外，如果想把论文投递到地理学期刊中，就应注意分析研究要素与地理环境的关系。如果能够发现和阐明研究要素与地理环境的关系，可投稿给地理学期刊，否则需改投至其他学科的期刊。

1）地理学与气象学的选题区别

在时间尺度上，地理学侧重于研究气候要素的长期变化过程及其影响因素，而气象学关注的时间尺度几乎涵盖从日、季、年、年代、乃至上万年的气象要素变化。

从空间范围看，地理学侧重于研究低空对流层气象条件的变化，而气象学则研究大气圈的变化及其与其他圈层的相互作用。

在研究内容上，地理学侧重于研究气温、降水、蒸发、雾霾等对农业和地表环境产生重要影响的气象要素，而气象学则涉及研究气压、湿度等所有气象要素及其变化，尤其关心其动力、热力等物理过程。

2) 地理学与地质学的选题区别

在时间尺度上，地理学侧重于研究第四纪近200万年来地表环境演变，而地质学主要研究第四纪以前地质时期地表环境演变。

从空间范围看，地理学侧重于分析地表形态演变，而地质学主要研究地下的构造和板块运动。

在研究内容上，地理学侧重于研究地表要素，而地质学则主要涉及地质构造的研究。

3) 地理学与水利学的选题区别

在时间尺度上，地理学侧重于研究年际尺度以上的长时期水文变化，而水利学主要研究短时期的水文过程，如一次性枯水或洪水过程。

在空间范围上，地理学侧重于大、中流域的宏观水文要素变化，而水利学则涉及小范围、小流域的径流、蒸发等问题。

在研究内容上，地理学侧重于研究径流、泥沙等对地表生态环境产生重要影响的水文要素，而水利学则研究所有水利要素变化。

4) 地理学与土壤学的选题区别

在时间尺度上，地理学侧重于分析土壤的长期形成过程，而土壤学主要分析短时间的土壤状态变化。

从空间范围看，地理学侧重于分析土壤要素和类型的大范围空间变化，而土壤学主要分析小范围土壤的物理性质和微观状态。

在研究内容上，地理学侧重于分析土壤氮、磷、钾、腐殖质、有机质等土壤肥力要素类型的变化，而土壤学还涉及对土壤的容重、剪切力、凝聚力、团聚体、抗冲性等渗透系数等物理性质和微观状态的分析。

5) 地理学与生态学的选题区别

在时间尺度上，地理学侧重于分析生态环境的长期变化规律，而生态学研究则更多是对生态环境现状及其短时段变化情况进行分析。

从空间范围看，地理学侧重于研究大范围的生态地理环境，而生态学研究则更多涉及小范围、短时段植被生境问题。

在研究内容上，地理学侧重于分析生态要素的相互联系及其地理背景，而生态学主要分析生态要素的主要指标状况。

6) 地理学与城市学的选题区别

在时间尺度上，地理学侧重于分析城市的发展过程和未来趋势，而城市学侧重于对城市现状进行分析。

从空间范围看，地理学包括研究城市群、城市体系和城市整体范围规划的研究，而城市学、规划学则更多地涉及城市行政区、社区的局部地方设计和研究。

7) 地理学与遥感学的选题区别

在时间尺度上，地理学侧重于分析对比长时段不同年份的遥感数据，而遥感学则多分析某一时段的数据。

从空间范围看，地理学侧重于通过大范围遥感数据分析各类地表要素的空间变化，而遥感学常偏重分析一些小区域的精准数据。

在研究内容上，地理学侧重于利用遥感（RS）和地理信息系统（GIS）方法去具体分析某一研究区地理要素的区域分异特征、规律和影响要素，而遥感学一般侧重于解决 RS、GIS 的技术问题，阐述解译过程和计算方法。

8）地理学与测绘学的选题区别

在时间尺度上，地理学侧重于分析不同时期的专业地图对比或与现代遥感地图进行对比，而测绘地图学往往偏重编绘各类现状地图。

从空间范围看，地理学侧重于大范围的地图显示，而测绘学、地图学则多研究小范围高精度的制图技术。

在研究内容上，地理学期刊侧重于通过完成研究区的综合或具体专题图，分析和揭示该地区的相关要素分布规律，而测绘地图学主要是研究地图编制的技术问题。

9）地理学与工程地质学的选题区别

在研究范围上，地理学一般研究大范围工程地质的环境分区治理问题，而工程地质学主要是研究小范围的某一具体工程防护问题。

1.5　选题的注意事项

论文选题应尽量避免：频繁改换选题、生疏领域选题、未去区域选题。

1）避免频繁改换选题

有的作者在 1~2 年的时间里，分别撰写不同专业的稿件，结果造成被退稿率较高。因为撰写一篇学术论文，特别是高水平的学术论文，需要在一段时间内集中精力完成。所以建议作者在较短的时间内不要轻易改换专业的选题。

2）避免生疏领域选题

完成一篇论文需要有较深厚的专业知识基础。作者撰写非本人所学专业的论文之前，应系统学习新的学科知识。避免在还没有深入掌握相关学科知识的情况下，轻易撰写生疏学科领域的论文。审稿人都是各领域的专家，很容易从稿件的专业术语和表达方式上评判作者的专业知识水平并找出其专业问题。

3）避免未去区域选题

地理学研究在很大程度上是建立在实地考察基础之上的。这就要求作者在写作前应对研究区域有全面的了解，并结合实地工作的经历完成论文。有些作者受经费等条件的限制，没有去过研究区，因此论文中存在的问题很容易被熟悉该研究区的专家发现。

第 2 章　论文的体例

科技论文主要由标题、摘要、关键词、引言、正文、结论、参考文献等若干部分组成。论文的总体结构和各部分的结构都需符合一定的规范体例要求。何书金等（2007a）、刘春凤等（2009）、牛汝辰（2003）、王乾都（2002）、韩秀云（2001）等书刊编辑都曾总结过学术论文写作的体例要求。

2.1　论文的标题

论文标题应与全文的内容相对应，且具有简明性、确切性和层次性。

2.1.1　标题的简明性

论文标题简明性的目的：有利于文献检索、有利于读者记忆、有利于后人引用。
1）标题的字数控制
按国家出版要求，论文标题一般不超过 22 个字，最好不超过 20 个字。
2）标题后缀的控制
论文标题末尾一般不用加"……的研究"、"……的分析"等不必要的后缀词语。
3）区域说明的控制
标题中最好不加"……及其周边地区"等词语，可在文中引言的表述时说明论文研究涉及的具体地区。
4）标点符号的控制
标题中最好不加顿号、逗号、引号、括号、问号等标点符号。
5）附加标题的控制
标题过长时可加副标题，但最好不用副标题。例如，"大城市土地利用变化——以北京市为例"，可改为"北京市土地利用变化"。

2.1.2　标题的确切性

论文标题的确切性主要体现在研究要素、研究方法、研究区域上。
1）研究要素的确切性
在标题上，应限定相关研究要素。例如，论文中如果仅分析了降水变化，没有分析气温变化，标题中就不宜用"气候"，而应该用"降水"。
标题中尽量少用英文缩写，因为同一英文缩写在不同的学科中具有不同的学术意义，在网络检索时容易被混淆。所以标题中应尽可能用中文术语表达或中英文同时使用，以利于读者进行文献检索。

2）研究方法的确切性

标题中应该说明方法、模型等的具体名称，而不宜使用"一种"等不确定的词汇。例如，标题不宜说："求算界线温度日期的一种新方法"，而应具体表达为："求算界线温度日期的样条函数插值法"；再如，标题中不宜用"基于栅格数据的一种新模型"，应将该模型名称具体说明为："基于栅格数据的流域降水径流模型"。

3）研究区域的确切性

标题中的研究区不应盲目扩大，应限定在实际工作区。例如，在标题为"黄河流域典型流域土壤特征"的研究中，如果文中只涉及黄河流域中的延河流域，那么这个标题就与实际研究区不相符合，因此，应将标题中的"黄河流域"改为"延河流域"。

2.1.3 标题的层次性

论文的标题体系是由论文的各级标题组成，其反映了文章的结构、推理的过程、分析的脉络。论文的标题层次可以显示作者分析思路的系统性和条理性。

论文应该有不同层次的章节和标题，使读者能更好地掌握文章的框架结构和研究要点（表2.1）。各级标题下的文字论述不能太短，各节中最好有相关的定量数据。

表 2.1 科技论文标题分级格式

标题等级	标题序号	字体字号	标题位置
一级标题	1	宋体 小4号	居左不空格
二级标题	1.1	黑体 5号	居左不空格
三级标题	1.1.1	宋体 5号	居左不空格
四级标题	1.1.1.1	宋体 5号	居左不空格
	或（1）	宋体 5号	居左不空格
插图标题	图1	宋体 小5号	插图下居中
表格标题	表1	黑体 小5号	表格上居中

论文标题的层次设置应符合研究内容的从属关系、平行关系、先后关系。

1）标题的从属关系

作者在写作中应尽可能对研究进行标题层级细分，从而使读者能很快地找到相应的内容。在标题中有"与"或"和"字的标题，一般都应再分次级标题。例如，在"数据和方法"一节中应再分出"数据"和"方法"两个小节；在"讨论与结论"一节中应再分出"讨论"和"结论"两个小节。

下一级标题必须从属于上一级标题，不同层次的标题不能重复。例如，一篇论文的标题和其中一节标题都是"长江三角洲沉积模式"。这种现象反映出两种问题：一是论文的标题没有涵盖论文的全部内容；二是主题研究的内容没有深入展开，只在文中一小段简单提出。

2）标题的平行关系

在同一级层次标题中，所有标题是平行关系而非从属关系。同一层次的标题应尽可能用排比形式，以表示同级标题的内容是并列的。

在进行分类、分级、分区时，最好先后列出平行的标题。例如，研究区冻土分为多年冻土和季节冻土，可列为：①多年冻土……；②季节冻土……。

3）标题的先后关系

同级标题的排列顺序应该按其重要程度或研究时段排序。例如，论文写作一般应先写长周期变化，再写短周期变化；先写长时段变化，再写短时段变化；先写大范围变化，再写小范围变化。这是因为：一般来讲，短周期变化是在长周期变化趋势下发生的，小范围变化是在大范围变化背景下出现的。

2.1.4 标题的自明性

插图和表格的标题要有自明性。图表标题要有时间、地点、计量单位等基本要素。使读者不需要看正文，而只看图表的标题即可明白该图表的内容。

2.2 论文的摘要

摘要是论文核心内容的准确提炼。中文摘要的一般字数为 300~600 字，6~10 行；英文摘要中的实词为 300 个左右（GB7713.1—2006）。

审稿人和读者通常最先阅读摘要。因此，论文摘要应尽量简明易懂，这有利于他人阅读和稿件评审。当使用相邻专业的读者所不熟悉的简称、缩略语、符号、代号时，应给予必要的注释。此外，摘要中一般不出现数学公式。

1）摘要的类型

摘要的类型大致可分为报道性摘要、指示性摘要、报道－指示性摘要和结构式摘要等 4 种类型。

地理学论文的摘要一般用结构式摘要为宜，其结构主要包括：研究目的、资料与方法、结果、结论等 4 部分。

在摘要的资料与方法中，要写清使用数据和资料的时段、地域、种类、数量。读者经常依据摘要中数据量的范围和时段来决定是否进一步阅读全文。

论文摘要的表达要简明、清晰、完整。综述性、评论性的论文则可以采用报道性摘要的形式。

2）摘要的内容

摘要应能使读者对论文有全面认识，基本信息包括：①选题的目的、背景、意义；②研究的内容、地区、时段；③采用的数据、资料、方法。

摘要最好有具体的数据类型、数据时段等明确说明，因为有些读者侧重于搜集论文中相关的研究数据。例如，不是简单说"利用黄河中游地区气象资料、辐射资料、水文资料"，而应该明确说"利用 1981~2011 年期间黄河中游地区 157 个台站的气象资料、35 个辐射站的辐射资料、5 个水文站的水文资料"。另外，数据的时段最好不用

"近 20 年"等模糊概念,应改为"1992~2012 年"等明确的时段来表述。

2.3 关键词选择

关键词对于论文的学科划分、网络查询具有重要作用。关键词主要包括:学科专业、研究方法、研究时段、研究地区等 4 种类型(表 2.2)。

表 2.2 地理学论文的关键词分类

关键词类型	关键词属性	关键词举例
学科专业	学科类型	气象、旅游地理、遥感、地图学
	研究对象	降水、城市化、碳循环、人口迁移
研究方法	数据采集对象	树木年轮、冰芯
	数据采集方法	人口普查、经济普查
	数据分析方法	地理信息系统、DEM 模型
研究时段	地质年代	第四纪、全新世
	历史时期	汉代、清代晚期、民国时期
	现代时段	20 世纪、"八五"规划时期
研究地区	自然地域	寒带、黄河、青藏高原、珠江三角洲
	行政区域	亚洲、东南亚、中国、河北、京津唐地区
	交通线路	京广铁路、沪宁高速公路、长江航线

关键词对于读者检索和了解论文的核心内容起着重要的作用。关键词应是具体的名词,而不是过于宽泛的通用词语。例如,简介、探讨、意义、影响、对策、原则等,因为这些通用词语可用来解说各种不同的问题,所以不适合用作关键词。

因为区域性是地理学的重要特征之一,所以研究区地名是地理学论文上应该列出的关键词。地名作为关键词一般是列在关键词的最前面或最后面。

关键词中使用的学术名词一定要准确,并且在全文中应统一,做到上下文一致。例如,潮滩一般是指高低潮水位线之间的滩地,水下浅滩是水位线(包括低潮水位线)以下的滩地,二者不是同一种地貌类型。再如,潮滩相和潮坪相是同一种沉积相,现代沉积地貌学中通常用潮滩一词,而古代沉积相研究中通常用潮坪一词。

2.4 引言的撰写

科技论文中引言部分应该侧重回答 4 个基本问题:①你为何要做(Why did you do it)?②你做了什么(What did you do)?③你发现了什么(What did you find)?④研究的意义是什么(What does it mean)?

引言在内容结构上主要包括:总结前人已有的研究成果,分析相关研究中存在的问题,指出本文研究与他人研究的异同之处,阐明研究问题的思路方法。

1）总结前人已有的研究的成果

引言中应简要综述和分析国内外已有的同类工作或在同一研究地区的工作进展，要说明哪些人用哪些方法在哪些地区做过同类工作。介绍国内外的研究进展情况应围绕文中所提出的关键问题来写，引言中应列出重要的相关文献。

2）分析相关研究中存在的问题

指出问题时最好具体一些。例如，指出前人的计算公式问题，不宜简单说"参数多"，最好具体说明哪些参数可不用考虑。

对前人学术分歧进行必要的说明。在引用多种前人不同的概念定义、研究方法、分类指标等有较多分歧之处时，应该明确交代本文里侧重的概念，并与本人研究紧密联系起来，避免文章前后脱节。

谨慎对某项研究内容提"尚未有研究"、"尚未见报道"。可用"尚不多见"等说法。只有确实在广泛查阅国内外相关研究后才能提出："本文首次对某项内容开展研究"。

3）指出本文研究与他人研究的异同之处

说明本文研究与前人工作在方法和内容上的异同之处，说明本文的科学性、创新性、先进性、实用性。阐明本文新的思路，提出本研究所针对的科学问题和研究新的切入点。例如，填补学科或地区空白、改进或移植分析方法、研究内容在时段或地域的扩展、模型精度改进或参数系数调整等。

对新使用的名词术语给予必要的定义。例如，论文标题是研究某要素的"微动态"，引言中应该对该要素的"微动态"进行定义说明，从而使读者能准确地理解学术名词的概念和内涵。

2.5 正文的体例

正文中主要涉及研究区概述、数据的说明、方法的论述、内容的排列、结论的阐述、讨论的内容等方面。

2.5.1 研究区概述

区域概况说明是地理学论文不同于其他学科论文的部分。区域概述要说明本项研究的区域背景，包括自然和社会经济条件，最好能说明选择该区域进行研究的代表性和科学意义，还可讨论本地区研究在中国其他地区推广的前景。

区域概述中要对与研究要素相关的地理背景进行更深入介绍。例如，在生态研究中，对研究区内的林地主要以哪些树种为主，草地以哪些种属的草为主，农田以何种作物为主等，应详细说明。这是因为：地理学论文会注意数据的地理背景，同时也为今后不同地区类似研究的结果对比提供帮助。

2.5.2 数据的说明

论文中要系统地交代使用数据的类型、数量、区域、时段和出处。

1）数据样点的分布

最好用地图绘出采样点的分布；介绍样点分布的地图应根据样点的环境类型选取。例如，使用地形图、植被图、土地利用分布图等作为底图。

2）说明选取的依据

研究过程中要对所获得的数据进行必要的筛选，说明数据选取的依据和方法。例如，遥感数据要说明影像类型、图像精度，并对数据进行精度验证和实地检验。

3）数据出处的列举

要明确说明数据的出处。不宜简单地说某某统计年鉴、某某调查报告，要说明资料来源的编写者、出版者、出版年份，正式出版物要列出参考文献。

要分别和具体地说明应用数据的种类。例如，不宜笼统地说"数据来自……"，应具体地说"人口数据来自……"，"工业产值数据来自……"。

4）数据处理的方式

要说明测绘数据的投影方式、几何校正、配准、投影主要参数、投影变换处理过程等。

5）使用指数的定义

当利用一种指数进行数据分析时，要说明该指数的定义和计算方法，并列出相关的参考文献。

2.5.3 方法的论述

研究方法的使用一般分为3种情况：采用已有方法、改进前人方法和创建自己方法。

1）采用已有的方法

中国已经对一些地理环境的调查研究制定了相关的技术规范（表2.3），在研究中应该尽量采用国家规范或国际公认的学术规范。

表 2.3 国家有关部门制定的若干研究工作的技术规范

专业类型	标准编号	标准名称	编制者	出版社	出版年份
林业	LY/T1721—2008	森林生态系统服务功能评估规范	国家林业局	—	2008
	LY/T1606—2003	森林生态系统定位观测指标体系	国家林业局	—	2003
	GB/T20416—2006	自然保护区生态旅游技术规程	国家林业局	中国标准出版社	2006
海洋	GB/T 12763.4—2007	海洋调查规范第4部分：海水化学要素调查	国家海洋局	—	2008
	GB/T 12763.9—2007	海洋调查规范第9部分：海洋生态调查指南	国家海洋局	—	2008
	GB/T 12763.10—2007	海洋调查规范 第10部分：海底地形地貌调查	国家海洋局	—	2008

续表

专业类型	标准编号	标准名称	编制者	出版社	出版年份
气象		树木年轮气候研究树轮采样规范	国家气象局	气象出版社	2008
旅游	GB/T20399—2006	自然保护区总体规划技术规程	国家林业局	中国标准出版社	2006
	GB/T20416—2006	自然保护区生态旅游技术规程	国家林业局	中国标准出版社	2006
地理信息科学	GB/T 17798—2007	地理空间数据交换格式标准	—	—	

对前人采用过的一般常识性方法可用几句话简述，一般应列出关键性的计算公式和参考文献，并做进一步说明。

2）改进前人的方法

对前人方法做出修订后使用的，应该说明改进部分的内容和修改原因。例如，研究环境的地域差异、研究数据的类型不同、研究专业的方向变化会需要研究方法的改进。

3）创建自己的方法

作者使用自己新创的方法时应该对该方法的使用步骤做较详细的说明，并说明本方法较前人采用方法的先进性。

使用方法的表述要统一。例如，一篇论文不宜先后出现"抽样统计推断方式"、"抽样推断方式"、"抽样统计推断模式"等3种不同表述方法，应该统一成一种名词表述。

2.5.4 内容的排列

对研究区内各地区分别论述时，其先后顺序要有条理性和规律性，不能任意排列。

1）分区论述的排序

一般来说，区域论述顺序为：由南向北（或由北向南）、自东向西（或自西向东）、由变化大的地区到变化小的地区、由影响大的要素到影响小的要素。

2）分节论述的排序

论文的分节排列通常按照研究内容、影响程度、分布区域、发展阶段、实验方式等顺序排列（表2.4）。例如，对各类地貌的论述应按照发育过程的先后排序：凹槽、洞穴、围谷、峰丛、石鼓、石柱、崩积石堆，要说明每种类型形成的地质地貌部位、岩性、该类地貌在方岩的分布、最大形体的体量尺寸等。

3）插图表格的排序

插图图组中各分图的排序、表格中行列内容的排序要与文字论述的顺序一致。

4）协调全文的排序

摘要、结论中的总结顺序也要与正文中顺序一致。例如，研究植被变化的论文，如果在正文中研究了林地、灌丛、草地的变化，则摘要、结论中均应依据正文顺序阐述这3项内容，不能随意增减相关内容。再如，研究气候变化的论文，如果是先研究降水，再研究气温，则在摘要、正文、结论中均按这一先后顺序展开。

表 2.4 论文内容的排列方式

排列依据	排列举例
按研究的内容多少排列	1　黄土高原土地利用变化 1.1　耕地变化 1.2　林地变化 1.3　草地变化 1.4　……
按影响的主次程度排列	2　影响洞庭湖变迁的原因 2.1　气候变化的影响 2.2　长江泥沙的影响 2.3　围湖造田的影响 2.4　……
按分布的区域大小排列	3　中国丹霞地貌不同分布区景观成因 3.1　东南区丹霞地貌成因 3.2　西南区丹霞地貌成因 3.3　西北区丹霞地貌成因 3.4　……
按发展的阶段顺序排列	4　中国商业地理学研究阶段的划分 4.1　商业地理学研究的启蒙期（战国时期~1840年） 4.2　商业地理学研究的形成期（1840~1949年） 4.3　商业地理学研究的消沉期（1949~1984年） 4.4　……
按指标的重要程度排列	5　环境代用指标分析结果 5.1　粒度分析 5.2　TOC、TN 与 C/N 分析 5.3　Fe/Mn 与 Sr/Ba 分析 5.4　……
按区域的分布方位排列	6　中国植被土壤的区域特征 6.1　热带植被土壤特征 6.2　亚热带植被土壤特征 6.3　温带带植被土壤特征 6.4　……
按地貌的演化过程排列	7　石灰岩地区的主要地貌类型特征 7.1　凹槽的特征 7.2　洞穴的特征 7.3　围谷的特征 7.4　……

2.6　结论的阐述

结论的写作应注意创新性、可靠性、明确性、条理性等 4 个方面。
1）结论的创新性
说明本文研究所揭示的重要发现和分析结果。结论中一般不宜出现参考文献的引注。结论不宜仅仅是"从另一方面证实了前人工作的正确性",最好将自己的工作与国内外类似研究的结果进行对比,指出本文结论与已发表成果的异同之处和其进展,以此说明自己的新发现,并阐述本研究在理论与应用上的意义和作用。

2)结论的可靠性

论文的结论必须是本文得到的研究结果,不能出现没有本文论据支持的论点。有些论文是在学位论文中抽取的部分内容,结论中容易出现有论点无论据的现象。

结论不应随意地夸大或引申文中的结果,不宜将某一小范围研究区的结果扩展为大区域的结论。

3)结论的明确性

结论的表述应简明易懂,尽可能使用不同学科专业的读者都能理解的语言。

结论应该是清晰明确的研究结果,不宜用"估计"、"大概"、"可能"等模糊的概念,可以用"主要"、"推断"等较肯定的词语来替代。

结论产生的地理背景要明确。区域性是地理学的主要特征之一,即同一专业的学者在不同地区进行研究,会有不同的结论。

结论应尽可能地列举定量结论,不宜只用定性的文字阐述。现代地理学与古代地理学的区别在于:现代地理学以定量分析为主,古代地理学以定性描述为主。并非所有论文都要定量分析数据,但有些论文进行了多条数学公式推导,并进行了实际应用,可是在结论中却没有提出定量结论,使得研究意义没有得到应有的体现。

4)结论的条理性

结论部分最好使用(1)、(2)、(3)的次级标题,并与文中主体部分的章节顺序相对应。结论中不能遗漏论文研究的要点。

结论部分可从论文的现象→规律→因果关系这三级层次展开,进而指出本研究要点。

2.7 讨论的内容

有的论文含有讨论部分。讨论应该是针对研究过程中的一些不确定的或值得关注的内容。讨论主要是围绕本文的结果展开,主要内容包括:

(1)阐述研究结果的意义及应用前景,并提出今后的研究方向和发展趋势。

(2)针对研究中存在的问题提出今后工作应树立的目标、解决的方案、改进的建议。

(3)当本文结果与前人研究结论不一致时,应在讨论中说明是什么原因造成了两种截然不同的结果,以及是否存在计算方法、研究区域、数据取舍、标准划分等方面的差异。

2.8 文字的表达

论文中对一些地理现象和过程的描述要符合学术惯例。作者在投稿之前,要字斟句酌，做到概念明确、条理清晰、推理严密、表达到位。否则，会给编辑和审稿人留下很不严谨的印象。如果论文的表述有问题，其研究成果的价值就难以得到充分体现和正确反映。

1）书面语言的使用

科技论文应尽量使用书面语言，文字叙述要简明精炼。要用尽可能少的文字传递尽可能多的信息，避免口语化表述和过多的文字描述。尽量不使用"众所周知"、"我们知道"等口头语。

2）专业术语的使用

使用专业术语要规范，特别是撰写非本专业论文的作者在使用专业术语时应查阅专业教科书和相关学术词典。

3）学术语言的表达

对专业术语应简要说明，不要用大量的篇幅介绍教科书上的学术定义。论述中要避免使用较晦涩的语言，综合性学术期刊的读者群是有不同学术和专业背景的，要让他们都能明白论文中学术语言的含义。因此，论文分析的深度不应表现在语言的深奥上，而应体现在对现象与问题分析的深入程度上。

4）英文缩写的使用

专用名词的英文缩写在文中第一次出现时要写明英文的全称和相应的中文。例如，SOC（soil organic carbon，土壤有机碳）。这是因为有的英文缩写在不同的学科中有不同的含义，而读者往往是来自不同专业的。

5）确切年份的使用

研究年份要明确。例如，"上世纪80年代"应该为"20世纪80年代"；"03年"应该为"2003年"；"本世纪"应该是"21世纪"；"近60年"最好写作"1953~2013年"。

6）拉丁语字母的使用

所有植物要有对应的拉丁文名称，以免引起歧义。植物名的拉丁文要用斜体字。

植物种的缩写。例如，sp.（单数）或spp.（复数）是拉丁词/species（种）的缩写。.f 是拉丁词 forma（变型）的缩写；ssp. 是 subspecies（亚种）的缩写；var. 是 varietas（变种）的缩写。

2.9 全文的协调

论文写作应注意保持的全文协调包括：文字与数字的协调、文字与图表的协调、图表形式的选择等方面。

1. 文字与数字的协调

一般在定性表述的前后要列出相应的定量数据，以及对数据绝对值和相对值等的对比分析。对研究要素的大小对比、增减幅度、变化趋势、区域差异等要保证定量分析数据与定性判断结论的一致性。

2. 文字与图表的协调

1）插图与文字的协调

文章中要对每幅插图进行简要的分析。例如，说明插图所反映的地理要素空间变化现象，高值区、低值区的分布。再如，说明地理要素的变化过程规律，包括：物质迁移方向、相关影响程度、发展趋势分期、演化阶段划分。

2）表格与文字的协调

文字中要对每幅表格进行必要的解释。说明最高值、最低值出现的时间、地区、原因等。要特别注意极值、相对值等关键部分的数据。

3）图表的相关说明

图表的说明要简洁，在文中相应的地方用括号标出图表的位置。例如，"图1是四川省的土地利用变化图，图1说明……"。最好改为："四川省的土地利用变化表明（图1）：……"。

图表所表达的学术内容应该在文字中加以阐述。不能弃之不提。图、表、文三者表达的内容应该统一，不能相互矛盾。例如，研究要素的空间分布规律、时间演化阶段、数量增减趋势等在插图的空间显示、表格的数据对比、文字的论述说明中应是一致的。

3. 图与表形式的选择

应根据数据分析的表达需要选择图表的形式：如果强调精确的数值对比，就采用表格形式；如果要展示数据的分布特征或变化趋势，则采用插图形式。格中列出的数据在文字部分不必一一重复，选有代表性的数据做论据即可。

第3章 论文的数据使用

地理学论文中数据的使用是写作中应注意的重要问题之一,也是审稿中出现最多的问题之一(姚鲁烽、赵歆,2002)。数据检查的内容包括:数据的来源说明、即时程度、时间长度、空间范围、抽样密度、选取类型、完整程度、采集条件、测试方法、处理过程和精度验证等。

数据的数值类型包括:绝对值、相对值、极端值、平均值、模拟值和预测值等。

3.1 数据的各种组合

地理学的很多研究需要多种采样类型的数据相互印证,以保证论据的可靠性。

依据地理学论文中的数据来源,可将其分为观测数据、实验数据、统计数据、遥感数据和调查数据等5种主要类型。这些数据是构成科研结论的主要论据(表3.1)。

表 3.1 地理学研究的数据来源类型

数据类型	获取方法	数据内容
观测数据	台站观测数据	降水、气温等气象数据,径流、水位等水文数据
	定点观测数据	冰川、积雪、土温、泥石流等野外实地观测数据
实验数据	采样分析数据	土样、水体、冰芯、孢粉、测年、树木年轮等
	模拟实验数据	土壤侵蚀模拟实验、风洞实验等
统计数据	统计年鉴数据	粮食产值、工业产值等各级统计部门数据
	普查统计数据	人口普查、工业普查、林业普查、土壤普查等全国专项普查数据
遥感数据	遥感影像数据	卫片、TM影像、雷达影像
	航测影像数据	航测照片
调查数据	社会调查数据	问卷调查、专家评议等随机调查
	野外调查数据	沉积砾石的磨圆度、地层倾向、树木胸径等

地理学论文中对不同类型的数据性质要具体说明。例如,分析植物多样性时,物种的丰富度和多度两个概念不能混同。用 Hill 指数来反映环境梯度下的多样性指数,要说明依据。实际上,目前任何多样性指数本身只是对多样性结构度量,并不包含任何环境梯度,只有将多样性指数与环境梯度结合分析才能揭示环境因素与多样变化之间的关系。Hill 指数本身只是在其参数变化下反映的多样性指数系列。

数据的来源应尽量保持一致,在来源不一致时要说明各类数据的误差大小、误差对结论可能产生的影响,以及如何减少这种误差等。

3.1.1 不同类型的数据组合

研究地表环境变化，有时需要对比不同时期、不同类型的数据。有些学科在选取不同时间的数据时，采用了不同的数据源。这时需要注意数据的组合匹配。例如，研究长期历史气候环境，最好用地层分析、考古资料、历史文献等多种数据；研究人文地理，社会调查数据应与统计数据相结合。再如，研究环境变迁时，有时需要采用不同年代的地形图与遥感影像数据，地形图的数字化提取和直接从遥感影像解译获得的景观数据存在一定的差异。

还有，在分析地表景观变化时，如果把50年前的地形图数据与10年前的遥感影像数据进行对比，会发现两种类型在数据匹配上存在一定的差异，主要表现为用地形图的数字化提取获得的数据和直接从遥感影像解译获得的实地景观数据之间存在一定的差异。有关指数变化在一定程度上是反映了两种类型数据源的差异，其景观变化是因为使用了两种类型数据的原因还是实际变化的结果。在这种情况下，作者需要对两种类型数据的匹配做进一步的说明。

在人口构成、人员流向等人文地理研究的抽样调查中，被抽样调查的人员组成类型要有广泛性和代表性。

不同类型的数据在选取时间上最好是一致的。例如，使用遥感数据与野外调查数据的年份应该一致，否则遥感数据的野外验证工作就不可靠。

3.1.2 不同比例的数据组合

数据获取的关键问题在于如何有效融合不同比例尺、不同时期多源数据的信息，即如何通过尺度综合将不同比例尺、不同时期的多源数据进行统一。

采用不同时期不同比例尺的地形图研究地貌演化时，不仅要考虑数据精度差异对地形破碎程度研究所造成的影响，还应说明如何套绘不同比例尺的地形图。例如，采用不同年份不同比例尺的地形图进行对比，其数据精度不一样，应交代不同比例尺的地形图如何套绘。再如，景观动态研究依赖于空间数据的可比性，尤其涉及斑块数量等问题，不同来源的数据斑块数量差异很大。

3.1.3 不同时间的数据组合

研究要素在不同时期的样点位置要尽量一致，以保证空间变化数据的可比性。对不同时期样点的移动情况，在研究中应予以说明。例如，随着城市的扩张，城市周边的气象观测站的位置可能会发生变化，在研究区域气候变化时要予以说明。再如，在进行不同时期遥感影像叠加分析时要说明选择相元的大小。

3.1.4 不同精度的数据组合

1）不同精度的遥感数据组合

在对不同传感器、不同分辨率的遥感数据进行叠加分析时，需要详细补充数据的处理过程特别是影像配准、信息提取及误差分析结果。例如，引用美国的多光谱扫描数据（MSS）、陆地资源卫星（LandSat）的 TM 和 ETM + 数据，以及中国的环境和灾害监测小卫星星座（HJ - 1A/B）数据时，需要说明这些不同的数据之间涵盖的信息不同之处，以及如何将这些不同的数据转换为统一的数据进行比较。检查中要注意两种遥感数据的可比性。

再如，由于 GIMMS - NDVI 和 SPOT - NDVI 影像数据在分辨率、波段带宽、定标标准等方面具有较大的差异，所以应具体说明利用不同数据源的遥感数据进行研究时带来的分析误差。还有，如果遥感影像数据源差异很大，TM 数据空间分辨率为 30m×30m、ETM 为 15m×15m、Spot 和航拍图分辨率为 0.5m×0.5m，要说明如何通过制图过程解决这个问题。

2）不同精度的实验数据组合

不同类型的历史气候实验数据具有不同的分辨率，结合使用这些数据时应注意对比方法。例如，湖泊沉积相是低分辨率气候代用资料，树木年轮是高分辨率的气候代用数据。两者对比要用高分辨率数据去弥补低分辨率资料的不足，反之则不行。

3.2 数据的来源说明

凡是论文中的数据一般都应说明是来自各类数据源，还是作者自己采集与处理过的数据。引用他人论文或专著中的数据时必须在引用数据的句子后明确标注参考文献出处，避免出现剽窃他人研究成果的行为。要检查文稿所列数据是否与被引文献的原数据相符。数据来源标注的要求如下：

1）数据原始出处的标注

标注数据出处应该直接引用该数据最初的文献出处，而不是间接引用后人再使用的文献，这样有利于读者了解数据的原始获取过程。

2）正式发表数据的标注

数据出处要尽量取自正式出版的期刊论文或专著。在引用博士、硕士论文数据时，要检索一下该论文和数据是否已正式发表。如果来自 5 年前未正式发表的学位论文，要注意检查数据的可靠性。为使审稿人了解数据的可靠性，一般不宜引用待刊论文的数据。

3）数据提供机构的说明

对各类数据观测统计者、出版机构、数据获取和发布年份要进行必要的说明。对提供数据的合作者，可以在作者中署名，或在文后致谢。

对数据提供单位的署名要正确。例如，不能说"根据从国家气象中心获取的气象数据"，因为气象中心是不能提供基本数据的。而国家气象信息中心才是中国气象局的气象数据出口单位。

4）网络共享数据的说明

在引用网络共享数据时，应该说明网站的网址、共享数据的制作单位、人员和共享途径。

5）引用数据范围的说明

使用有关数据库和统计资料时，要说明论文中使用数据的类型、范围、时段。例如，在说明使用全国普查数据等大范围数据时，要说明是使用了全部数据还是部分地区的数据。

6）多年不变数据的使用

多年不变的公用数据可以不列数据出处，例如，流域面积、河流长度、山峰高度等。再如，使用的青藏高原 DEM 数据取自美国 SRTM 计划数据产品，其比例尺大致为1∶25 万，中国测绘局已经完成并已公开发布同比例尺的权威数据，使用中国自己生产的数据其正确性和精度都能得到更好的保障。还有，在年降水资料方面，降水量推算的困难在于降水分布的高度空间非均匀性，密集的降水观测资料是保障推算结果正确性的重要基础，文中所用降水资料主要取自气象部门。事实上，水文部门也有大量降水观测资料，且其观测站点的密度一般比气象站要大，如果能收集水文部门相关资料开展研究，相信能使研究资料更系统、研究成果更可靠。

7）合成数据的使用

在使用合成数据时，必须全面说明采用的数据来源。对多种数据来源合成的图表要分别说明各地、各类数据的来源。采用不同数据资料，要说明是如何处理成一个数据的，选用它的依据和理由是什么。例如，采用 MODIS 数据产品应说明是采用多少天合成的数据产品。

8）数据的获取方法

对获取数据的技术方法要给予必要的说明。例如，当公式是基于县域单元时，要说明如何从栅格单元综合得到县域单元数据的。

3.3 数据的时间要求

数据的时间要求包括时段长度、即时程度、周期完整和时间同步等 4 个方面。

数据的获取年份和时间要明确。例如，不能只说"重金属含量现为……"，应该具体地说，"2010 年重金属含量为……"。再如，观测数据不能用"早晨"和"傍晚"等模糊的时间概念，应该明确写 8∶00 和 20∶00 等精确时刻。还有，变化数据要有相应的变化年份，不能说"湖盆淤积率由 70% 减少至 43%"，应该为"湖盆淤积率由 1980 年的 70% 减少至 2010 年的 43%"。

3.3.1 数据的时段长度

为探讨各类自然要素的时间演变规律，许多论文需要分析有关资料数据在一定时间尺度的变化过程。各学科数据分析的时间尺度不尽相同。

1）历史数据的时间长度

分析不同时期的数据需要利用不同的时间尺度。例如，研究历史自然灾害、历史地方病区域分布、历史人口变化等方面的论文至少需要近 600 年的资料，因为明清以来的 600 年是中国地方志记载相对较全的时期。再如，研究城镇变化、土地开发等需要近 100 年的历史资料，因为清末西方测绘、统计技术传入中国，中央和地方政权开始用各类相关仪器测量数据进行记载。

2) 观测数据的时间长度

研究气象、水文、海洋、部门产业结构变化等需要近50年的历史，这是由于中华人民共和国成立后在全国范围内建立了气象站、水文站和各类经济统计部门。而利用遥感图像判读获得的数据时段最好在20年以上。一般分析某地降水的年际和年内变化特征，至少要10年以上的资料。

3) 实验数据的时间长度

对于利用地层钻孔剖面、海洋珊瑚层面、洞穴碳酸钙纹理、寒区冰芯沉积等获取的实验分析数据，要检查实验数据是否包括了样品生成的全部时代；分析数据一般应占样品生成时段长度的80%以上；剖面要有测年数据。

4) 周期分析的时间尺度

在研究气候等要素波动周期时，长周期的波动研究需要利用长时段尺度的数据。一般数据时段长度应为最大波动周期的3倍。例如，研究气象要素20年变化周期需要有至少60年的气象数据。因此，数据的时间尺度越大，自然要素演变过程越完全，研究者所能分析的要素变化周期就越长。

小波分析的周期一般应该最大取序列长度的1/2，作者的序列应该是52年×12个月，那周期最多到312。建议用 http://paos.colorado.edu/research/wavelets/software.html 这个网站上提供的公开程序做。

5) 模拟预测的时间尺度

在气候、水文等自然要素的预测性论文中，实测数据时段应是预测时段的5倍以上，这样的推测才有较高的可靠性。例如，推断某地区未来5年的经济发展趋势，至少需要过去25年的经济资料。另外，数据的时间序列要同步。

3.3.2 数据的即时程度

数据的即时程度是指稿件中最新数据的获取时间与收稿时间的时差。时差越小，数据的即时性越好。科技论文中是否引用了最新的数据资料，是反映其内容新颖性、即时性的重要标志。近年来，世界气候环境的明显变化和中国社会经济的快速发展，使得地理学研究中对地理环境最新状况的分析变得格外重要。如果论文中没有及时引用最新的基础数据，其研究时效和对读者的吸引力就会大大降低。因此，作者应尽量选用最新的资料，以提高数据的即时程度。

地理学各专业对数据即时程度的要求是不同的。

1) 观测数据的即时程度

气象、水文等观测数据和环境污染、大面积的耕地、林区、草场等土地利用面积及水土流失数据应包括近5年的最新数据。

2) 统计数据的即时程度

国家和各省市自治区每年都发布各类国民经济统计数据，这类数据在论文中最好含有近3年的最新数据。

3) 普查数据的即时程度

国家各部门每隔5~10年，要开展有关行业的全国普查工作。例如，人口普查、工业普查、矿产普查、土壤普查等全国性普查，在论文中使用应包括全国性普查资料中最近一次的数据。例如，中国2004~2008年第7次全国森林资源清查获得了目前最新的森林资源数据；2011年中国第6次人口普查资料是现在最新的人口数据。

4）遥感数据的即时程度

遥感影像数据具有更新更快的特点。在论文中使用遥感数据时，最好包含近3年最新的遥感影像数据。

3.3.3 数据的周期完整

数据的周期完整是资料质量控制的关键环节之一，要说明是否有缺测资料，有多少缺测，以及如何处理。

1）日变化数据的完整性

研究日变化要有连续24小时的全日记录数据，以显示研究要素一日内昼夜间的完整变化情况，一般不能只有12小时的半日数据或18小时数据。

2）年内变化数据的完整性

研究年变化要有12个月的全年连续记录数据，以显示研究要素年内的完整变化情况，不宜只有6个月的半年数据或10个月的大半年数据。对于季节变化的研究，即使没有全年每个月的数据也要有1、4、7、10月的典型4季月份数据。

3）年际变化数据的完整性

一般应包括研究要素在一定时段的最高值、最低值的年份数据，以及平均值、平均变化值的计算说明。

3.3.4 数据的时间同步

数据的时间同步包括：时间序列数据的同步、相关影响数据的同步、分级分区数据的同步、遥感数据验证的同步。

1）时间序列数据的同步

时间是环境变化研究的基准点之一。不同时段的数据一般不宜混合使用。以土壤有机碳储量采用的数据为例，20年前土壤普查数据与2年前采集的新土壤数据不能混合使用，因为20年中土壤的许多特性都发生了显著变化，其中包括土壤有机碳。混合这两个时间序列的数据进行土壤有机碳储量的估算，无法说明土壤有机碳是指20年前还是指目前的状况。

2）相关影响数据的同步

进行研究要素相关分析时，相关数据的区域时段应一致。例如，进行降水－径流相关分析时，气象和水文观测数据的时段应一致。

3）分级分区数据的同步

进行分区分级研究时要使用相同年份的数据。例如，进行经济区划研究时，各类经济统计数据的时段应一致。

4）遥感数据验证的同步

利用地面实测数据验证遥感数据精度时，地面数据的实测日期与遥感影像的日期要一致，以保证检验结果的可信性。

3.3.5 数据的时间选择

地理学不同专业的研究在使用数据时间选择上有不同的要求。数据的时间代表性是选择数据的基本要求之一。

1）遥感数据的时间选择

利用卫星影像估算森林覆盖率要说明用的是某个月的还是多年平均值。例如，1月份和7月份卫星影像估算的森林覆盖率、水域面积等的结果会存在很大的差距。再如，植被的NDVI需要说明是指平均NDVI、累积NDVI，还是最大NDVI。另外，NDVI数据用的是月最大值、16天合成，还是某月某日的，应该予以明确，这对于后续分析十分重要。

在遥感数据预处理中，要注意处理方法。例如，温带的作物存在两熟制，采用平均值代替法存在较大问题，假如正好某个或某几个像元是农作物收割后的裸地，该处的NDVI应该很低，而利用其周围的非农作地的NDVI平均值代替该像元就存在较大的误差。

冬季很多地方积雪覆盖，难以正确地判断地表植被、水体的分布范围。所以对有些土地类型的范围计算，应该避免使用冬季的遥感影像数据。

2）水文数据的时间选择

取样时机的一致性和可比性也是至关重要的，必须在文中予以说明。例如，在对比不同河段水体中泥沙或元素含量时发现，其研究要素在洪水期、枯水期的含量是大不一样的。再如，河口段的径流速度是潮周期值，还是涨潮或落潮时的数值，应明确说明。

3）气象数据的时间选择

分析地表覆盖状况的季节变化，可选择1月份、4月份、7月份、10月份的数据分别代表春夏秋冬的状况。对气象数据不能用秋末冬初之类的表述，要说明具体月份。平均气候应用世界气象组织（WMO）统一规定的参考时段。

4）植被数据的时间选择

研究石漠化一般应选择夏季的数据。因为石漠化是指："即使在生物量最多的时候，还呈现大规模的裸岩的土地"，而夏季正是生物量最多的时候。

5）生态数据的时间选择

在生态监测方法上，要说明为什么每月选择在月末监测一天，为什么选择在一天上午9：00～12：00这个时间段进行观测，依据是什么，这个时间段对全天的通量有多大的影响或贡献；而在一个月中，月末这一天3小时的监测又能在多大程度上反映其该月的排放通量？

3.3.6 数据的时序间隔

研究要素变化特征要考虑数据的时序密度。各类数据的时间间隔是不同的。

1）观测数据的时序间隔

在分析研究中，各类观测数据的时序间隔密度要有必要的保证。例如，气象、水文等观测数据需要逐月的变化数据,并对数据的时序间隔密度予以说明。例如,海潮的潮位观测,普遍采用10分钟一次的记录频率数据。只是潮位报表上按整点摘录数据,所以高低潮位的具体出现时间应另外注明。

2)实验数据的时序间隔

古气候研究的实验数据,如冰芯、纹泥、树木年轮、珊瑚影像密度、碳酸钙沉积层理等研究需要有年度变化数据。

地表要素的时间变化间隔,一般取决于人为因素影响大小和变化快慢。

3)地貌演化的时序间隔

沙地、湖泊、河道、海岸等受人为干扰相对不大的地貌类型可取10年以上的间隔数值。

4)地表环境的时序间隔

土地面积、植被类型、冰川进退等受人为干扰较大的可选用5年间隔的数据;比较10年以内的环境变化要用各年数据,不宜仅用序列首尾2个年份数值来说明整个时段的变化状况。

5)遥感数据的时序间隔

利用遥感获得影像植被指数数据的时间分辨率至少为15天,不宜过粗。

6)数据的时序间隔检查

检查数据的抽样密度,不仅要看论文中的表述,还要检查相关的附图和表格。例如,检查时间密度要看曲线图中曲线的变化情况;检查空间密度要看在区划边界上线条转折的粗细程度。

3.3.7 数据的时序插补

数据时间序列插补是弥补缺失数据年份的重要方法。论文如采用50年插补数据的方法,建立研究要素变化的序列,应该给出插补的方法和原则。而实际上,很多要素变化的主导因子是人类活动,而人类活动在时空上皆有强烈的差异。因此,如果插补没有给出一定的原则和方法,则插补也就具有很大的随机性。例如,对于缺测年份的气象数据,不宜采用多年平均替代法,建议采用临近测站相关插补法。再如,由于暖冬、冷夏是极端气候事件,因此要考虑利用空间化技术是否会造成对分析气候极值的影响,而插值本身容易导致极端值被降低。

3.4 数据的空间要求

数据的空间要求主要包括:数据的空间范围、数据的空间密度、数据的空间插补、数据的空间类型和数据的空间变化等5个方面。

3.4.1 数据的空间范围

数据的空间范围关系到数据是否具有广泛的代表性。地理环境的区域差异使得同一自然要素在不同地域呈现不同的演变形式。例如,海岸带变化要检查是否分析了平原海岸、基岩海岸、侵蚀海岸、堆积海岸、沉降海岸、抬升海岸等各种类型海岸的变化数据。

另外，许多自然要素的空间变化，只有在相对较大的范围才能体现出来。例如，气候、土壤、植被等要素的空间分布特征，需要放在一定广泛的空间范围来考察。即使一些小范围的自然现象也要有一定的空间范围。

1）数据水平空间的完整性

在建立地表温度的遥感监测模型时，数据的选取不能按行政区县来选取，而要按照功能区划类型来选取，如按照工业区、居住区、农田区等来分区建立监测模型，这样得到的模型才能在其他地区进行使用、比较和验证。

对获取辐射温度修正系数时应用的气象站资料的拟合结果要做详细交代，是仅用某1个站点的温度还是用多个气象站平均后的温度。

2）数据垂直分布的完整性

研究深层地温的年际和年代际变化，应说明划分地温深层和浅层的标准，并说明为何不进行浅层的探讨，以使研究成果更为完整。

3.4.2 数据的空间密度

数据的空间密度选取是否合理，关系到地理学研究结果的可信性。

1）数据空间密度的区域代表性

数据的空间密度要注意区域代表性。例如，由于中国地域辽阔，降水、气温等自然要素的变化受经度、纬度、海拔高度的影响，区域差异很大。因此，仅用全国平均降水量、温度、日照时数来分析要素间的联系是不够的，必须用不同区域的数据分别进行对比。

在进行河流水体化学离子分析时，对干流、支流、不同季节、不同河型、不同地表覆盖类型区都应进行采样对比。

2）数据空间密度的区域差异性

数据的空间密度还要关注区域差异性。例如，在利用遥感数据研究地形起伏度和植被指数时，分析窗口的大小是提取地形起伏度最关键的环节。8 km×8 km 数据不适用于破碎的深切割山区。最好用更高空间分辨率的数据进行补充。再如，利用 GIS 软件计算并提取相应台站 NDVI 的月平均值，窗口大小的选取如果为 3×3 个像元。由于所用 NDVI 的分辨率为 8 km，则 3×3 个像元的覆盖面积应为 576 km^2，在这样大的范围内来建立单个气象站降水与 NDVI 的关系显然存在尺度不匹配的问题，会直接影响分析结果的可靠性。

3）实验数据的空间密度

研究大范围的空间变化，如果控制点太少、代表性差，所获得的结果就缺乏说服力。地理要素采集样点的密度是时空分布变化研究精度的保证，所以采样位置应具有地表类型的代表性和区域分布的均匀性。例如，沉积变化的钻孔数据、化学地理的土壤或水体的采样位置在空间上应有一定密度做保障。再如，计算黄土堆积层厚度不能仅基于少数几个剖面做估算，那样会使得代表性有限。因为黄土堆积厚度在黄土高原地区有较大的区域差异，以有限的估算来确定整个黄土高原不同区域在不同时期的黄土堆积厚度，会存在很大的误差。还有，在土壤数据分析中，要说明图表计算的结果代表的是整个土壤剖面还是某一层位的土壤剖面。

在列举研究地区的实验数据时，要说明数据是根据一处代表样点数值得到的，还是根据几处样点数值平均计算得到的；是一次采样的结果，还是几次采样平均值的结果。

4）观测数据的空间密度

选取较少的空间数据点会造成其空间代表性较差，难以支撑整个面上的研究。例如，研究中国西北蒸散，仅用49处的数据不能全面反映西部的复杂情况。因为仅新疆就在100余处设有蒸发观测数据的气象站。

3.4.3 数据的空间插补

数据的空间插补包括：不同地区、不同地形、不同程度的数据插补。

1）不同地区的数据插补

中国西部由于地形复杂，气象站点比较稀疏，可用多年平均值内插，而采用每年内插，则误差较大。

2）不同地形的数据插补

地形对气象要素的空间分布有很大影响，气象要素在空间插值时要考虑地形的影响。对于黄土高原等复杂地形内的气象站应有足够大的密度，在黄土高原周边地区选择一定数量的站点资料，对边缘地区的插值精度是有重要影响的。

3）不同程度的数据插补

任何插值结果的可靠性直接受插值站点的数量及其空间分布的影响。要说明插补的数据占多大比例；用什么方法插补；插值方法有否物理意义；其精度误差是否经过验证；是否影响分析结果等。例如，3个气象站的平均值可能会有气象站高差不同的影响，应该每个站先做距平，然后平均在一起，这样可以消除高差的部分影响。

4）不同方法的数据插补

用不同时段、不同站点数据做插值，要说明采用什么方法插值，如何计算全国平均状况，采用多大的格点为基本单元计算，（由于不同时段的站点数不同）格点的空间分辨率是否一致、这样利用格点数据计算与利用站点数据计算的差别和优劣如何。

5）插值方法的选择

用于插值的方法众多，效果各异，要充分说明选用其中某方法的原因。论述该方法的理论基础和技术路线。例如，狭长条的地区不宜采用克里格插值方法进行插值。再如，不同季节的数据插补运用站点资料计算结果绘制等值线时，不同的插值方法绘制的等值线形式是不同的，应交代所选择的插值方法。

建立一套内插的降水或气温数据，要说明内插的精度、可靠性和误差。例如，用内插数据建立不同山地气温分布情况，应该用温度梯度插补不同高度气温。否则就形成等温区了。

通过反距离加权插值法绘制气象要素分布图，应该考虑地形和海拔高度的影响，这在气象要素的空间差异分析中是非常重要的。

6）插值数据的间隔

分布图的等值线的间隔过大，应该有表现出地理要素增减比例的分布图。例如，降水量同样是增减20mm，在200mm的地方，有10%的幅度，而在800mm只有2.5%的幅度，因此最好有研究要素的变化幅度图。

当研究区的周边还有许多气象站可供利用画等值线时，必须参考周边气象站的相同性质的数据，才能更准确地确定等值线的走向。

7）Kriging 插值方法

在数据分布密度不够的情况下分析研究要素空间变异，可采用 Kriging 方法插值。Kriging 插值的前提是空间数据具有较强的空间自相关性，要是空间自相关不成立，那么其结论是不可靠的。所以在使用时应有交代。例如，运用 Kriging 插值方法分析土壤化学元素空间变异，应给出半变异函数图的分析结果。

3.4.4 数据的空间类型

地理学研究的数据按照空间分布状态，可分为点状数据、线状数据和面状数据等3种类型。在进行不同数据的对比分析时，要考虑到数据的空间分布类型。

1）点状数据与面状数据的差异

在利用遥感数据与观测数据进行气象资料对比时，以均方根偏差为指标，得出NCEP/NCAR 低估若干数值的变化幅度等结果，值得推敲。首先，均方差只是描述变量变化幅度的指标之一，并非唯一指标；其次，自动气象站观测资料为点上观测资料，NCEP/NCAR 再分析资料为格网数据，代表一定区域的平均值，两者空间尺度不一致。经过区域平均处理后均方差变小是必然的，不一定都是低估的原因。

2）线状数据与面状数据的差异

例如，在生态需水量中根据排污量计算的环境需水，在水资源管理的实践中是不合理的，因为排污总量需要根据水的自净能力、环境容量来限定，而不是根据排污量提供纳污水量，因为，把沿河道线状分布的河道内生态需水量插值到空间面上是没有意义的。

3）点状数据与线状数据的差异

在研究河流水质时，要解释干流与支流、干流上下游之间的差别。分析水中物质元素的来源时，应量化流域雨水、土壤和母岩风化等对水体元素的贡献率。

3.4.5 数据的空间变化

由于自然环境的多样性，不同区域自然要素分布规律的对比及其影响因素是很复杂的。说明数据的采集与测试的条件、方法、依据才能使数据具有可比性。包括：样点布局的设置、观测或采样地点的环境。使用气象站的观测资料要说明气象站的经纬度和海拔高度。

对于城市气象站的长期观测数据分析，要说明气象站位置是否有变动，因为随着近50年城市的快速发展，有些气象站的位置有变化。即使在青藏高原，也有一些气象站点多次迁移。例如，1961 年以来，班戈站点迁移 5 次（1962 年、1963 年、1965 年、1983 年、2002 年）、那曲 2 次（1964 年、1993 年）、索县 2 次（1964 年、1980 年）、申扎 1 次（1961 年）、嘉黎 1 次（1971 年）。作者应说明对迁站情况，以及对缺测时段的数据是如何处理的。

使用社会问卷调查数据需要说明调查地区的社会经济条件，用以反映数据的空间变化背景。

3.5 数据的处理过程

1）数据处理方法的说明

对数据处理方法要交代清楚。例如，说明资料交叉相关分析的显示结果，需解释交叉相关分析的具体算法。如果是时间上的交叉相关分析，同期相关系数应与有关图件一致。再如，作为时间序列，天气事件的自相关本身就较为明显，纯粹使用相关检验得出不同资料在时间上的同步性，论据不充分。另外，对于不同月份土壤湿度指数（NDMI）图分析前，要对图像进行大气纠正。因为 NDMI 差异很大程度上是由大气影响造成的，在分析前必须去掉大气影响才有一定的可比性。

2）数据转换过程的说明

数据的转换要按国家的有关标准进行。例如，可参照 GB/T 17798—2007 地理空间数据交换格式标准。

气象站本身具有一定的海拔高度，其温度观测结果掺杂了海拔高度对地理要素的影响。因此，利用其资料与太阳总辐射的拟合结果来确定辐射温度修正系数也掺杂了海拔对地理要素的影响。例如，气温数据转换过程的介绍不宜仅用描述性语言，应提供确切的函数公式，否则会影响读者对数据可靠性的判断，影响说服力。

3）数据合成方法的说明

在进行数据合成时，采用的数据来源必须全面说明。对用多种来源的数据合成的图表要分别说明各地、各类数据的来源。采用不同的数据资料，要说明是如何处理成一个数据的，以及选用它的依据和理由。

3.5.1 数据的数字化处理

从已有图件数字化得来的数据，如年日照时数图、土地资源图、年平均降水量分布图等，应说明这些图件数据的比例尺、生产时间，不同类型的数据在空间尺度上是否存在差异。如果存在差异，要说明运用何种办法实现匹配，这也是 GIS 工作中最重要的环节。虽然利用的环境资源数据是多年平均值，但最好能有一个时间上的说明。

3.5.2 数据的标准化处理

采用长时间序列的 AVHRR NDVI 遥感数据，应对数据质量进行分析，特别是后期 NOAA 卫星及 AVHRR 传感器的改变可能会造成前后两个阶段 NDVI 值系统性的差值，从而影响模型计算结果,若能对数据做标准化处理,会减小数据源的误差对计算结果造成的影响。

3.5.3 数据的可视化处理

数据可视化技术包含 4 个基本概念:数据空间、数据开发、数据分析和数据可视化。

(1) 数据空间是由 n 维属性和 m 个元素组成的数据集所构成的多维信息空间;

(2) 数据开发是指利用一定的算法和工具对数据进行定量的推演和计算;

(3) 数据分析指对多维数据进行切片、块、旋转等动作剖析,从而能多角度多侧面观察数据;

(4) 数据可视化是指将集中的大型数据以图形图像形式表示,并利用数据分析和开发工具发现其中未知信息的处理过程。

3.5.4 数据的参数化处理

数据的参数化处理是地理学用于建立相关模型研究的方法之一。在使用时应注意对数据参数化进行相关说明。例如,利用天气发生器对气象观测数据(或气候模式模拟数据)进行参数化处理,且应说明经处理后的数据在具体用途上与原数据有何区别。

3.5.5 数据处理中的问题

1) 数据的多元处理

多要素分析需要数据的多元处理。例如,对气象资料应做多元统计分析,一元统计的相关系数没有对比性;对多要素分区特征应进行多元回归分块处理,不能仅用对数值上的单回归处理。

2) 数据的像元分解

在国内多采用亚像元分解,对遥感数据进行次像元分解。亚像元分解的结果要与 TM 影像结果进行比较,并说明数据精度。像元、亚像元和子像元都强调像元等级尺度和混合特征。因此,其物理意义没有本质区别。端元或纯净像元的选取对像元分解结果的精度影响较大。为提高精度端元,选取应参照 Landsat TM/ETM+影像的特征进行,从而有效地减小像元分解误差。

3) 数据的图像校正

利用归一化水汽指数(normalized difference moisture index, NDMI)表征地表水汽含量,探讨 NDMI 作为评估 LST-NDMI 关系的指标的适应性,要说明地学背景和依据。例如,要对图像进行大气纠正,有些遥感影像数据的差异是大气影响造成,必须去掉大气影响才有一定的可比性。

4) 数据的指标相关

采用多目标加权函数法得到每个网格的生态环境背景状况指数,应该考虑各个指标之间的相关性,避免重复计算。

5)数据的重建方法

对数据处理方法要描述清楚。例如,地表温度数据每两期进行合成的方法是什么?是将两期平均还是取两期的最高值?LST产品处理时采用的基于高程－温度梯度关系的方法需要提供出处;如何重建,如何计算平均误差?在受篇幅限制,无法提供细节的情况下,则需要提供参考文献。

6)数据的分布特征

要说明分析实验数据的方法,且需采用合理的计算方法。例如,土壤重金属用算术平均值来表征数据样本水平不合适,用此算术均值与背景值比较来说明土壤重金属含量的升高也不妥当。正确的做法是:将数据转换成正态分布后,用正态分布的平均值表征样本,然后再做进一步的比较和分析。再如,对土壤重金属进行正态和偏态分析,要说明使用正态和偏态分析的原因,并阐述分析结果说明了什么问题,然后联系环境背景值加以比较。

3.6 数据的精度要求

使用不同类型或不同地区的数据时,应考虑数据的精度。在分析不同年份的同一研究对象时,数据的精度应尽量一致,且变化的误差不能小于数据的精度。

1)遥感数据的精度

在利用遥感数据时,要考虑研究区地理环境和研究目标的特点。例如,平原地区的遥感影像分辨率可以低一些,采用分辨率在500m×500m左右的遥感影像;但在复杂地形的山区最好使用分辨率精度在30m×30m左右的遥感影像。再如,在用遥感影像分析风蚀穴分布时,如果遥感图像的空间分辨率为0.6m,大于很多风蚀坑的直径尺度,研究结果就不够可靠。因此,不能简单地说:"经过GPS野外调查、修改解译精度达到90%",这样缺乏可信度。一般来说会依据不同类型的湿地景观和其在空间区域上的分布,确定野外GPS调查区、调查路线和各类型的GPS调查点数(较大的野外GPS定位调查点,即样本量),比较目视解译结果和GPS定位调查结果,才能确定所谓的解译精度。

2)气象数据的精度

气温、降水数值的精度保留到小数点后一位即可。例如,气温0.1℃,降水0.1mm;再如,采用NCEP/NCAR再分析资料计算大气可降水量的精度时,需给出说明和充分的论据。

3)地貌数据的精度

使用地形图要说明地图的比例尺。DEM精度对研究结果有直接的影响。当河网分布是通过DEM数据提取生成的,应简要说明DEM的提取过程及其精度,即DEM在不同尺度下的数据质量。高程精确到0.1m即可。

4)历史数据的精度

历史记载资料的数据往往不如现代观测数据精度高。例如,古代对湖泊、林地等面积的计算达不到个位数。再如,孢粉、冰缘现象、古土壤等环境感应体对气温的响应在较长时间尺度上才能显现,所以时间分辨率难以达到100年左右。

5）测年数据的精度

分析第四纪气候变化事件的持续年代达不到 10 年分辨率的高精度。

3.7 数据的分析检验

数据处理的正确与否对于研究结果有着重要的作用。数据的分析检验包括：合理性检验、显著性检验、代表性检验、分布检验和误差检验。如果一篇论文中对统计数据分析得很细致，而物理关系解释得却不好，就会影响其说服力。

有些遥感数据应做实地验证。例如，土壤湿度和土壤温度指标仅靠遥感分析是不够可靠的，应该结合实地观测验证。再如，关于云量对气温的影响，建议同时使用这个地区的实际云量观测数据，并与 NCEP/NCAR 进行对比分析。

利用数学公式对原始观测统计数据进行计算处理，可以得到相应的新数据，给数据分析提供了有利的条件。

在进行生态足迹评价时，时间序列的耕地生态效益计算中应将 GDP 折算成不变价格，如果不是使用不变价格，价格上涨的影响会严重影响耕地生态效益的计算。

3.7.1 数据的合理性检验

1）气候数据的合理性检验

讨论干湿气候区的动态变化，采用的指标是湿润度，这两个问题均属气候概念，但论文采用的资料为逐日气象资料，两者间的尺度不匹配。另外，论文在采用 Penman-Menteith 模式计算潜在蒸散量的过程中，指出"在逐日计算公式中，土壤热通量≈0"，这与大多数研究相矛盾，只有在长时间尺度上，该假设才适用。

2）土壤质量的合理性检验

土壤资源的开发利用通常会导致土壤有机质含量降低、土地质量下降。如果研究结论相反，应有足够的证据支撑。

3）元素含量的合理性检验

在地表重金属含量研究中，如果城市土壤和地表灰尘中重金属元素的含量相当于铅锌矿的含量，说明数据的测定有问题。

4）时段变化的合理性检验

采用物候数据时，如果研究区物候春季开始日期提前，结束日期推迟，而物候春季长度缩短，则数据会出现非常明显的错误。

5）数据极值的合理性检验

要检验所得数值最大值与最小值的合理性。例如，林地土壤的总氮（TN）含量、总磷（TP）含量等数值不应低于相应坡面流 TN 和 TP 浓度，否则数据肯定有问题。

需求数量与可供数量的差距。如果求出的生态需水量超出水资源量很多，是没有道理和意义的。

6）数据比例的合理性检验

数据的百分比之和应为 100%。百分比之和多于或少于 100% 都应重新计算，找出原因。

3.7.2 数据的显著性检验

地理要素的分析数据是否产生了明显变化,要进行显著性检验。例如,气候要素的变化趋势是否显著,需要有一个统计检验结果。如果没有检验,就做出诸如升温显著、降水减少明显等推论是不科学的。

3.7.3 数据的代表性检验

1) 气象数据的代表性

在气象数据分析中,如果将干旱区的降水误差观测试验结果应用于气候类型差异很大的中国东南湿润地区,应阐述理由。

瞬时数据与长期数据,在常规气象观测资料中如果云量为目测的定时观测资料,而日照百分率为器测的连续观测资料,则日照百分率资料的可靠性优于云量资料,日照百分率模型估算精度优于云量模型。在沙漠、海洋等人类活动受限制的地区,只能采用云量模型。卫星资料属瞬时观测资料,且为非常规资料,无长期规范的观测资料序列(如 MODIS 资料是 1999 年之后才有的),不适合用于太阳辐射资源评估。应用的日照百分率资料为气象站常规观测资料,容易获取,其历史序列多为 40 年以上,符合气候资源评估的需要,可用于反演气溶胶光学厚度资料的获取。而且日照百分率本身就体现了天空因素气溶胶、云量等因子的综合影响。

2) 地貌数据的代表性

在河流阶地年代的分析中,不能将支流阶地的年代与干流阶地的年代混为一谈。进行剖面对比时,不宜进行干支流阶地地层的对比,可分别对比干流和支流的地层。

3) 蒸发数据的代表性

例如,讨论湿润干燥最好用观测到的实际蒸发量,蒸发皿的测量值比用气温算的潜在蒸发更可靠。再如,气象站的蒸发皿蒸发量与流域蒸发量是两个完全不同的概念,不能用蒸发皿蒸发量代替流域蒸发量。还有,降水量与径流深之差代表的是实际陆地蒸发量(两者的差别巨大,不在同一个量级上。据有关研究,该地区的陆地蒸发潜力只在 1 000mm 左右),因此,将仪器的水面蒸发量作为流域蒸发潜力是错误的。

4) 植被数据的代表性

在植被环境研究中,盖度仅仅是植物群落特征的一个方面,应解释盖度对于植物群落特征分析的代表性。一般这类处理都要设法求出植物的重要值,应补充指标以求出植物的重要值,并将重要值用于说明群落分布与环境关系。

5) 环境数据的代表性

在生态环境研究中,仅仅通过取样测定对空间尺度下的面源污染 TN、TP 产出率进行比较是没有多大实际意义的。由于空间变异性问题的存在,不同观测点的结果本身就会存在很大的差异,而这种差异与空间尺度没有任何关系。另外,由于小尺度下的测定点较少,其结果的代表性不强,因此不同尺度下的测定结果不具有可比性。

3.7.4 数据的替代性检验

在使用一种数据代替另一种数据时,应对数据的替代性进行检验。例如,一个地区多年平均气温与≥10℃的积温虽然呈现出显著正相关，但不宜作为替代指标。两类数据统计上可能相关性较好，但是由于地学意义不同，因此不能简单地用一个指标完全代表另一类指标。

3.7.5　数据的区域性检验

数据验证不宜只选择一个点的数据验证，要选择不同类型区域的数据进行验证。例如，利用地表实测数据验证遥感模拟结果，要选择不同地表环境类型的实测数据进行精度验证。

3.7.6　数据频率分布检验

分析土地利用转变方式，不能仅选择土地利用转变方式的土壤性质取算术平均进行简单的大小比较，而忽略了数据的频率分布。例如，当全磷、速效磷和速效钾等数据离异度相当大时，数据呈现明显的偏态分布，此时采用算术均值不能表现数据的分布特征，由此比较而得到的结果难免有些牵强。因此，应先进行数据正态检验，若不符合正态分布，则先进行正态转换，再进行比较，这样才有说服力。

数据分析中要给出土壤化学元素含量的正态检验方法及检验结果。土壤特性中要有对土壤有机质、pH 正态分布的检验结果。

3.7.7　数据的统计差异检验

在数据对比中，如果仅把平均数值用来简单地比较变化率，其分析结果的意义相当有限，而且可能产生误导。因为部分差异可能来自于取样或分析等途径产生的误差，因此应进一步做变化率的差异检验。例如，在土壤数据分析中要给出土壤化学元素含量的正态检验方法及检验结果；土壤特性中要说明土壤有机质、pH 正态分布的检验结果。确定土壤剖面从 A 层到 C 层呈明显的增长趋势，要进行方差显著性检验。

依据开阔度计算的散射辐射，主要是天文散射辐射，但实际观测中影响散射辐射的最重要的因子有两个：一是气溶胶，导致光学厚度的变化，这可用卫星资料表征（如 MODIS 的光学厚度）；二是云量，根据开阔度，可看成不同起伏地形下地面的反射及不同方向的 X 射线辐射的共同作用。相比较而言，地面反射作用也是很重要的。坡向、地表覆盖类型、土壤质地、湿度等很关键，影响辐射值的大小。

"降水年际变率大"，由多少毫米到多少毫米，用于验证的 1998~2000 年是多雨年还是少雨年，这对于验证降水影响的可靠性很重要。

3.8　数据的检索收集

中国的很多气象数据、环境数据、统计数据都在国家相关部门的网站上公布（表 3.2）。例如，中国资讯行搜数网（www.soshoo.com）是一个专门向用户提供各种有关中国和世界各国经济和社会统计数据表格的专业网站。搜数网的主要数据来源包括：

（1）国际统计资料。例如，国际统计年鉴、世界经济年鉴等统计资料。

（2）国家统计资料。包括中国统计年鉴、中华人民共和国年鉴、国家统计局出版的调查统计资料。例如，《入境游客抽样调查资料》、《中国农产品价格调查年鉴》等。

（3）行业统计资料。包括各行业协会、公司或调查公司等出版的统计资料。例如，《中国石油化工集团公司年鉴》。

（4）各省市（直辖市）自治区统计资料。包括各省市（直辖市）自治区统计局出版的统计资料。计划单列市和地级城市统计资料。

（5）经济普查资料。包括对全国及各省、自治区、直辖市各产业的统计。

（6）香港、澳门、台湾地区的年度、季度或月度统计资料。

表3.2 地理学的主要数据网站举例

网站名称	网址	数据内容
中国资讯行搜数网	www.soshoo.com	中国和世界各国经济和社会统计数据
中国生态系统与生态功能区划数据库	www.ecosystem.csdb.cn	中国生态数据
地球系统科学数据共享平台	www.geodata.cn	地球信息科学数据
寒区旱区科学数据中心	http://westdc.westgis.ac.cn	收集、存储我国和世界的寒区旱区科学数据

第4章 论文的插图编绘

地图是地理学科研成果的重要表现形式之一。地图能够直观反映地理要素的空间分布、空间变化、空间组合和空间相关。在地理学稿件中，插图是出现问题最多的地方之一，也是修改量最大的部分。插图的基本要求包括3个方面。

1）插图尺寸要求

插图尺寸不应超过期刊印刷版的幅面。例如，16开期刊插图的长宽尺寸不超过 21cm×14cm，大16开期刊插图的长宽尺寸不得超过 23cm×16cm。由于现在多数读者是利用网络阅读期刊论文，所以插图一般应横排，尽量避免纵向排放，以方便读者在电脑上阅读。

2）插图类型选择

地理学论文的插图类型主要包括：地图、曲线图、直方图、剖面图、比例图和照片图。将数据转换成图形前应仔细分析相关数据的特点和规律，力求选择最合适的插图类型来清楚、直观地表达数据信息。

3）插图绘制规范

插图应注意规范的问题包括：清晰程度、字体字号、图例比例、色调颜色和插图标题等。插图质量会影响到研究成果的准确表达程度。

4.1 地图的编绘

地图在论文中主要用于表示地理要素的空间分布与格局。地图按底图的类型又可分为：平面图、地形图、遥感图和三维图。

地图的基本要素包括：地图的尺寸比例、字体字号和图例表达标题等方面的问题。

4.1.1 底图的选择

1）地图的国界要求

凡涉及国界线的地图，要按国家测绘地理信息局、中国地图出版社最新标准底图绘制。全国地图要有南海诸岛、钓鱼岛、赤尾屿。一般在绘制省市地图时，可不用全国地图标绘研究区位置。

2）底图的类型选择

底图一般要采用主要影响因素为内容的地图。例如，样点分布图用地形图或土地覆盖类型图为底图，用不同符号标注样地类型（图4.1）；考古遗址分布图采用对古遗址分布最有影响的地貌类型图为底图（图4.1）。

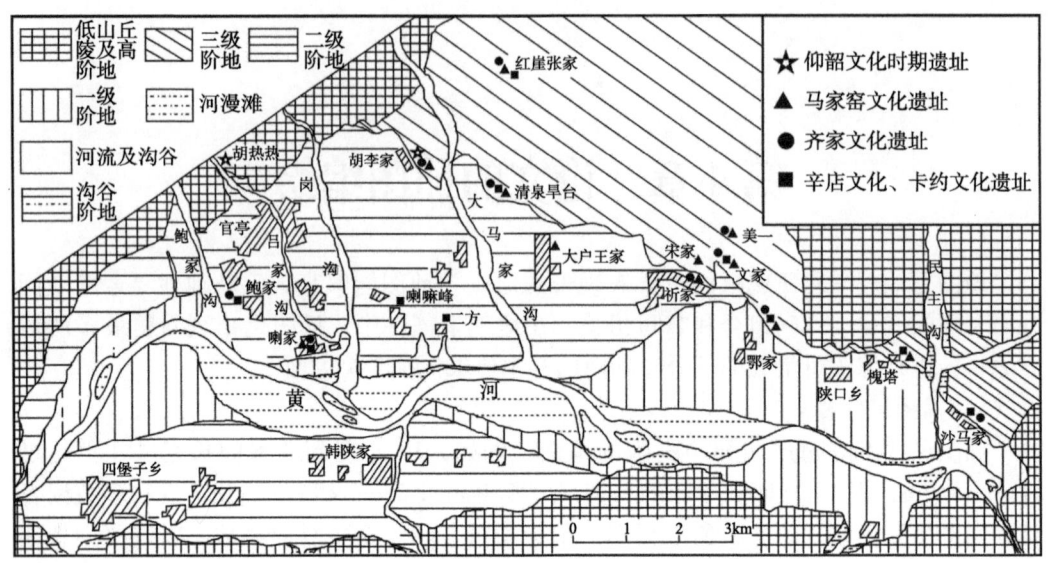

图 4.1 考古遗址分布的地貌类型举例：官亭盆地的地貌类型及考古遗址分布（杨晓燕等，2004）

4.1.2 地物的标注

地图应标绘出相关地名、样点位置、分区界线等论文中涉及的地理要素。

1）相关地名的标注

地图中应标绘出论文中提到的地名、河流、山峰及其周边重要的城镇等，使读者能了解研究地点的空间位置。图上最好标注两处以上地名，这有助于显示图中的地区方位和距离。此外，研究要素的高值分布区、低值分布区的地名应该标注。

2）样点位置的标注

地图中应标绘出论文采用数据的位置。例如，气象、水文、生态等观测站点的位置，以及土壤、植物、水体等采样地点的位置，使读者能掌握数据点的空间布局情况。

3）分区界线的标注

地图中应标绘出论文中的分区界线或分类界线，使读者能明确研究区的地理背景格局。

4.1.3 经纬度格式

论文中如果提到地理要素以经纬度分界时，地图中一般应有经纬度的标绘。

地图经纬度数值要有计量单位，如 100°20′30″（数值右上方要有度、分、秒的经纬度符号）。

当地图所有经纬度的分值或秒值都为零时，不用标示地图经纬度的分值或秒值。例如，当纬度分别为 30°00′00″、31°00′00″、32°00′00″，其中分秒值均为零时，标注中应删减分秒值，即标示成 30°、31°、32°。

4.1.4 插图的比例

比例尺是反映地图所含区域实际面积的工具。不同学科的论文对插图的要求有所不同。一些遥感类、生态环境类期刊论文使用的地图主要用于显示研究要素的属性、特征,所以不一定用比例尺。而地理学论文中的地图通常要反映研究要素的覆盖面积、相隔距离、分布密度等,所以一般都应有比例尺。地图比例的表达最好用线段比例尺的形式,以便于地图的缩放。比例尺寸单位用英文小写字母缩写,不用英文大写字母、英文全称或汉字(表 4.1)。

表 4.1 插图比例尺的常见问题

比例形式	0 10 km	0 10 KM	0 10 kilometre	0 10 公里	比例:1:10000
正误	√	×	×	×	×
问题说明	正确形式	不用大写字母	不用英文全称	不用中文单位	最好不用此方式,因为插图不易缩放

4.1.5 插图的字体字号

1)插图的字体

插图中一般都使用宋体字。地图中江河湖海等水体的名称使用斜体字。例如,"*长江*、*太湖*、*渤海*"等。

2)插图的字号

插图中字号一般为小 4 号、5 号、小 5 号、6 号、小 6 号等 5 种字号;常用的字号为小 5 号和 6 号;字号过小会造成阅读困难,过大则地图显得不美观。

插图中字号不宜相差过大。字号差异过大,排版时不易调整图幅大小。地图中的省、市、县、乡等不同级别行政区地名的字号大小应该相差半号。

插图中的文字尽量不与地图线段重叠,文字后的底色不宜用深色,以保持文字的醒目(表 4.2)。

表 4.2 插图文字背景的常见问题

错误标绘	正确标绘	问题说明
—100—	—100—	图中文字尽量不要与地图的线段重叠
100	100	文字的背景颜色不要深色,使文字醒目

用国外软件根据变量和程序自动生成的插图,图中的文字都是英文名,最好改为相应的中文。

4.1.6　插图的图例要求

地理学论文插图反映的地理要素一般都需要有相应的图例表示。图例的要求包括 9 个方面。

1）图例类型不能空缺

图例应该包含需要表示空间分布状况的所有地理要素。插图中有多少种线段、图斑、颜色和色调，图例中就应该有多少种相应的要素，不能空缺。

2）图例要素不能重复

图例设置应避免类型重复。例如，图例中不能同时显示"林地、阔叶林、针叶林"，因为林地就包括了阔叶林和针叶林。

3）图例设置要符合惯例

分类图例的设置要符合专业制图惯例，不能随意设置。例如，在土壤类型图例设置中，黏土用长线图例，沙质黏土用短线图例，沙土用点状图例（图 4.2）。

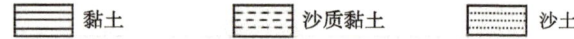

图 4.2　地表沉积类型的图例举例

4）计量单位应该明确

数字系列图例标题要有计量单位。一般不用"图例"二字标注，而用数字的具体量纲和计量单位标注。例如，降水量（mm）、气温（℃）、高程（m）、地下水深度（m）、重金属含量（g/kg）、人口密度（人/km^2）、人均 GDP（元/人）等。

对图例的数字标注要说明其属性和计量单位（图 4.3）。

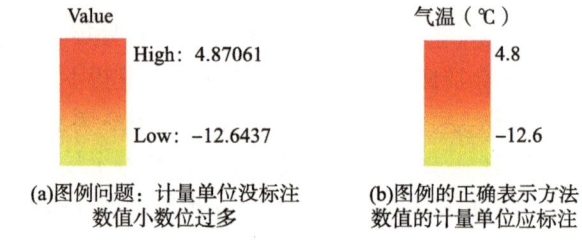

图 4.3　图例标示方法

5）分级指标数字标注

地理要素分级的图例不宜只用定性文字说明，应该用定量数据表示，并且分级指标要连续。例如，<10、10~20、>20，不能写成 <5，10~20，>25（中间缺少 6~9，21~24 数值段）。

分段值最好为整数，不宜用小数位过多的分段值；降水、气温的精度只保留小数点后一位。例如，不宜用 <1.158、1.159~2.846、>2.847，最好用 <1、1~3、>3。

6）图例的标注

图例中的说明应该在图中显示，而不是在文章中解释，也不要在插图标题下解释（图*）。例如，不宜在文中说明：图中实线为观测值，虚线为模拟值；最好用图例显示；

——观测值；----模拟值。

图例标注应该明确，而不是合并或模糊表示。例如，应标注"气象站、水文站"，而不是简单的"台站"。

7) 图例的语种

在中文期刊中，图例的说明一般要用中文，不用英文。

8) 图例的空白

对中国台湾等无数据地区，一般用空白图例标示：无数据地区。

9) 地图的方位

地图方位的国际统一标准是上北下南。所以地图在采用通常的上北下南方位或有经纬网时都可以不用指北针标识。

4.1.7 插图的颜色选择

彩图插图颜色的选择应具有科学性和美观性，其颜色和色调的选择方法包括：颜色与地物色彩相近、颜色与相关规则对应、颜色与图斑大小协调、色调随量值大小变化、色调与地域新旧配合（赵歆、姚鲁烽，2001）。

1) 颜色与地物色彩相近

图斑的颜色应尽量与地物实际颜色接近，以满足读者的直观视觉。例如，比例尺、图例说明、地名用黑色，陆地用褐色，沙漠用淡黄色，林地用深绿色，草地用浅绿色，河流海洋用蓝色，淡水湖用浅蓝色，咸水湖用深蓝色，研究区以外的地方可用白色。不同要素的颜色应对比鲜明（图4.4）。

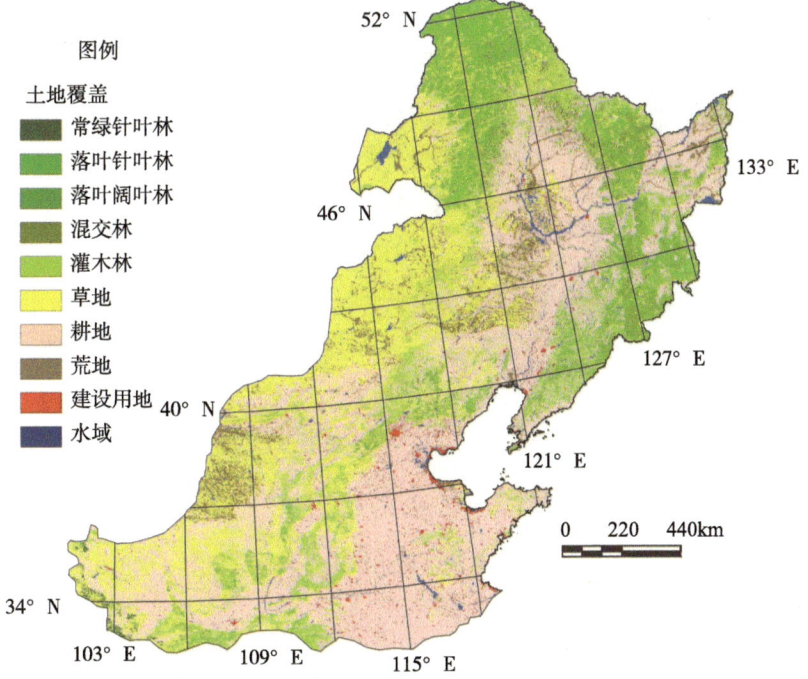

图4.4 不同地表颜色与地物颜色接近的举例：20世纪20年代土地覆盖类型（高志强等，2004）

同类地物的图斑颜色也应尽量与地物实际颜色接近，以利于满足读者的直观视觉。例如，地图中不同类型土壤的颜色选择应与土壤实际颜色相近（图4.5）。

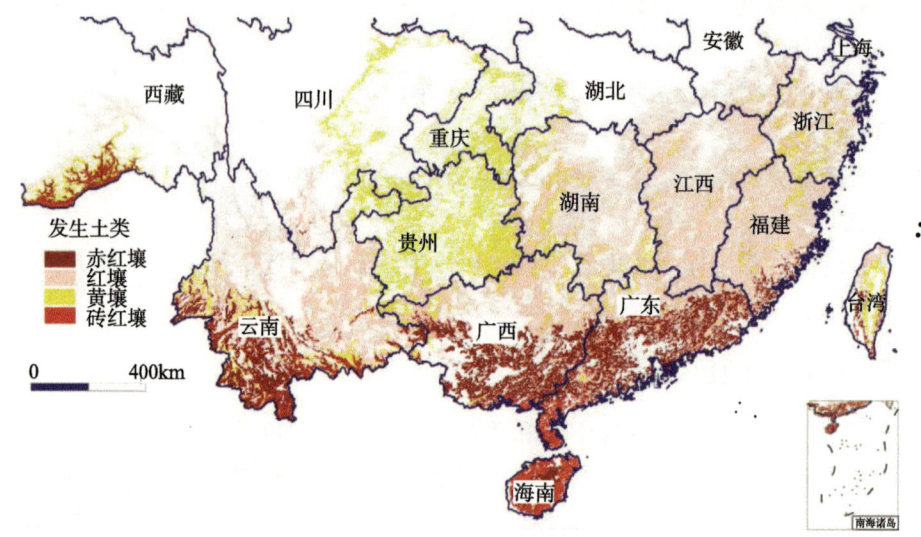

图4.5　同类地物的颜色选择举例：中国发生分类铁铝土分布图（于东升等，2004）

2）颜色与相关规则对应

图斑颜色最好与制图目的相对应。例如，自然灾害危险性等级分区颜色按通常的国际灾害预警颜色标准，分别为红、黄、蓝、绿等颜色（图4.6）。

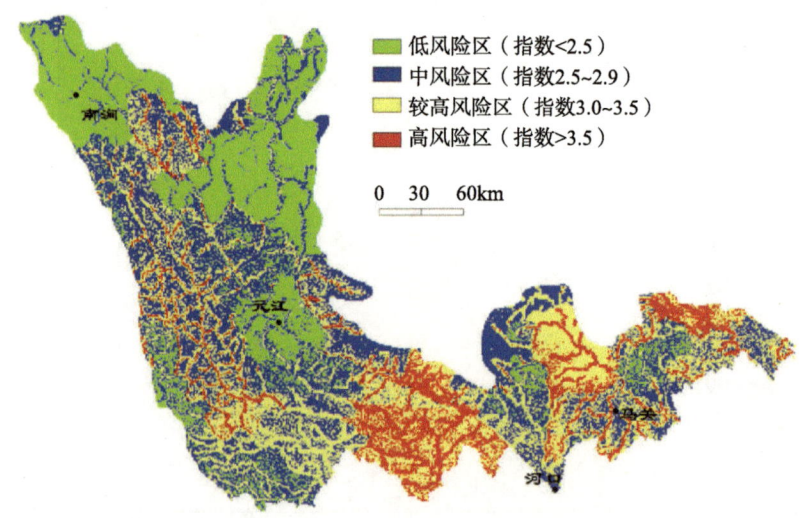

图4.6　区域危险度颜色选择举例：红河流域山洪灾害风险区划图（唐川、朱静，2005）

3）颜色与图斑大小协调

大面积的图斑尽量用浅色，如中国地图中新疆、西藏、内蒙古等地要尽量避免使用大面积的黑斑；小面积图斑宜采用深色，如中国地图中的上海、香港、澳门等地。

4) 色调随量值大小变化

按高值暖色低值冷色的原则。例如，各种色调要随着人口密度、产值数量、地形高度、日照长度、化学元素浓度等数值的增加按暖色递增；而水下深度、降水强度等数值的增加则按冷色加深（图4.7）。

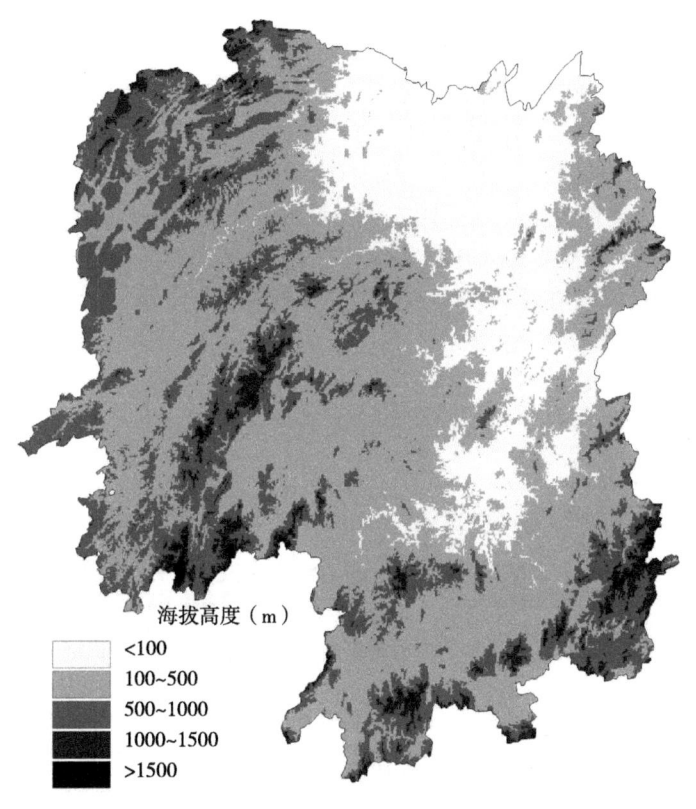

图4.7 插图色调随海拔升高而加深举例：湖南省的地形（王志恒等，2004）

5) 色调与地域新旧配合

老的城镇区域要用淡色调，而新的土地开发区则用鲜艳色调；自然原始林地区用淡色调，植被恢复区用鲜艳色调；老的水体用淡色调，新扩张的水体用鲜艳色调。

4.1.8 插图的校对检验

对插图中研究要素的空间分布应进行校对检验。例如，在青藏高原植被分布图中，要检查常年积雪的山顶是否绘有植被分布。再如，在西北气温分布图中，是否绘出盆地与四周山地的气温界线。

4.2 曲线图编绘

曲线图的主要用途：①表示地理要素的变化过程和趋势；②显示不同地理要素之间的相关关系。

4.2.1 曲线图的坐标

1）坐标的标题

曲线图的纵横坐标要有坐标标题和计量单位，并应居中排列。标题不宜只用英文缩写，最好用中文表示，或用中文加英文缩写。

改变线段标题中数字上下标的方法：选中坐标轴—设置坐标轴格式。

纵坐标标题应纵向排列，横坐标标题应在横坐标数值下居中。排列方向的改变方法：选中坐标轴—设置坐标轴格式—对齐方式—文字方向。

横纵坐标标题与坐标数值的间距一般为0.5行。

添加Excel图形文件的坐标轴标题方法：单击选中图表—切换到"图表工具"上下文选项卡中的"布局"选项卡—单击"标签"组中的"坐标轴标题"，在下拉列表中选择要添加的标题类型—在插入图表的标题文本框中输入标题。

两种不同量纲的数据在一张图中对比时，应采用左右两种纵坐标。

2）坐标刻度线的长度

有数值标注的刻度线要长于无数值标注的刻度线（图4.8）。

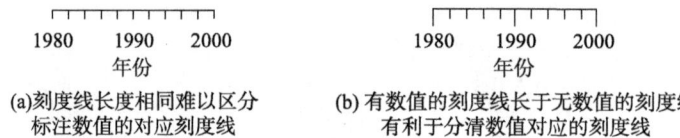

图4.8　有数值标注的坐标刻度线要长于无数值标注的坐标刻度线

改变坐标轴刻度线长度的方法：①选中要修改的坐标轴数值；②点击鼠标右键打开菜单，选择"设置坐标轴格式"；③在"主要刻度单位"菜单中选择"固定"和"3"，在"次要刻度单位"中选择"固定"和"1"。

3）坐标数值的精度

曲线图的坐标数值要求精度一致。

坐标值的量纲应尽量取较大的计量单位，以减少数值的位数。例如，最好用1km，不用1 000m。

4）曲线图的字体

曲线图一般用小5号和6号宋体。调整方法：①在Excel图形文件的图像上点击整个文件的"图表区"；②在菜单中选"格式"—"图表区"—"字体"，③在"字型"中选"常规"；④在"字号"中调整全图字号大小。

标题中计量单位上标的设置。例如，设置km^2中的上标"2"的方法：①用鼠标选中"2"，点击鼠标右键；②在显示的菜单中打开"字体"的子菜单，选择"上标"。

4.2.2 曲线图的线型

多条曲线在一张图中时，要用不同类型的线型来区别，并在图中用图例说明各类线型的属性。

1）线条类型的选择

曲线图的实测值通常用实线；而平均值、模拟值、趋势值和预测值等一般用虚线。Excel 文件中曲线类型的调整方法：①点击选中相应的线段；②点击右键，打开"数据系列格式"；③在"图案"的"样式"中选择相应的线形；④点击"确定"。

2）线条颜色的选择

通常曲线图中降水曲线用蓝色，气温曲线用红色，农业产量曲线用黄色，林业产量曲线用绿色，工业产量曲线用红色。不同要素的颜色应对比鲜明。

4.2.3 曲线图的标注

曲线图中应该标注相关的说明。例如，在回归模拟曲线图中一般应该标注模拟公式和相关系数，回归分析中点绘值与回归曲线的方差不能过大。再如，利用曲线图显示地理要素的变化分期，图中最好用纵向虚线标注出分期界线。

4.2.4 曲线图的底色

曲线图的底色一般为白色，不用灰色等颜色做背景。这样可以使曲线的线条更清晰。在 Excel 文件中底色的设置方法为：①点击左键选中图框；②点击右键打开"设置绘图区格式"菜单；③打开"填充"子菜单，选择"纯色填充"，颜色选"白色"；④点击"关闭"，结束底色设置。

4.3 剖面图的编绘

剖面图的类型包括：地层剖面图（包括连续地层剖面图、钻孔对比剖面图）、地形剖面图（山地坡面图、河谷剖面图）。

4.3.1 地层剖面图的编绘

地层剖面图要有层位对比的划分线段、层位沉积物类型的图例和沉积年代说明（图 4.9）。

4.3.2 地形剖面图的编绘

地形剖面图应有地貌分区界线的标注和地貌特征的说明（图 4.10）。为了更有效地说明地形的空间变化规律和特征，也可采用图表合一的方式（图 4.10）。这种情况的序号一般应归类于插图序号。

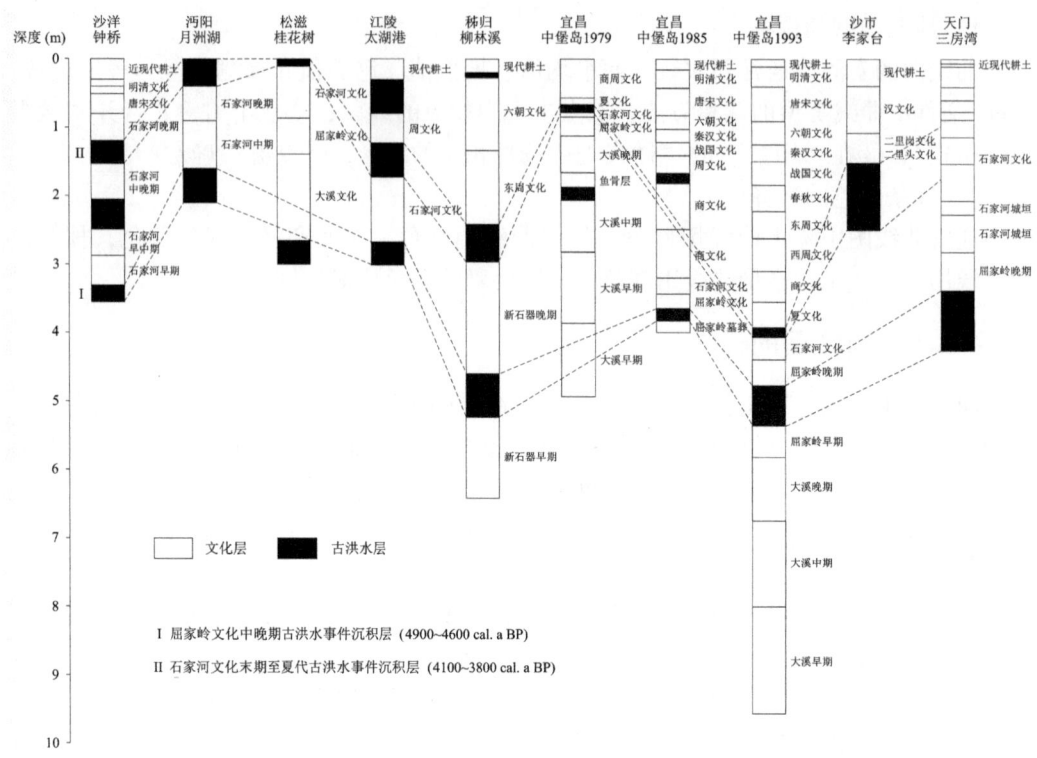

图4.9 地层剖面对比图举例：江汉平原考古遗址沉积层时代对比（朱诚等，2014）

地貌类型					
绿洲类型		冲洪积扇绿洲	冲积平原绿洲	三角洲绿洲	
土地利用模式	资源保护、共管与利益共享利用	集约利用，家庭经营	绿洲农业利用，农场规模经营	生态利用	以生态保护恢复为主
模式的主要特征	以生境保护为核心，发展传统的畜牧业、新型的旅游业和保护民族文化。	环境容量和水资源承载能力在流域中最大，绿洲稳定性最高；建设用地所占比例较高，且快速增加，土地集约利用。	绿洲稳定性较高；地势平坦、土层深厚、引水便利，宜于垦殖，绿洲种植业的主要分布区，土地以种植业利用为主；土地易次生盐渍化。	水源很不稳定，呈减少趋势，水质较差，土地盐渍化和沙化严重，绿洲的稳定性很差；土地以生态利用为主。	盐矿综合利用；适度牧业利用有利于荒漠植被的恢复（中科院新疆生态与地理研究所，适度放牧有助于维持准噶尔盆地荒漠种子植物生物多样性。2006,

图4.10 地形剖面图举例：天山北麓土地利用模式图（罗格平、张百平，2006）

4.4 比例图的编绘

比例图主要用于各类数据的比例关系和比重分析。比例图的类型主要包括：柱状图、饼状图、三角图。

1) 柱状图的编绘

柱状图主要用于表示相关变量之间的变化对比关系。

2) 饼状图的编绘

饼状图可直观地表示研究对象中各组分的含量关系及相关变化。

3) 三角图的编绘

三角图主要用于显示测试样品的物理特征和化学元素的比例分布及其影响因素（图 4.11）。

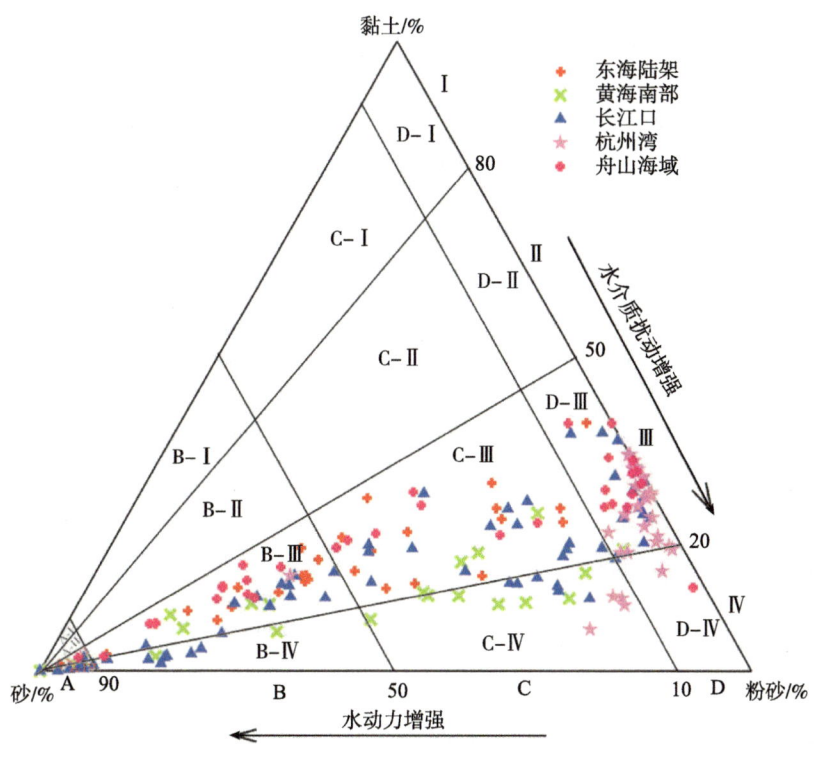

图 4.11 沉积环境三角图举例：长江口沉积物动力环境 Pejrup M 三角图（章伟艳等，2013）

4.5 流程图的规范

流程图（或称框图）主要用来清楚地展示研究对象的结构、研究工作的流程、研究要素的转化。在绘图时可以省略不必要的细节以突出重点。

4.5.1 流程图的类型

依据使用目的，流程图的类型主要包括：数据生成流程图程、模型构建组织图、实验过程示意图、要素循环示意图、研究对象分类图等。

4.5.2 流程图的构成

流程图的主要构成要素包括（图4.12）：框格（□）、外框（┆┆）、连接线（—）、指向线（→）等流程图的构建要求。同类要素的框格采用相同外形的框格。同一模块中的框格用虚线外框包围。连接线（—）用于表示数据或方法的连接。指向线（→）表示数据的流向或生成过程。

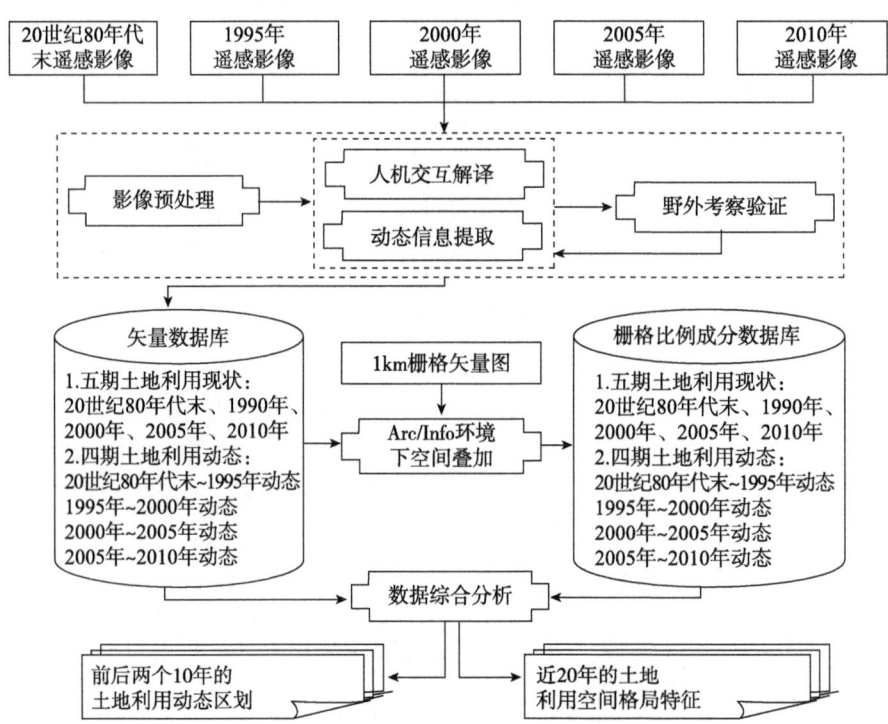

图4.12 流程图的构成举例：土地利用变化图公里栅格生成技术流（刘纪远等，2014）

4.6 照片的使用规范

照片（包括扫描电镜照片）可用于展示研究对象的外观、形态等。使用照片能直观地反映出各种地貌地物的形态特征、地表物质的组成特征。

4.6.1 照片的使用

（1）照片清晰，没有划痕、斑痕等污迹。

(2) 照片中可用物品、尺子等参照物，使读者能辨别地物的实际尺寸（图 4.13，图 4.14）。

(3) 在地层剖面照片中可以标注地层的层序和测年数据的样点位置（图 4.15）。

图 4.13　照片中利用参照物做实地对比
（韩志勇等，2006）

图 4.14　照片中用卷尺显示砾石的粒径大小
（冯益明等，2014）

图 4.15　照片的地层剖面标注举例：黄河永和关全新世古洪水滞流沉积层
（黄春长等，2012）

4.6.2　电镜片的使用

扫描电镜照片的使用要求（图 4.16）

(1) 照片要清晰，背景颜色对比要鲜明；

(2) 照片上应该有表示目的物的标度或标注放大的倍数；

(3) 电镜照片要有局部特征说明；

(4) 加注照片类型说明，扫描电镜照片（SEM）、透射电镜照片（TEM）等。

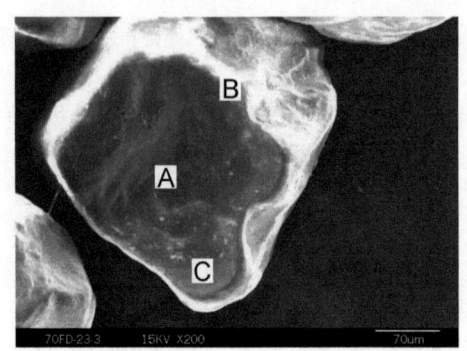

70FD 下，×200. 碟形坑（A）、蛇曲脊（B）
及硅质沉淀（C）

图 4.16　扫描电镜照片的标注形式举例（欧先交等，2006）

论文中照片、电镜扫描照片、遥感影像等的标题一律用插图序号，即"图1"，不用"照片1"；"图像1"等标题序号。

4.7　图组的规范

为了反映研究区不同要素的空间分布或者某种要素在不同年份的分布状况，通常采用由几幅图组合而成的组合图。图组要用详细的信息来支持自己的观点，把不同要素的基本信息加在图例上，以表明不同图幅间产生了什么变化，并在文中说明由什么原因引起的差异。

4.7.1　图组的标题

图组内每幅分图的序号要用（a）、（b）、（c）、（d）分别表示，并配有分图标题。分图序号和标题应统一标在各分图的同一位置上。

在图组总标题中的也可分别标注分图序号。例如，

图2　北京市2013年学校（a）、医院（b）、商店（c）分布图

图3　黄河中游1980年（a）、1990年（b）、2000年（c）土地利用图

4.7.2　图组的图例

（1）同一图组中一般只用一套图例。

（2）同一图组内各分图的图幅大小、区域范围、坐标、精度、比例尺、计量单位等应该基本保持一致，以利于进行时空变化的比较。例如，红色图斑应在同一图组的不同分图中代表相同含义。

4.7.3　图组的排列

1）分图排列的形式

分图的排列通常根据分图数量来决定（图4.17），各分图的尺寸要一致，排列时要

上下左右对齐。

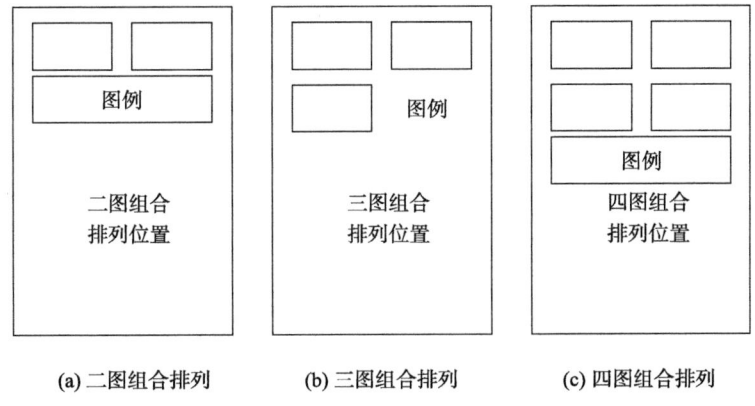

图 4.17　图组的分图排列方式

2）分图文件的合并

同一类型不同时期的地图可以合并为一套图组。同一类型的不同曲线图，可以合并为一张曲线图。用不同的线性表示不同的要素，更有利于进行数值变化过程的比较。

4.8　图形文件的处理

插图的转换与修饰是很重要的部分，插图质量的好坏，对期刊版面的影响很大。

4.8.1　图形文件的类型

为保证彩色插图的图像清晰，用专业绘图软件完成的图形文件最好是 wmf、crd、dgn 等矢量格式的图文件。

为保证论文的出版质量，论文的图像文件精度为 600dpi。

平面图、地图可用 tif、jpg、bmp 等位图格式文件。

曲线图、柱状图、饼状图等用 Excel、dgn 文件均可，但作者最好附上 Excel 图形文件，以便对图件进行修改和编辑。

框图用 doc 文件或 tif、jpg、bmp 格式文件，以便期刊排版时对图件进行修改和编辑。

4.8.2　图形文件的转换

如果用 ArcGIS、MapGIS 等软件生成的矢量图文件，可以在文件输出时转换成位图文件，在输出时设置图像分辨率为 600dpi 的 tif、jpg、bmp 格式文件。

插图数据转换，有的数据是分县统计的，要说明是如何生成插图的栅格数据的。

作者提供的插图文件种类较多，要在转换成编辑出版需要的格式保持图像的清晰度。tif 或 jpg 格式文件是常见的图片格式，它广泛用于科技论文插图，较易于编辑和修改。其他格式的图件转换为 tif 或 jpg 格式文件也较方便。

1）将 Word 文件转换为 tif 或 jpg 格式文件

有的稿件中插图在 Word 文件中清晰，在转换为 tif 或 jpg 格式文件时就不清晰了。保持插图清晰的转换方法主要有两种：

（1）在 Word 文件中选中插图。①在菜单中选"编辑"—"拷贝"；②打开 CorelDraw 或 Adobe Illustrator 软件，在新建文件中"粘贴"；③调整图幅大小后再"输出"为 tif 或 jpg 格式文件。

有的 Word 文件在 CorelDraw 或 Adobe Illustrator 文件中"粘贴"时会出现丢字或出现"？"号，转换的方法可改为：在 Word 文件中选"文件"—"转换为 pdf"，生成 pdf 格式文件。然后将 pdf 文件转换为 tif 或 jpg 格式文件。

（2）在 Word 文件中点击左键选中插图，①点击右键打开菜单；②点击左键打开"设置图片格式"子菜单；③选择"版式"设为"嵌入型"，点击"确定"；④选择"大小"设"高度"、"宽度"均设为"100%"，点击"确定"；⑤复制 Word 文件中的图件，打开 CorelDraw 或 Adobe Illustrator 软件；⑥新建图形，粘贴入页面；⑦"输出"tif 或 jpg 格式文件；⑧在"导出"时设置分辨率为 1016，宽度为实际尺寸。

2）将 pdf 格式文件转换为 tif 或 jpg 格式文件

打开 pdf 文件，①选择"文件"—"另存为"—选"tif 或 jpg 格式文件"；②在对话框中打开"设置"，选择"质量"为"高"；③选择"分辨率"为"600 像素/英寸"。

3）将 Excel 文件转换为 tif 或 jpg 格式文件

在 Excel 文件里选中插图左侧的数字列，①在工具栏中选"编辑"—"复制"；②打开 CorelDraw 或 Adobe Illustrator 软件，在新建文件中"粘贴"；③调整图幅大小后再"输出"为 tif 或 jpg 格式文件。

在转换为 tif 或 jpg 格式文件前，首先要将纵坐标的排列方向转换为纵向排列。方法是：鼠标左键点击选取 Excel 文件中的纵坐标标题，然后在"对齐方式"工具栏目组中点击"方向"工具，将纵坐标的排列方向转换为纵向排列。

4）将 emf 格式文件转换为 jpg 格式文件

先在"光影魔术手"文件里打开 emf 格式文件，然后"另存"为 jpg 格式文件。在"保存选项"框中的"jpg 文件保存质量"中选"采用高质量 jpg 输出"。

5）将 wmf 格式文件转换为 jpg 格式文件

用 Graph、Origin 等绘图软件制成的矢量文件在 CorelDraw 或 Adobe Illustrator 文件中直接"粘贴"或"导入"时会出现图形花纹和符号丢失情况，转换方法可改为：将 Graph、Origin 等绘图软件制成的矢量文件先转换为 wmf 格式文件，然后，将 wmf 格式文件"粘贴"或者"导入"CorelDraw 或 Adobe Illustrator，而后再输出或保存为所需分辨率的 jpg 或 tif 文件。

4.8.3　图形文件的压缩

有的图形文件太大，影响网络传输和在线投稿。有些作者往往采用减少文件像素的方法压缩文件，这样会造成图像清晰度的下降，影响图像质量。在保证图像精度基础上缩小文件的方法有 3 种。

1）利用 CorelDraw 或 Adobe Illustrator 软件压缩图件

在 CorelDraw 或 Adobe Illustrator 文件中导入 tif 或 jpg 等格式图形文件，用鼠标点击

图的一角,然后拉动图形的变化,将插图缩小到 A4 纸内的幅度,然后在将文件导出到 tif 或 jpg 等格式图形文件。

2）利用 PhotoShop 软件压缩图件

用 PhotoShop 软件压缩文件的方法:在文件菜单中选择"另存为",再另存为选择框中的 Lpress。也可将图形文件转为 tif 或 jpg 数据压缩的位图格式。

3）利用光影魔术手软件压缩图件

在光影魔术手软件的菜单中选择"缩放"、"裁剪"等工具,可按一定比例缩放和裁剪原图。

4.8.4 图形文件的修饰

1）插图暗斑的消除

Photoshop 软件的文件"菜单—图像—调整—亮度/对比度"中加大亮度和对比度。

2）插图文字的重植

作者提供插图文件来源较多,有的是项目汇报时用的地图,有的是大面幅地图集中的地图。这些地图用于论文插图时,作者往往会缩小图幅尺寸,结果造成图中文字和数字的字号变小,使读者无法看清图中的内容。在这种情况下,排版时要适当放大字号。插图中的字号一般用 5 号、小 5 号、6 号、小 6 号等 5 种。依据行政区级别、干支流等级等选择字体大小。方法是:植字时首先要合并图层,在 Photoshop 文件中选"图层"—"合并可见图层"。但由于作者自己植字往往不能达到出版的规范要求,所以应该保存一份未合并图层的可编辑文件,以备提供给期刊编辑部作为排版中改图用。

纵坐标的标题应纵向排列,植字时应旋转图像,具体做法:在 Photoshop 文件中选"图像"—"旋转画布"—"90 度(顺时针)"。植字后再选"图像"—"旋转画布"—"90 度(逆时针)",还原图像方向。

3）插图中文字和数字的移动

插图中的文字和数学公式尽量不与曲线线段重叠。

移动 tif 或 jpg 格式图形文件中图中文字位置的方法是:①用 Photoshop 软件打开 tif 或 jpg 图形文件;②用"矩形选框工具"框住要移动的部分,移动至插图的空白处。

移动 Excel 图形文件中图中文字位置的方法是:①在 Excel 文件图上点击选中图例框;②移动图例框至插图的空白处。

4）插图空边的裁剪

有的插图包含研究区以外的地域范围过大,造成研究区显示内容粗略,并且占用了不必要的版面（图 4.18）。

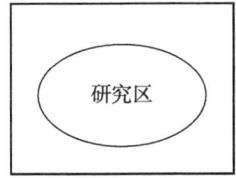 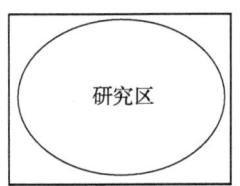

(a) 研究区周边范围过大　　　　(b) 研究区周边范围适当

图 4.18　研究区周边的范围保持适当

缩小地图研究区范围的方法是：①在 Photoshop 软件中打开文件，点击"矩形选框工具"，选取要缩小的边框；②同时按下"Ctrl"键和"←"、"↑"、"→"、"↓"键中的 1 键，将边框向图内移动。

5）图形周边删除

有的插图需要将研究区周边与研究无关的地方删除，方法是：①用 Photoshop 软件打开图形文件；②按住"Shift"键，并选择工具栏中"魔棒"；③用左键选择需要保留的图形范围；④按"Ctrl"+"Shift"+"I"；⑤按"Ctrl"+"X"即可。

如果是去除周边背景，在右下角的工具栏中选择"图层"—"背景"，关闭眼睛图标。

6）插图转换后黑底的消除

有的 Excel 文件插入排版文件后再转换成 pdf 文件时，插图位置呈黑色。消除的方法是：①在 Excel 插图文件中选中图形的范围；②点击右键打开菜单，选择"设置绘图区域格式"；③选择"填充"子菜单，选择"自动"，即可消除插图的黑底。

7）插图颜色模式的设置

在 Photoshop 绘图文件中打开文件，在菜单栏目中打开"图像"菜单中的"模式"选择。黑白插图选择"灰度"模式，彩色插图选择"CMYK"模式。图像的品质选项选"10"（最佳）。

4.8.5 图形文件的合并

同一类型不同时期的地图可以合并为一套图组；同一类型的不同曲线图，可以合并为一张曲线图。用不同的线性表示不同的要素，更有利于进行数值变化过程的比较。

1）多份文件合成一份文件的文件

当插图是由一组图形文件时，可将各分图的文件合成 1 个图形文件。方法是：①在 CorelDraw 文件中选择"新建图形"，依次导入图组的各图形文件；②保持所有分图的行列对齐；调整统一各分图的尺寸和字体大小；③同一图组保留一套比例尺和图例，通常图例和比例尺放在图组的左下方或右下方；④将整合后的图组文件输出为 jpg 文件。

2）多张照片统一尺寸的方法

在学术会议报道中经常刊登作学术报告者的系列照片。为保证每个人照片和头像尺寸的统一，就要进行照片尺寸的统一。具体方法是用"光影魔术手"软件进行调整：①点击"裁剪"后，在"裁剪"菜单中选择"按宽高比例裁剪"，人像的宽高比一般设置为 3：4；②移动和调整照片的裁剪范围，最佳的半身人像效果是，保持人像头部的左右侧空间与头部宽度一致，头部的上部空间与头部高度一致；③点击"确定"后"保存"。保存质量选择"90%"即可。

4.9 插图使用的说明

4.9.1 插图意义的说明

在论文中应该对插图使用的意义、绘制的方法予以说明。例如，小波分析图的显示意义、代表的特征等应给予解释,应与结果分析的过程相协调。

在论文中一般不用对插图标题进行重复说明,通常用括号将插图的序号列在文中相应的地方,以利于读者对论文观点表述的理解(表4.3)。

表4.3 论文中插图作用的阐述方法

简明的阐述方法	繁琐的阐述形式
2000年华北土地类型分布表明(图1):…	图1是2000年华北平原土地类型分布图,图1表明:……

4.9.2 插图数据的说明

1)插图的地点和时段

插图的标题要有插图地点(地区)和时段(时间)说明,使读者能脱离文字看懂插图。例如,"图1 2000年华北平原土地类型分布图",不宜仅说"图1 土地类型分布图"。

2)绘图的依据和方法

例如,绘制综合污染插值图,要说明是以什么参数来进行插值的,要说明这个参数是怎样计算出来的。

3)影像的时间和波段

遥感影像图要在文中或插图标题中说明影像的拍摄时间、波段、分辨率。

4.9.3 插图来源的说明

如果插图是引用他人的图、根据他人插图改绘的图、依据他人数据绘制的插图,在插图标题中要有标注。

1)引用他人插图的说明

引用他人已发表的地图,应列出相关的参考文献,并在插图标题后标注插图出处的参考文献号。例如,(据文献[*])。

2)改绘他人插图的说明

在引用他人地图时,如发现有问题或不足时,要进行必要的修正和完善,并且在插图标题后标注参考文献号。例如,(据文献[*]改绘)。

3)依据他人数据绘制插图的说明

如果插图是依据前人数据绘制的地图,应该列出相关参考文献,并在插图标题后标注参考文献号。例如,(本图依据张三的数据[3]绘制)。

第 5 章 论文表格的排列

按照表中的内容，表格可分为数字表和文字表。

（1）数字表格在论文中的主要作用是：对研究数据的集合、对比、分类和排序，是数据分析的重要表现形式之一。在地理学论文中，表格是通过系列数据对比来反映地理要素的时空变化规律和相关影响。

（2）文字表格在论文中主要用于资料来源、研究方法、相关标准、各种理论、不同项目等的类型排列。

5.1 表格的基本格式

表格的总体要求：表格的基本要素完备、在文中的位置标注正确、各项资料齐全。

1）表格的基本要素

表格主要由题名、表线、表头（行表头和纵表头）、数据（或表文）和标注组成。计量单位、出处注释要明确，使读者在不读正文情况下也能够理解其中的内容。

2）表格的位置标注

应明确标注表格在正文的相应位置，并且做出相应的表格数据说明。例如，"近50年来湖北省林地面积变化表明（表1），……"。

3）表格的资料列举

表格中各项资料的列举应清楚、完整。如果表格中有数据空缺处，一般应该填充"—"符号，并在表注中说明空缺原因。

5.1.1 表格的形式

科技论文的表格形式一般采用国家期刊出版规定的"三线表"形式。三线表由顶线、隔线和底线等三条线段构成（表5.1）。

表 5.1 表格的构成：表格标题、表线、行表头、列标头、表格数据、表注

	列表头	列表头	列表头
行表头			
行表头		表格数据或表文	
行表头			

注：表注

建立电子三线表的具体做法：在 Word 文档中选择"表格"—"插入表格"—

"自动套用格式"—"古典2"(在其菜单"要应用的格式"中只选"边框、颜色、自动调整"三项)。

5.1.2 表头的项目

1) 行列表头的项目说明要明确

表头不宜仅用符号字母(表5.2),还应有中文说明和计量单位,使不同专业的读者都能理解符号的含义。表格中缩写符号、计量单位、数值等要与正文保持一致。

表5.2 表头项目的正确说明举例

(a) 表头的正确列法 有中文术语和计量单位	(b) 表头的含义不够明确 缺少中文术语和计量单位
悬沙浓度 SSC (g/L)	SSC
——	——
——	——

2) 共用的计量单位应标于表题中

如果表中所有数字都共用一个计量单位,则该计量单位应标于表题中,而不必列于表中。计量单位应采用英文缩写的国际标准形式(表5.3)。

表5.3 计量单位统一标注于表格的标题举例:东北森林面积 (km^2)

(a) 计量单位正确标注:统一标注在 标题东北森林面积 (km^2)				(b) 计量单位不正确标注:重复标注在 每个数据后森林面积			
年份	辽宁	吉林	黑龙江	年份	辽宁	吉林	黑龙江
1780	67956	118209	282362	1780	67956 (km^2)	118209 (km^2)	282362 (km^2)
1940	12233	59863	163650	1940	12233 (km^2)	59863 (km^2)	163650 (km^2)

3) 同行列数据计量单位一致时,将计量单位列在表头

同行列数据的计量单位一致时,应将计量单位在该行列的表头列出,而不要在行列中列出(表5.4)。

表5.4 同列数据计量单位一致时的计量单位列举方式举例

(a) 计量单位统一列于表头	(b) 计量单位重复列在各行
比例(%)	比例
30	30%
25	25%
20	20%
10	10%

4）表头中的地点应该具体说明，而不是只列出样点编号（表5.5）。

表5.5　表头说明样点位置方式举例

（a）样点位置明确	（b）样点位置不明确
样点位置	样点位置
No. 1　一级阶地	No. 1
No. 2　二级阶地	No. 2
No. 3　三级阶地	No. 3
No. 4　四级阶地	No. 4

5.1.3　表注的说明

表注通常位于表格下，表注的内容主要包括：
（1）说明表格中获得数据的实验、统计方法，数据的出处。
（2）说明表格中相关缩写符号的含义。
（3）说明表格中数据不同信度的标注、"＊"、"＊＊"等标注符号的意义。

5.2　表格的数据格式

数据表格在科技论文中主要用于数据的集合、排序和对比。所以表格中数据的排列方式应该有利于数据的对比。

5.2.1　数据的集合

表格是数据的集合。只有将各类数据尽量集中在同一表格中，才能起到数据分类、对比、排序的作用。

为实现表格中各类数据的集合，应尽可能做到：不同区域的数据集合、不同时段的数据集合、不同类型的数据集合。

表格数据集合的形式要求是：
（1）同一表格要排在同一版面上，以保持表格的完整性和可读性。
（2）表格应尽量横排、避免竖排，以方便读者从电脑网络上阅读。
（3）当表格横向数据少而纵向数据多时，可将表格截为两个表并列排，中间用双线分隔。
（4）当只有一列或一行数据时，改为用文字说明代替表格。

5.2.2　数据的排序

表格中的数据应注意有序排列，避免无序任意堆放。数据排序包括行排序和列排序。
1）数据各行的排序
按地理方向（自南向北或相反）、数值大小、分区等级等自上而下地排序。

2) 数据各列的排序

按区域行政隶属、逻辑关系、数据类型自左至右排序（表 5.6）。左侧的类别说明应与右侧同类项目最上一行的同行。

表 5.6　表格中按区域上下行政隶属关系自左向右排列

省份	市	县	人口（人）	产值（万元）
河北	保定	定兴	……	……
		徐水	……	……
	承德	滦平	……	……
		隆化	……	……
山东	泰安	东平	……	……
		宁阳	……	……
……	……	……	……	……

表格的分类方法通常是在横表头设分类隔线。

5.2.3　数据的对比

数据对比是建立表格的主要目的之一。为方便读者对比数据的大小，在表格中排列数据时应注意 4 个方面：数据的排列方式、数据的大小排序、数据的时段一致和表格数据的说明。

1) 数据的排列方式

同类数据最好排在表格的同一列中，而且要精度一致，个位数对齐。以利于进行数值大小对比（表 5.7（a））。如果数据的精度不统一、个位数没对齐（表 5.7（b）），或同类数据排在同一行中（表 5.7（c）），则不易对比出数据的大小。所以，横表头最好是各类地理要素，如温度、浓度、密度等；纵表头通常表示地区或时间等时空变化项目。

表 5.7　表格的数据排列方式举例：中国北方海岸线长度（km）

(a) 表格数据正确排列 精度一致，位数对齐		(b) 表格数据排列问题 精度不一致，位数没对齐	
省市	海岸线长度	省市	海岸线长度
山东	2598.01	山东	2598
辽宁	2168.52	辽宁	2168.52
河北	499.43	河北	499.43
天津	302.62	天津	302.6

(c) 横向排列同类数据：不易对比数据的大小

省市	天津	河北	辽宁	山东
岸线长度	302.62	499.43	2168.52	2598

2) 数值的大小排序

表格中的数据尽量按照数值大小进行排序，以利读者对比。表格自左至右的排列一般按照要素重要程度、区域隶属关系、相关逻辑关系排序。例如，模型列举表格按照模型名称、计算公式、应用地区、文献出处（参考文献序号）排列。

3) 数据时段的一致

同类数据的时段长度和起讫年份应该尽量保持一致，以保证数据对比更有意义。此外，同行或同列数据如果数值相同，最好删去该行列数据，改在文字或表格标题中说明。

4) 表格数据的说明

应避免在正文、表格和图中多次重复数据（少数重要数据可重复）。表格中的数据在文中不必全部重复，只列举文中最高值、最低值的出现时间和地点。

5.2.4 数据的核对

对表格中的数值要进行必要的分析核对，以防止在观测、统计、计算数据时出现误差。表格中数据的核对包括：相对值的核对、绝对值的核对、百分比的核对。

1) 数据相对值的核对

数据相对值的核对是指对不同类型、不同区域的数值大小进行相对核对，以此发现其中存在的问题。要做到表格中的数值大小不与一般规律相矛盾。例如，枯水年的需水量不能低于多年平均的需水量；枯水年份的可供水量不能大于平水年份的可供水量。

2) 数据绝对值的核对

数据绝对值的核对应着重分析表格中数值的最高值和最低值及其分布位置，或者是变化幅度最高值和最低值的变化特征。数据的量值要符合实际情况和一般规律。还有，对于数据的零值、负值、小数值等应注意核对。

3) 数据百分比的核对

数据百分比的核对是指表格中涉及百分比的统计时，各分值的百分比总计应是100%，否则应在脚注中加以解释。

5.3　文字表格的格式

文字表格具有表达简洁、对比明显的特点。在论文中主要用于：列举数据来源、对比研究方法、阐述分区特征等方面（表5.8）。

表5.8　数据来源表格的举例：基础数据信息表

数据名称	数据特征	主要用途
Landsat TM	1997年和1998年7~9月获取的30m空间分辨率数据	1998年土地利用解译和植被盖度反演
土地利用图	2000年中国科学院地理科学与资源研究所解译1:10万土地利用矢量数据	土地利用解译工作底图
ASTER GDEM	美国NASA制作30m空间分辨率DEM	提取坡度、坡向和流域边界

第6章 论文的英文摘要

撰写地理学论文的英文摘要，除了需要注意语法、句型、时态、缩写、大小写、单复数外，论文的表达形式也十分重要。因为有些英文表达问题虽然看似不大，但往往影响国外审稿人、读者和编辑对论文的理解，拖延了稿件的审理进程。

出现这种问题的原因是，作者在撰写论文中没有从国外读者的理解角度来考虑论文的表达方式。下面我们要列举地理学论文英文摘要中的一些特殊表达方式，特别是时间、地名、术语、图表等方面的表达。

6.1 时间的英文表达

由于国外大多数地理学者对中国的政治、经济、历史事件不太熟悉，所以在使用有关数据时应当尽量用公元纪年来表示时间，使国外读者、编辑和审稿人能清楚地理解有关资料和事件发生的时段，以利于他们在进行时间和区域对比中使用相关数据。

1）全国普查时间的表达

在使用全国普查统计数据时，不宜只是简单地说明是第几次普查资料，而要明确说明普查数据的具体年份。例如，"全国第二次土壤普查"应译为"China's second national survey on soils in 2000"。因为中国曾进行了多次全国性的地质、矿产、植被、土壤、农业、经济、土地利用等自然资源及其利用状况普查。而国外读者不太了解中国每次开展各类普查的具体年份。再如，全国第一次污染源普查的标准时点为2007年12月31日，时期为2007年度。

2）政治经济时期的表达

由于中国的政治经济制度与西方国家不同，国外的地理学者对中国的一些政治、经济事件发生时间较陌生，这就要求我们在翻译时尽量用具体年份表达社会经济变革发生的年代。例如，"建国以来"不能译为"since liberation"，应译为"since the founding of the People's Republic of China in 1949"，或"since 1949"。"改革开放以来"不能仅译成"since the implementation of the reform and opening up policy started"，应译为"since the implementation of the reform and opening up policy started in 1978"。国民经济五年计划的"二五"期间，不能只译成"the Second Five-Year Plan Period"，要加上"in 1958—1962"才有明确的时间概念。

3）历史记载年代的表达

在研究中国历史自然灾害的论文中要将历史纪年转换为公元年，以利于国外读者理解。例如，"唐代贞元九年"不能仅译为"the ninth year of Zhenyuan Period, Tang Dynasty"，而应译为"793 AD (the ninth year of Zhenyuan Period, Tang Dynasty)"；"清朝

雍正年间"不能仅译为"during the reign of Emperor Aisin Gioro Yinzhen in the Qing Dynasty"而应译为"1723—1735 AD (during the reign of Emperor Aisin Gioro Yinzhen in the Qing Dynasty)"。

4）时间变化尺度的表达

英文对于地理要素不同时间尺度变化的表达是不同的。例如，year – to – year variation 是指逐年变化，inter-annual，是指10年以下尺度的年际变化。

6.2 地名的英文译法

区域性是地理学的特点之一，作者应该充分考虑到国外读者对中国区域地理状况相对不太熟悉的特点，在英文地理学论文中注意区域地名的科学表达。

1）区域属性的表达

对研究区内的区域分异说明时，要着重说明区域的地理环境属性，而不是简单的东南西北方位。例如，河南西部山区不宜简单译为"western Henan Province"，应译为"mountainous area of western Henan Province"。

2）河湖水系的表达

湖南的湘、资、沅、澧"四水水系"，应该用"Four Rivers"一词。不宜用"Four Waters"。"Four kinds of Waters"的"四水"是用于指大气水、地表水、土壤水和地下水。

有些湖泊在不同地区有不同的中文名称。例如，西藏的"错"、西南的"海"、河北的"淀"、内蒙古的"淖"、东北的"泡"都是湖泊的意思。

例如，在青藏高原地区，"错"在藏语中是湖泊的意思，因此在湖泊地名后应加"Lake"。例如，西藏的"纳木错"如果译为"Nam Co"，国外读者就不易理解地名的地貌含义。所以应当译为"Namco Lake"。

3）地貌特征的表达

要正确标明研究区各类地形、地貌的地理名称。例如，"秦巴山区"应译为"Qinling – Daba Mountain region"，不能简译为"Qinba Mountains"。

同一种中文地貌专业词在英文中可能会有不同的译法。例如，海湾在英文中有两种译法。Bay 是指沿海岸线凹进的海湾，Gulf 是指大洋边缘的内海海湾。因此，莱州湾应翻译为"Laizhou Bay"，而不是"Laizhou Gulf"。

4）实际研究的表达

有些地方的同一地名要依据实际研究要素翻译。例如，黑龙江的五大连池在翻译时要考虑论文的实际研究对象。如果是研究五大连池的风景区，应翻译为：Wudalianchi scenic zone；如果是研究五大连池的湖泊区，要翻译为：Wudalianchi Lake 或 Five-linked-great-pool Lake；如果是研究五大连池的火山地貌，须翻译为：Wudalianchi extinct volcano。

5）区域地名的译法

一些地域相连的地区有一些中文简称，对研究地区的名称一般不能简单按汉语表达来使用缩写，而要写全称。国外审稿人、编辑和读者在了解论文研究区情况时，往往会查阅有关的英文地图，而中外出版的英文中国地图上没有地区的缩写名称。

6）行政区域的译法

要写明区域的全称。例如，"京津唐地区"不能译为"Jing-Jin-Tang region"，应译为"Beijing-Tianjin-Tangshan region"；"辽东"不能译为"Liaodong"，应译为"eastern Liaoning（Province）"。

7）区域方位的译法

中西部地区不能译为"central and western regions"，应译为"central and western regions of China"或"central and western China"。

8）交通线路的译法

铁路、公路名称也要用起止点全称。例如，"陇海线"应译为"Lanzhou-Lianyungang Railway"，而不用"Longhai Railway"；"青藏公路"应译为"Qinghai-Tibet Highway"，而不用"Qingzang Highway"。但是，在上下文意思明确的前提下，可以适当使用简称。

9）历史地名的译法

中国是历史悠久，幅员辽阔的国家，很多地名随着时代的变迁屡有变化。在研究环境变迁的论文中常出现一些历史地名，在翻译中要把相应的现今地名也同时翻译出来，以便国外读者在地图上查找。例如，"兴庆府（今宁夏银川市）"不能仅译成"the Prefecture of Xingqing"，而要译成"the Prefecture of Xingqing（presently Yinchuan city of Ningxia）"。

6.3 英文的符号使用

英文各类符号包括：计量单位符号、数学计算符号、化学元素符号等。

1）计量单位符号的使用

无论是中文论文还是英文论文，文中数据的计量单位都应使用国际通用的计量单位符号表示（表6.1）。

表6.1 英文计量单位的表达

量纲	符号表达
percentage	%
kilometer	km
hectare	ha
square kilometer	km^2
cubic meter	m^3
kilogram	kg

2)数学计算符号的表达

用数学符号表达各类地理要素的数量关系更为清晰。例如,"more than"用">"表达;"less than"用"<"表达。

3)化学元素符号的表达

英文的化学元素最好用化学符号表示。例如,"carbon dioxide"用"CO_2"表示更为醒目。

第7章 论文的参考文献

参考文献是科技论文的写作基础。科技论文的写作不是孤立地、封闭地进行，而是研究、实验、学习的延续。因此，查找参考文献是扩大论文资料来源的有效途径之一。作者在论文写作前应广泛阅读国内外有关期刊和书籍。学术质量较高的论文，一般都是通过针对性地查找、引用国内外文献，使研究基础具有较高的起点。

参考文献是编辑、审稿专家、检索机构必须检查的论文重点部分。首先，参考文献是编辑选择审稿人的工具之一。编辑可以通过参考文献选择审稿人，特别是选择专业面较窄的论文审稿人。其次，参考文献是审稿专家的审稿重点之一。有经验的审稿专家往往"审稿先审注"，在审读稿件正文前先检查论文的参考文献。通过对参考文献的检查，审稿人可判断论文的学术基础和知识面、相关数据和方法的可靠性。

另外，参考文献是检索机构的审核重点。所有论文发表后，其中的参考文献都要被各类检索机构输入到文献检索数据库中，作为评价论文学术影响力的定量指标之一。所以参考文献也是论文发布后有关检索机构必查的项目。

论文中主要有5类地方需要标注参考文献的出处：①各类资料数据；②实验分析方法；③数学模型使用；④分级分类标准；⑤不同学术观点。

论文中引用参考文献需要注意的4个方面是：参考文献的广泛性、相关性、可靠性和可查性。

7.1 参考文献的广泛性

掌握前人的文献要将经常性的泛读与写作前的专门查找相结合。参考文献的广泛性包括：学科的广泛性、区域的广泛性和作者的广泛性。

1. 学科的广泛性

由于地理学研究的综合性特点，每一种地表要素都与其他要素之间相互影响。因此，在撰写论文时要注意参考研究区其他相关学科的研究成果。

地理学很多研究是跨学科的，在论文写作中要全面参考相关学科的研究成果。例如，在利用遥感方法分析土壤的论文中，既要有遥感类期刊论文或专著，也要有土壤类期刊论文或专著，同时最好还有地理类的期刊论文或专著。

在相关研究方法的阐述中应列出介绍该方法的文献，如数学建模方法、化学实验方法、植物鉴别方法、经济分析方法等相关学科的理论基础和实验过程。

2. 区域的广泛性

论文写作要广泛查阅和引用国内外相关的参考文献，即参考文献最好涵盖国内外的研究成果。

1) 对国际文献的引用

在撰写稿件前首先要在 web of science、Springer、Elsevier 等国际期刊网站上检索国际相关专业期刊的有关研究论文，分析国际研究领域的重点。对国外的文献不应仅在论文中一般性地列出和标注，还应结合自己的工作说明有关方法或结论与国外情况的差异，并进一步分析其中的原因，以此对国外学者的观点、方法和结论提出赞同、反对或修改意见。作者在引用文献时，应该尽量引用英文版的文献，使读者能进一步掌握到更详细的学术信息。

2) 对国内文献的引用

为了充分说明自己的研究工作在中国的代表性或特殊性，作者在论文中最好能广泛列举该项研究在中国各地区的已有成果。并通过对比前人工作，说明自己工作的新进展和重要性。国外读者在查阅学术论文时，总是想通过文后的参考文献更多地了解不同国家在该专业领域的研究成果。引用国内文献时，要在参考文献中明确标注编写者和出版单位。有些统计年鉴数据，国内读者很容易理解和查找，中文论文中只要提及一下即可。而为了国外读者查找需要，英文论文就应在参考文献中详细标注出统计年鉴编写机构、出版单位等信息。

3. 作者的广泛性

绝大多数的前人研究，都涵盖了不同学者的成果。因此，应避免不必要的文献自引，即不宜在论文中只引用作者自己的成果，或仅引用本课题组和本单位的研究成果。

7.2 参考文献的相关性

论文引用的参考文献应包括相关学科、相关区域、相关方法的文献。不要盲目列出与本文关系不大的文献。有些作者出于疏忽、未研读或故意避引等原因没有把必要的参考文献列出来，这将对文章的学术水平和审稿评价产生不良的后果。例如，相关学科的文献没引用可造成文章低水平地重复前人的工作；相关作者的文献没引用是不尊重前人的工作和著作权的表现。

参考文献的相关性包括：学科相关、区域相关、方法相关。

1) 学科的相关性

引文的针对性和继承性要强。应系统查阅相同学科不同地区的论文，找出有关数据与自己所选数据进行比较，说明研究要素的区域差异和变化趋势。

全面查阅不同时期的文献。既要有过去学科发展初期的文献，也要有反映近期学科发展动态的最新文献。

某一处不宜集中列举过多文献。文字部分的出处可以不用多引出处，一般性论述内容也不必引用参考文献出处。

2) 区域的相关性

引用同类地区不同学科的论文，要找出要素之间的相互关系。

例如，研究某市的城市发展，应该引用该城市和该地区人口、经济、交通、土地等变化的论文。相关地区的文献没引用说明作者对研究区环境背景认识不足。

再如，研究西北干旱地区的论文，最好参考《中国沙漠》、《干旱区地理》、《干旱气象》等区域性专业期刊的论文。

3）方法的相关性

论文采用的研究方法和计算公式应该标注参考文献的出处。最好能全面说明该方法或公式在不同地区已使用的情况，用以证实该方法的可靠性。例如，论文"采用FAO推荐的计算公式将地面10m高的风速转化为地面2m高风速"，此处应该有相关参考文献标注该计算公式的出处。再如，未引用相关方法的文献会导致文中介绍使用方法的篇幅过长。

参考文献的类型通常包括。

（1）本学科相关专业的期刊论文，如《中国沙漠》、《中国岩溶》、《湖泊科学》、《湿地科学》、《冰川冻土》等专业期刊的论文。

（2）数理化生等相关基础学科期刊发表的论文，引用这类期刊的论文主要是为了掌握研究论文的学科基础。

（3）农业、水利、城市等应用学科期刊发表的论文。目的是了解本研究的应用市场。

7.3　参考文献的可靠性

参考文献的可靠性包括文献的正确性、即时性、原始性和可查性。不可靠的参考文献可能导致论文的可信性出现问题。

1）参考文献的正确性

高水平的学术论文要求有高水平的研究起点，因为高水平的期刊论文绝大多数是通过高水平审稿专家经过严格评审把关后发表的，其中研究方法、采用数据、所得结论等的可靠性通常要高一些。为了保证研究基础的高起点，就要分析和参考已有的较高水平的期刊论文和专著。例如，中国的《中国科学》、《科学通报》、各学科的学报级刊物等，国际的高影响因子期刊论文。此外，还要注意查阅相关学科领军学者的论文。

2）参考文献的即时性

由于中国和全球的科学研究事业正处于高速发展时期，新的科研成果不断出现，已有的研究结论不断被修改、补充和完善。所以参考文献最好要有近期发表的期刊文献，这样可以避免使用已被证明有问题或不完善的结论。

3）参考文献的原始性

参考文献要引用数据和观点的原始出处。不能间接地引用前人的文献。例如，在一些学术专著、科技报告、数学手册、模型汇编中使用了期刊论文中的大量数据和分析结果，在引用中一定要标注出最初成果的原始出处，而不是后来引用者的汇编文献。

4）参考文献的可查性

参考文献应该是读者能够查找到的文献。有的论文列出的参考文献难以被读者查到。例如，有的参考文献标注为"待刊"文献，有的2012年投稿中还列出2011年的"待刊"参考文献，造成审稿专家无法判别该文献的可靠性。所以论文中一般不要用"待刊"的参考文献。

再如，有的参考文献引用的一些学位论文在网络上查不到。所以对博士、硕士学位论文的引用，要注意论文完成的年份，如果是 3 年前完成的学位论文，要通过期刊网络的查找，检索一下这项研究成果是否已正式发表了；最好引用正式发表的学位论文成果。如果该项学位论文成果是 5 年前完成的，至今又没有正式发表，就应该仔细检查一下该研究中数据和结论的可靠性。这是因为：①大多数博士论文在完成后的 5 年时间内都会发表在有关科技期刊上，而期刊上的论文更容易被读者查阅；②在期刊上发表的博士学位研究成果除了有导师指导外，还有按照审稿专家意见完成的修改，因此，研究结论更为完善。如果博士论文研究成果在完成后的 5 年内没有正式发表，其研究结论就可能有不够完善之处。

7.4 参考文献的查找方法

掌握主要地理学数据、图件发布机构网址。网址收集方法：①参考文献列举；②网上检索。例如，在期刊版权页上标注，或利用 google 等检索网站。

1. 期刊网站的检索

1) 中文科技期刊的检索

主要通过中国的三大学术期刊网站检索：①清华大学的中国期刊网（www.cnki.net）。《地理学报》1934 年创刊以来刊登的全部论文可以在中国期刊网（www.cnki.net）上阅读；②中国科学技术信息研究所的万方数据网（www.periodicals.net.cn）；③维普资讯网（science.cqvip.com）。另外，中国科学院各研究所网站上多数有该研究所主办期刊的免费阅读网站。

2) 英文期刊网的检索

英文期刊的网站检索，国际主要英文地理学期刊网站有：①Web of Science 网站（http://isiknowledge.com），Web of Science 是美国 Thomson Scientific（汤姆森科技信息集团）的大型综合性引文索引数据库，共包括 8000 多种世界范围内最有影响力的、经过同行专家评审的高质量期刊。②施普林格（Springer）期刊网（http://www.springerlink.com），《地理学报（英文版）》（Journal of Geographical Sciences）等中国的主要英文地理类期刊都在施普林格期刊网上。具体期刊的检索是在网址后加上期刊的国际刊号。例如，《地理学报（英文版）》在 Springer 期刊网站为：http://springerlink.com/content/1009-637X。③爱思唯尔（Elsevier）期刊网（www.elsevier.com，metapress.com）。④Blackwell 期刊网（www.blackwell-synergy.com）。⑤Scopus 期刊网（www.mendeley.com/features），是荷兰《文献摘要与引文数据库》，该数据库共包括全球 20 000 多种期刊。

2. 参考文献的追踪

从已有期刊文献后所列的参考文献中可以进一步查找所需的参考文献。一般来说，高水平期刊论文后面都列有丰富的相关参考文献。从学术专著后所列的参考文献中也可发现所需的参考文献。为了方便作者查找，很多作者在专著后面也附上相关的参考文献目录。

3. 历史文献的查阅

1）检索早期文献

1997 年以前出版的很多专著和文集等学术文献没有经过数字化处理，难以在网络上查找。这些文献中含有较珍贵的原始数据，需要到图书馆进行必要的查阅。例如，1963~1987 年由中国科学院地理研究所编辑、科学出版社出版的《地理集刊》。通过相关论文，特别是综述性论文的参考文献可概要查阅早期的相关论文。

2）检索光盘文献

利用中国学术期刊（电子）杂志社发行的中国学术期刊光盘检索。《地理学报》等历史较长的期刊也发行有创刊以来的《世纪光盘》。

7.5 参考文献的格式类型

参考文献只列文中引用的、公开发表的文献，未公开出版的内部报告等用脚注说明。参考文献的格式类型主要有"顺序编码"制和"著者-出版年"制两类。

国家已颁布"文后参考文献著录规则"（GB/T 7714—2005），写作中遵照投稿期刊采用的参考文献格式。

7.5.1 顺序编码制

顺序编码制是按正文中引用的文献出现的先后顺序连续编码，并将序号置于方括号中（标注在句子后的右上角）。引用他人的资料和数据要认真核对，注明出处。英文文献中著者姓在前，名在后。如 J. C. Smith 文献著录为 Smith J C。中文参考文献应译成英文（先英文，后中文）。《地理学报》等期刊现在就是采用这种参考文献格式类型。

(1) 专著：著者（列前3名）. 书名. 版次（首版不录）. 出版地：出版社, 出版年：起止页码. 例如，

[1] Song Yongchang, You Wenhui, Wang Xiangrong. Urban Ecology. Shanghai：East China Normal University Press, 2000：317 – 320. [宋永昌, 由文辉, 王祥荣. 城市生态学. 上海：华东师范大学出版社, 2000：317 – 320.]

[2] Moore P D, Webb J A, Collinson J A. Guide to Pollen Analysis. Nanning：Guangxi People's Press, 1987. [P D 摩尔, J A 韦布 著；李文漪, 肖向明, 刘光锈 译. 孢粉分析指南. 南宁：广西人民出版社, 1987.]

(2) 文集：著者（列前3名）. 文题//编著. 书名. 出版地：出版社, 出版年：起止页码. 例如，

[1] Qin Boqiang, Shi Yafeng. Changes of inland lakes of Asia since Holocene//Shi Yafeng. Advances on Studies of Climate in China and Sea Level Variation. Beijing：China Ocean Press, 1992：134 – 135. [秦伯强, 施雅风. 全新世一万年来亚洲内陆湖泊的变化//施雅风. 中国气候与海平面变化研究进展. 北京：海洋出版社, 1992：134 – 135.]

(3) 期刊：著者（列前3名）. 论文名. 刊名, 出版年, 卷（期）：起止页码. 例如，

[1] Yang Xiaoyan, Xia Zhengkai, Cui Zhijiu, et al. Environmental settings of archeological sites depositional processes and distribution at Guanting basin. Acta Geographica Sinica, 2004, 59 (3): 455 – 461. [杨晓燕, 夏正楷, 崔之久, 等. 青海官亭盆地考古遗存堆积形态的环境背景. 地理学报, 2004, 59 (3): 455 – 461.]

(4) 网站: 要注名具体的网址访问路径和网站刊载时间。

7.5.2 著者 – 出版年制

参考文献在正文引用句子后的括号内标注参考文献的著者姓氏和出版年份。参考文献在文后的排列按照文献第一著者姓氏英文字母（中文按汉语拼音）的顺序排列；同一著者的文献再按出版年份先后排列；同一著者同一出版年份的文献先排独著后列合著，必要时出版年后应用小写字母 a, b, c……区别。期刊的排列顺序为：著者（列前3名）. 出版年. 论文名. 刊名, 卷（期）：起止页码.

《地理学报（英文版）》等期刊现在采用的是这种参考文献格式类型，这种参考文献著录方式是参考国际上常用的期刊文献标准（ISO 690）规范的。例如，

正文中标注方式为：……（Jin Huijun et al., 2000）……

参考文献的排序为：Jin Huijun, Li Shushun, Wang Shaoling, et al., 2000. Effects of climate change on permafrost and environment in cold region of China. Acta Geographica Sinica, 55 (2): 161 – 173. (in Chinese)

7.5.3 参考文献的常见错误

引文格式错误会导致审稿人找不到数据出处或参考文献，这将对文章评价产生不良的后果。主要格式错误如下：

(1) 文献引注问题。正文标注的参考文献在文后未列出、文后列的参考文献在正文中未标注、文后的参考文献与正文中标注不一致。

(2) 文献作者问题。作者姓名拼写错误、作者的数量或排序不一致。

(3) 文献标题问题。标题拼写错误、文献类型不清楚或错误。例如，学位论文应标明是博士论文或硕士论文。

(4) 出版项目问题。出版机构（出版社或期刊）的拼写错误，出版地拼写错误，年、卷、期的标注遗漏或写错。

(5) 网络文献问题。访问路径不确切，网络发布时间未标注。

(6) 摘要、标题、结论部分不要用引文。

(7) 对于参考文献的作者姓名和文献期刊的年卷期要认真核对。这是作者研究工作认真程度的具体体现。

(8) 作者对原文献的数据引用一般都应给出相应的背景条件。例如，升温率 0.16 要说明是前人的研究是指什么时期什么地区的升温率。

(9) 引文过于集中。参考文献不宜过分集中在论文的某个章节中。例如，有的论文参考文献引用了 20 篇论文，而其中 18 篇集中在引言中，其他章节则基本没有引用参考文献。

第二篇 地理学论文的分类写作

地理学论文主要有 8 种类型，即时空变化类、相关影响类、分级分区类、实验分析类、数学模拟类、综述评论类、学术理论类和研究方法类。由于学术理论类、研究方法类论文主要由资深研究者撰写，而且论文数量较少，所以本书重点讨论其他 6 种类型，重点说明各类论文的主要类型、研究要点、分析方法。

论文评审中专家经常提出的问题是：①论文的阐述不够细致，对研究过程的说明过于粗略；②论文缺少深入的研究和到位的分析；③论文的结论不够全面，缺少必要的工作。审稿专家针对如何解决这些问题，给出了各种解决方案。本篇内容就是基于各类论文的审稿意见总结而成的，供广大学者参考。

第8章 时空变化类论文的写作

地理学时空变化类论文主要是分析各类地理要素的区域分异规律、时空变化过程，以及发展趋势，重点是研究地理环境的空间变化格局和地理要素的时间变化过程。

时空变化类论文主要包括：①对地理要素的空间变化情况进行分析；②对地理要素的变化过程、演替阶段和发展趋势进行分析；③对时空变化的区域差异、影响因素进行分析。例如，自然地理研究中气温降水的空间变化、冰川沙漠的范围变化、湖泊沼泽的面积变化、地表植被的分布变化等；经济地理研究的工业布局变化、农业用地变化、城市范围变化、交通流量变化、人口密度变化等。

时空变化类论文的基本要求是：研究内容的系统性、分析方法的针对性、选择数据的有效性和论述观点的科学性。

8.1 时空变化研究的主要内容

地理要素时空变化的研究内容主要包括：分布范围的变化、分布界线变化、变化幅度差异、三维空间的变化、质心移动过程、发展趋势预测和影响因素分析等。

8.1.1 分布范围的变化

地理要素时空变化的研究包括：①单一地理要素分布范围的变化。例如，城市用地面积的变化、农田面积的变化等。②多种地理要素组合的区域变化。例如，植物和土壤多样性的区域差异，土地利用结构、区域产业结构、景观类型组成的区域变化等。

研究地理要素分布范围变化应注意3个方面。

1）研究的类型要全面

例如，在研究综合要素的区域分布规律时，仅有部分要素类型的分布变化是不够的。要有该地区80%以上的区域研究类型参与对比。要说明各类区域的样品数量。

2）分布的说明要科学

例如，在阐述研究对象的区域差异时，不仅要说明变化区域的行政地名，还要说明区域自然地理或经济地理的环境属性。否则，读者难以理解其中的自然规律。例如，如果研究结论中只说明北京市东城区、朝阳区、密云县等行政区的土地利用变化，读者很难理解其中的地理背景。如果说明为北京城区、近郊区、远郊区的变化，则其他地区的学者可更明确该研究揭示区域变化的科学规律，并且可与其他城市的同类工作进行区域对比。

3）分析的条件要充分

在阐述研究对象时空变化区域差异时，一般应选择影响区域差异的不同地理条件来对比分析。包括：①山地、丘陵、平原等地貌特征；②降水、气温等气候特征；③地下水位、距离河湖远近等土壤水分状况；④植被、土地利用类型等立地条件；⑤城区、近郊区、远郊区、农村等城乡差异背景；⑥人口密集区、稀疏区等人文地理条件；⑦工业区、商业区、行政区等城市类型区；⑧岛屿的上下游方向或与入海河口的相对位置。

8.1.2 分布界线的变化

地理要素的界线变化主要包括温度带、作物带、海岸线、湖岸线等的界线变化。通过分析各类地理要素界线变化的幅度、位置，可以掌握区域环境变迁的基本特征（图8.1）。

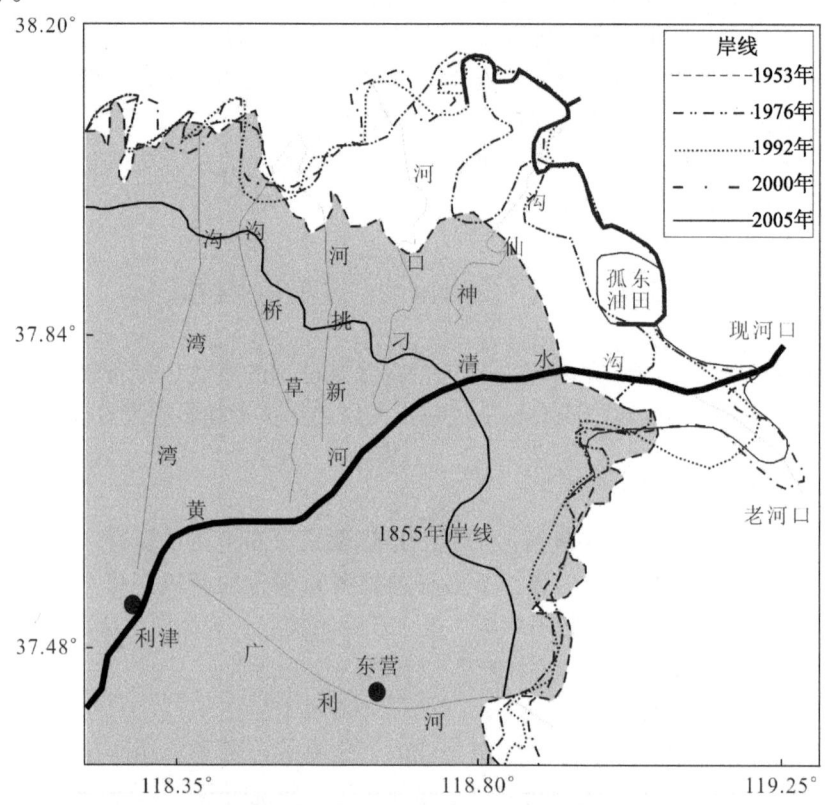

图8.1 分布界线变化图举例：黄河三角洲海岸线变化图（彭俊等，2012）

研究分布界线变化应注意两点。

1）分布界线的标志要具体

例如，在研究大气环流影响范围界线时，应通过建立具体的地表要素判别标志，在地图上绘出东南季风西缘与西南季风东缘的影响范围。

2）界线消失的标识要处理

有些要素分布界线在特殊地区消失的情况要区别处理。例如，夏季850 hPa风场的距平合成，应该把青藏高原上空的数据屏蔽掉（不显示出来）或者用虚线标注。因为

850 hPa 高度在高原地表面以下，所以在分析 850 hPa 图时，不能分析到高原上，若一起要穿过高原，最好用虚线分析。

8.1.3 三维空间的变化

很多地理要素是在三维空间上发生变化。因此，地理要素的三维空间变化是很多专业研究的重点。例如，植物地理研究的山地林线高程变化、冰川学研究的冰川前缘位置变化、冻土学研究的多年冻土层上界变化、水文学研究的地下水位变化等。古地理学研究的第四纪古河道变化、地层学研究的沉积地层厚度变化、地貌学研究的山区河流阶地变化（图 8.2）、农业地理研究的山地农田高程变化、人文地理研究的山地聚落变化等。

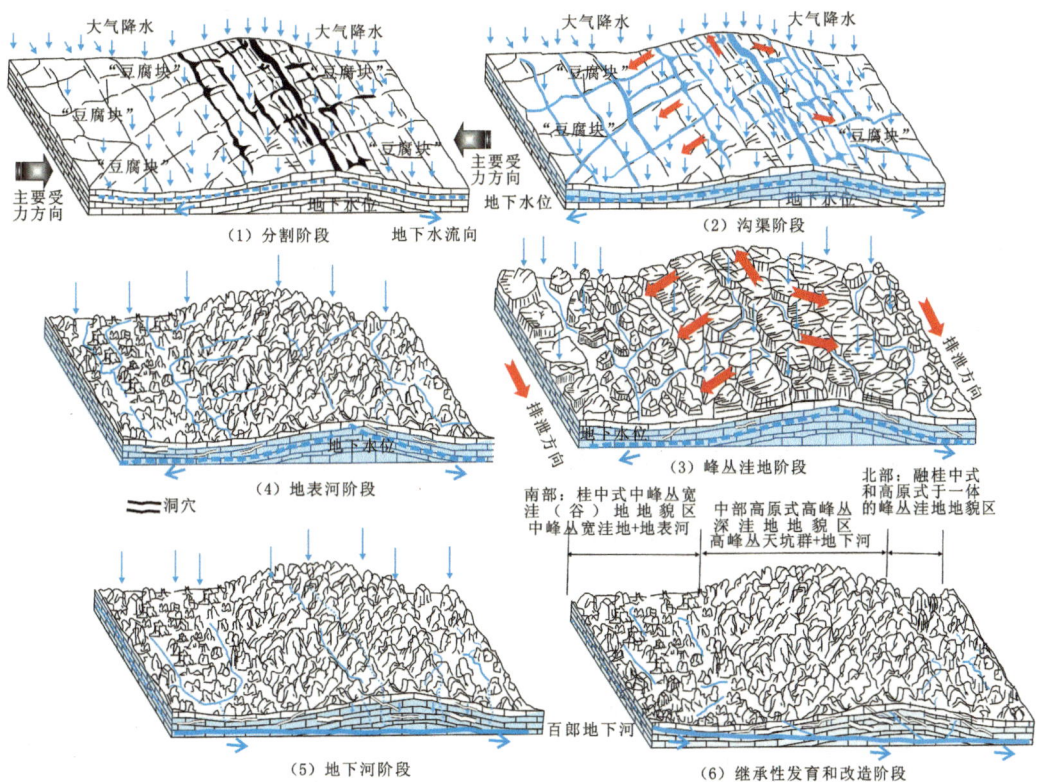

图 8.2 三维空间变化图举例：岩溶地貌演化阶段示意图（韦跃龙等，2010）

三维空间变化研究应注意 3 个方面。

1）三维空间变化的研究内容应该更加细致

例如，分析山地植被带高程的南北坡差异、地下水位的季节性变化、河流阶地拔河高度的上下游变化、不同作物种类的种植高程差异等。

2）三维空间变化的研究形式应该更加多样

例如，山地研究中，要有不同坡向、不同坡度、不同高程的研究要素分布图或数据表格。又如，土壤中碳酸盐的含量同时会受到向下的淋溶作用和向上的盐渍化作用的影响。

3）三维空间变化的研究层次应该更加全面

例如，水汽输送要分析不同 hPa 层的情况会更有意义，因为低层水汽可能沿地形深入和抬升进入高原。

8.1.4　形态格局的变化

地理要素的形态格局变化是时空变化研究的重点之一。"格局"特征有许多指标，如植物多样性、优势度、均匀度等，可以较具体地反映格局特征。

1）地理要素特征的空间变化

地理要素的空间变化，不仅反映在"量"的方面，还体现在"质"的方面。所以对空间变化的研究不仅要说明分布面积的变化，还要阐述分布特征的变化。例如，植被覆盖率的空间变化、土壤重金属含量的空间变化、水体分布形态的空间变化、沙丘地貌类型的空间变化、自然灾害危险度的空间变化、产业聚散规模的空间变化、景观斑块大小的空间变化等。

2）地理要素多样性的空间变化

多样性是地理要素组成格局的重要特征之一。例如，植物种类多样性、产业类型多样性等的空间变化。所以对地理要素的研究，也不应限于对某一类型要素的分布研究，还应对要素组成的多样性进行分析。

3）景观格局的空间变化

景观格局指数众多，各有其优缺点，每个指数分别从不同角度反映景观格局特征。所以景观格局分析应该有综合系统性。应分别从类型特征、斑块特征（如斑块数量、斑块面积）和景观整体特征3个方面选择适宜的多项景观格局指数，对景观格局进行深入而系统的时空分析。因此，仅用一个景观多样性指数是很难全面反映景观空间特征的，最好结合区域景观特征，使用适宜的景观变化过程表征模型，分析景观的空间格局特征及其变化过程。

8.1.5　分布质心的变化

对地理要素总体的空间移动方向的研究，可采用质心（或重心）移动分析的方法。质心分析方法一般针对的是面状要素，但要考虑到使用坐标的平均值来求取质心必然会影响到等值线的空间分布特征与差异性变化（图8.3）。因此使用插值方法研究质心迁移变化要考虑3个方面的问题：①内插方法对等值线分布的影响；②所用的线性关系是否显著；③与已有研究成果的对照。

例如，在分析土壤多样性的区域分异时，不能只有一个面积比，应该使用计量土壤多样性特征常用的其他指数；如果仅借用景观生态学中景观嵌块的基本分析方法，仍不属于土壤类别多样性的分析。

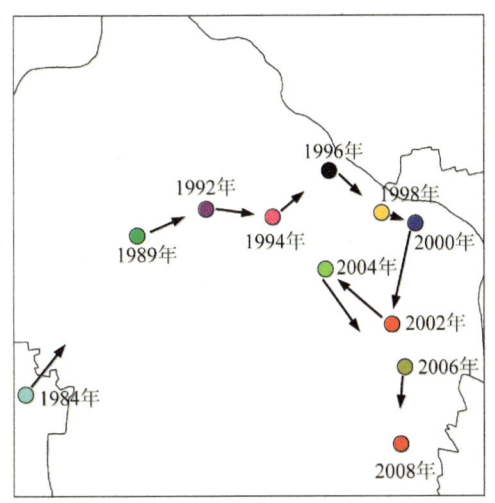

图 8.3　分布质心变化举例：北京市湿地质心变化图（宫兆宁等，2011）

8.2　时空变化研究的基本要点

地理要素时空变化的研究主要包括：时空变化的幅度、时空变化的阶段、时空变化的趋势、时间变化的周期和时空变化的原因。

8.2.1　时空变化的幅度

分析地理要素时空变化的幅度，不仅要阐述绝对值的变化，还要说明相对值的变化；不仅要定性说明变化大小，还要定量分析变化等级；不仅要进行相关数据统计，还要对统计数据进行必要的检验。

进行区域对比时，不能只说是"趋势一致"，应说明变化幅度的区域变化规律。

1）时间序列分解

在非平稳时间序列分析中，一个时间序列可以分解为趋势项、周期波动项和随机波动项三部分。例如，对作物单产和气候因子序列进行如下 3 项分解（殷培红等，2010）：①采用一次或二次线性模拟提取原序列的趋势项，利用加法模型得到"去趋势波动项"（周期波动项与随机波动项之和）；②依据 Gramer 分解定理采用一阶差分运算可以充分提取原序列的确定性信息（趋势项和周期波动项），得到随机波动项（王燕，2005）。通过分析这些地区差分序列的时序图发现，绝大部分序列的随机波动循环不超过 2~3 年；③对"去趋势波动项"进行 3 年滑动平均去掉随机波动项，得到周期波动项。

2）相对面积的变化

分析研究对象的时空变化，不仅要有各类要素的绝对面积变化，还要有相对面积的比较。例如，对土地利用类型的空间变化，不仅要有绝对面积的统计，还要有各类土地变化相对值的对比。

在进行变化幅度研究时，不能用相对量的变化替代绝对值的变化。例如，总云量距平场的第一特征向量在高原表现为一致的负值区，说明云量变化的一致性，而不能说云量分布的一致。

3）变化等级的划分

研究地理要素变化幅度的区域差异，可对变化幅度确定分级指标。例如，分析水土流失变化，可定量划分严重、一般、轻度侵蚀等不同程度地区的面积变化，包括总量变化和百分比变化。

4）变化幅度的检验

说明研究要素变化幅度时，应对相关数据进行统计检验。例如，分析气候要素的年际变化趋势变化是否显著，需要有一个统计检验结果。常用的方法之一是利用分析均方差变化来定量说明变化幅度，气候变率是指气候要素在平均值上下振荡的程度，通常用均方差（又称标准差）表示。如果没有检验，就作出"气温上升显著"、"降水减少明显"等推论，是不科学的。再如，研究积温变化，不宜只列出积温变化等时间序列的绝对值，还应该检验这些变化是否有统计上的显著性。

小波分析作为一种分析方法可以揭示数据系列较深层次不同尺度的变化状况。例如，研究输沙量与降水量的关系，在逻辑上应当先给出流域的输沙量和降水量资料序列曲线，并用小波变换得到突变点；资料曲线的涨落很多，而突变很少，只有那些在不同时间尺度下都存在的突变点（可能有位相漂移），才是有意义的突变点。同时，要作突变检测，看它是否确实存在，然后再分析输沙量与降水量及人类活动的可能联系。

5）突变情况的确立

地理要素时空变化往往具有阶段性和突变性。因此，对各个阶段的划分要说明依据，对突变性要说明相关检测标准，Mann – Kendall 方法（M – K 法）与 t 检验都是常见的突变检验方法。例如，利用 M – K 法可检测各项指标，用 M – K 法检验确定序列的突变点。如果有多个地方出现了多个交点，就要说明确定突变点的理由。

每种方法检测变化都是有一定适用性的。例如，M – K 法适用全局性变化检测，而山本（Yamamoto）法、小波变化法等其他方法首先应给定特定的时间尺度才有意义。再如，应该说明气象、水文等数据的序列分段是如何进行的，以及如何初步判断出变异点的位置。

6）变化幅度的区域差异

地理环境的各种变化在区域上是存在差异的。例如，气温、降水、径流等变化幅度的区域差异，人口密度、工业产值、农业产量增幅的差异。应该建立一定的分级指标来分析区域变化幅度的差异。再如，对各类地理要素的各个区域计算中，应给出相关因子的区域系数（表 8.1）。

表 8.1 分区系数列表举例：中国 10 大流域片区潜在蒸散发的敏感系数
（刘昌明、张丹，2011）

区域	最高气温	最低气温	风速	太阳辐射	水汽压
松花江流域片区	0.02	-0.35	0.27	0.18	-1.03
辽河流域片区	0.53	-0.03	0.27	0.29	-0.67
海河流域片区	0.63	0.06	0.24	0.34	-0.60
黄河流域片区	0.50	-0.01	0.19	0.40	-0.48
淮河流域片区	0.98	0.28	0.19	0.41	-0.91
长江流域片区	0.75	0.23	0.12	0.50	-0.68
东南诸河片区	1.07	0.44	0.10	0.54	-0.97
珠江流域片区	1.02	0.46	0.11	0.57	-0.77
西南诸河片区	0.46	0.03	0.11	0.54	-0.31
西北诸河片区	0.37	-0.10	0.25	0.31	-0.39
全国	0.52	0.02	0.20	0.39	-0.58

7）变化幅度的季节差异

有些地理要素的空间变化存在着季节性差异。例如，气温、降水、径流、植物覆盖率、土壤水分含量、地表潜在蒸散发等都存在明显的季节变化（图 8.4）。

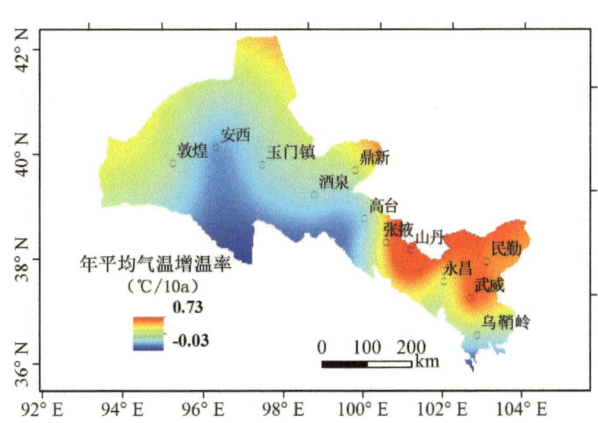

图 8.4 地理要素变化幅度分布图举例：河西走廊年均气温增温率的空间分布（孟秀敬等，2012）

8.2.2 时空变化的阶段

在研究时空变化过程中，通常需要对研究要素的变化过程进行阶段划分。不同地理专业对时空变化发展阶段的划分有不同方法。例如，经济地理研究通常根据经济发展速度的快慢划分区域经济的发展阶段；历史地理研究一般是按历史朝代划分研究要素的发展阶段；古地理研究可以依据不同人类文化时期划分考古遗址的空间变化阶段（图 8.5）。

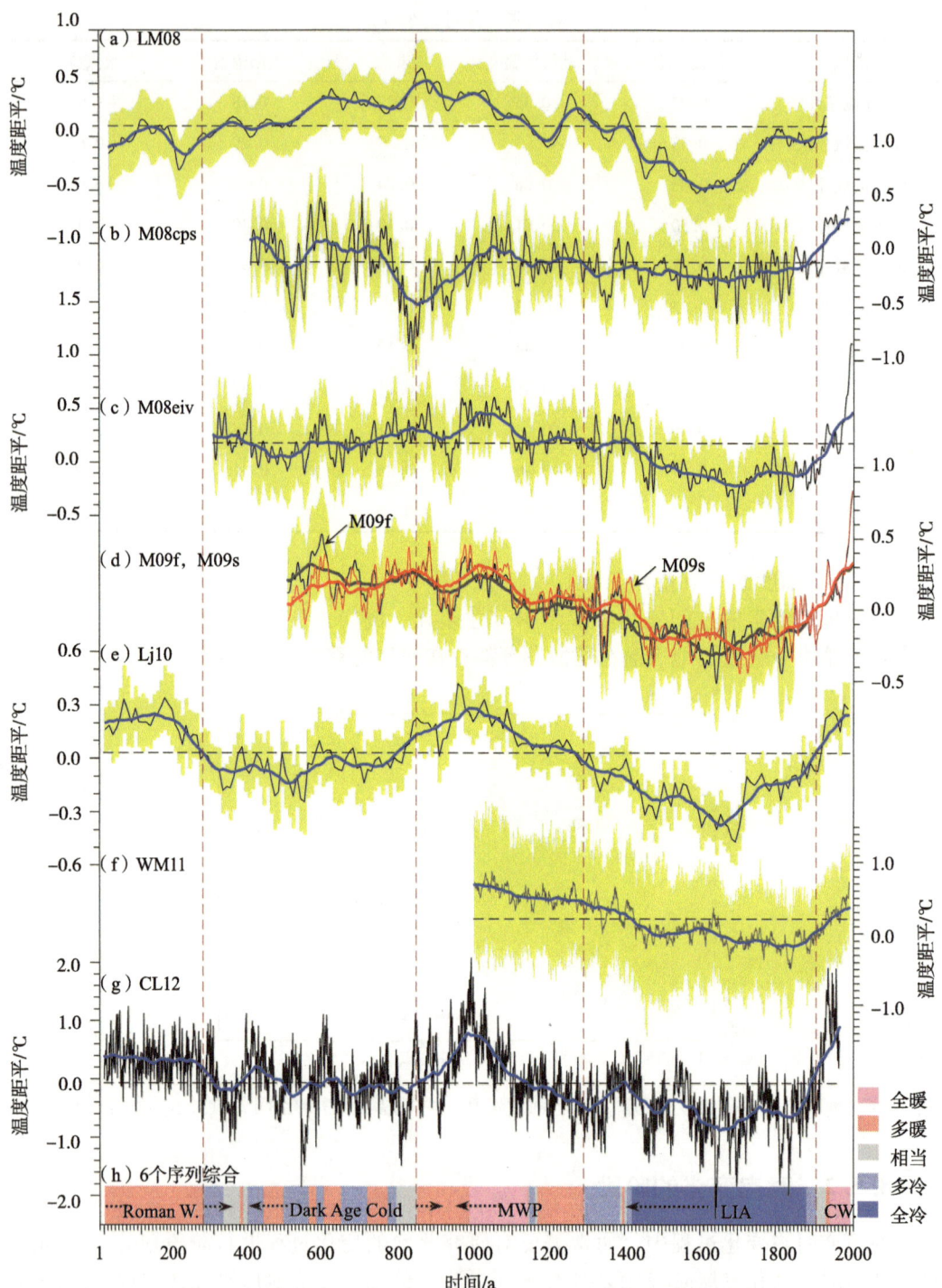

图 8.5 地理要素变化阶段划分图举例：2008 年以来新建的
北半球千年温度序列（葛全胜等，2013）

1) 相等时段的阶段划分

例如，用1990年、2000年、2010年等10年间隔的变化，或用1995年、2000年、2005年、2010年等5年间隔变化。经济地理研究通常分析相等间隔时段的变化。

2) 特定事件的阶段划分

对研究要素的空间变化过程要说明其关键年代的划分。例如，水系变迁的转化时期、历史时期不同人类文化遗址空间变化的断代依据、不同时期生产力布局的转变年代等。列举导致研究要素空间变化的重大事件，如气候变化、河流决口、大规模战争、国家政策调整等。

3) 阶段划分的测年数据

在地层剖面的历代元素变化研究中，对考古遗址各文化层的断代需要有必要的测年数据，或充分的历史考古证据。

在地貌研究中，河流阶地形成的年代不能用阶地埋藏古树的^{14}C测年数据或考古遗址测年数据确定，因为在古树生长和古遗址出现之前，阶地就已形成。

4) 阶段划分的突变检测

地理要素变化存在着阶段性和突变性。用单一检验方法确定突变点有时是不可靠的，通常需要用多种方法综合检验和判断。例如，M-K法未显现出来的突变，则须用滑动t检验法等来确定。利用M-K法检测各项指标。对阶段的划分年份要说明依据。对突变性要说明相关检测标准。还应绘出利用M-K法检测各项指标突变和阶段性变化的结果图。

用M-K法分析突变点，关键要看序列U与反序列U'两序列上升或下降的趋势，即序列U呈上升趋势，反序列U'呈下降趋势，两者相交后，序列U继续上升并超过显著性检验水平临界线，则可以确定为突变点。

5) 阶段划分的常见问题

对自然要素进行年代际分析不宜强行用10年分割，因为如果没有考虑要素连续变化的特征，那么这种结论没有太大的意义。

8.2.3 时空变化的趋势

研究地理要素时空变化的发展趋势，说明这种变化的合理性或危害性，提出促进、稳定或控制已有变化的对策，是地理学时空变化类论文的重要研究内容。

1) 变化趋势的国内外对比

根据国内外相似地区的同类要素变化情况，对比分析相关要素的发展过程，预测这种变化的趋势、合理性及应控制的阈值。例如，在区域经济发展预测中，可参考其他有关国家或地区的类似情况进行横向对比，说明自己研究内容的未来发展趋势。再如，在经济地理要素演变中，中国近几十年的经济发展迅猛，所以应该有一个自我纵向动态分析，比如近20年来的变化情况等。

2) 变化趋势的特殊现象分析

对一般规律与个别现象要分别说明。有些论文因采集的资料数据与专业理论或论文结论不符而被作者弃之不用，其实这种异常数据往往反映了一定的局部特殊环境影响背景。例如，山地林线的高度通常依照一定的纬度、经度方向变化，但也在某些特殊地貌部位受水气通道影响而局部升高。

另外，有的地理要素变化是一个缓慢的过程，当变化速率过大时，要注意核实数据。例如，当出现土壤有机质变化率达到每年增加 1.7 g/kg 时，就不合乎常理，要重新检查。

3）变化趋势的平均系列分析

对地理环境的变化趋势，不能仅依靠个别样点的数据，还要分析区域的平均状况。例如，分析生态环境变化时，不仅要给出个别站的时间系列图，而且要给出全区平均序列。

再如，采用了降水指数来讨论区域的极端事件，应该写清楚其具体方法。在给出 RX1day 时间序列的变化趋势时，要说明这个 RX1day 具体是指在整个地区所有站点中最大的 1 日降水量，还是全部站点平均的地区年内最大 1 日降水量。还有，分析气候变化，不仅要给出一些个别站时间系列图，而且要给出全区平均序列。对单列的观测站点，要说明单点数据给出的意义。

4）变化趋势的整体状况分析

例如，对河床形态、湖泊水库、河口海岸等的变化趋势，要全面分析冲淤状况的关系，以此判断研究区沉积环境是否已经达到动态平衡。再如，趋势系数和气候倾向率是一个概念，不宜在文中分开重复讨论。

5）变化趋势的显著性检验

例如，研究中国日照时数的气候变化及其影响因素，在对一些变量的趋势系数进行画图或列表比较分析时，应该剔除一些没有通过 $\alpha = 0.05$ 显著性检验的站点，因为对这些站点进行比较分析是没有意义的。

6）变化趋势的重要特征说明

气候变化有两个重要特征：一是气候系统的非线性，二是气候过程的非平稳性，这两者都会影响气候预测的准确性。降水长期过程尤为明显。讨论非线性的影响，应考虑非平稳性的影响。实际上，用实际资料的线性趋势和周期性作外延预测时，隐含着降水长期过程的平稳性假定；即认为近 50 年的气候统计特征（如线性趋势、周期性、一阶矩和二阶矩等），在未来 10 年能够保持。气候变化的非平稳的本质属性必然影响到预测的准确性，因此，应讨论非平稳性的影响。

8.2.4 时空变化的周期

变化周期研究主要用于气象的气温、降水变化周期，水文的径流、水位、蒸发变化周期。为保证周期分析结果的可靠性，一般来说，变化周期的长度不超过实测数据时段长度的 1/3，最好不要超过 1/5。

1）分析周期的方法

对数据序列特征进行突变、周期分析应当结合图来具体说明周期或振荡是如何得到的；周期是否经过显著性检验。

2）关于周期的讨论

周期"持续性"是如何确定的。如果周期主要是通过小波分析得到的，则需加以说明并注意这样得到的周期是小波变换系数的周期，与原序列的周期有所不同，并且要在最后进行讨论。

3）周期与振荡的区别

振荡一般指变化或涨落；周期则需经过显著性检验，证实它确实存在。未经周期检验的变化应称为振荡。

4）小波分析方法的应用

小波分析方法主要用于检测信号的突变或者时间序列曲线变化趋势的转折。小波变换结果的特性点（局部极值点或穿零点等）能揭示出原序列的突变点。

将小波分析方法主要用于分析周期和振荡，这是对小波变换的结果（小波系数序列）求周期的，并且把小波系数序列的周期当作原序列的周期进行分析。这种做法要注意：①所求得的周期是小波系数序列的周期，用不同的时间尺度即放缩因子作小波变换的结果所求得的周期是不同的，要说明在什么样的 a 值下求得的周期。②对所求得的周期要作显著性检验，看它是否确实存在。③小波方差的最大值表明该尺度下周期性振荡最明显，但不能表示原序列的主周期或强振荡。

8.2.5 时空变化的原因

研究产生地理要素时空变化的原因，要从气候、地貌、水文、植被、土壤等自然地理因素，人口、经济、土地利用、建设工程等经济地理因素两方面进行全面分析（刘毅，2012）。

1）全面分析影响时空变化的内外因素

例如，史培军等（2000）分析深圳市土地利用变化机制时，即分析了建成区面积、总人口、国民生产总值、基本建设投资、外资利用额等外在驱动力，又分析了交通条件、地形条件、土地利用现状等内在因素。

2）分析各类要素变化的相互作用和联系

当一个地区的几种地理要素的变化趋势具有相似的特征时，要进一步分析这些变化之间是否存在联系或者相互作用，以及可能存在的某种联系。

3）分析各类地表变化的具体转移途径

利用几期解译的遥感图像，可以计算出景观类型的转移矩阵，进而发现各类土地变化的具体原因。例如，由耕地或林地变为沙地，沙地变为其他类型土地等。

4）指出主要的影响因素和次要的影响因素

列出定量的相关分析的数据和公式。对资料要用逐步判别分析法进行可信度分析，并通过 F 值检验的可信度。例如，利用特征向量分析影响因素时，应该对特征向量的物理意义作简要说明，至少前 3 个要解释一下。

5）从空间分布的相同性和差异性对比分析

在生态环境的多种化学指标中，空间分布的相同性和差异性不尽一致，要通过差异找出导致其变化的主要原因。例如，在对生物承载力空间特征分析中，用各县的生物承载力绝对数量表征区域空间特征存在误区。因为影响一个地域生物承载力主要有均衡因子、产量因子和土地面积 3 个因素。如果单纯从生物承载力绝对数量推断这个地区高于其他地区，严格来说没有科学意义，因为某地较高的生物承载力可能是来源于产量因子很大，而另一地区生物承载力较低可能出于土地面积很小。其实，各地的产量因子已经刻画了生物生产力的空间特征，是生物承载力的间接反映。

6）空间变化尺度的区域差异

控制生态过程的因素随尺度而变。例如，NDVI、NPP 与地形因子有多尺度关联效应，应该解释小尺度和大中尺度下 NDVI、NPP 与地形因子的不同关联效应。研究海岸线尺度效应，计算分形特征参数，应该分别计算基岩海岸、平原海岸等不同自然类型海岸，而不宜按照分省的行政区域进行研究。再如，通过提取不同比例尺下的海岸线，对其分形特征进行研究时，如果所用分形维数计算模型较为传统，其结果往往不够精细，所以，研究分形维数更精确的方法是采用分形函数插值法。

8.3 时空变化研究的常用方法

时空变化的主要研究方法包括范围选择、数学分析、地图对比和表格应用。

8.3.1 时空变化的范围选择

时空变化类论文选择研究区范围时要考虑的因素是：分析的深入程度、区域的地理环境、采用的技术手段和研究的整体效果。研究地理要素时空变化最好选择较大的地域范围，这样有利于分析地理要素的大范围空间变化，以及气候、地貌、资源等的环境影响。各类时空变化研究在选择区域范围时主要应考虑 3 类因素。

1）区域的地理环境

研究地理环境较为一致的区域时，最好采用较大的研究区。例如，研究内蒙古高原地貌、华北平原植被时，可选择较大的研究区。

在分析海拔高差较大、区内环境复杂的区域时，可以选择研究范围相对不大、但地理条件较复杂的区域。例如，在中国西南地区的一些高山地区，气温、降水、植被、土壤等自然地理条件差异很大。因此，可以用一条高差较大的山脉作为研究区。

2）采用的技术手段

不同的研究手段对于区域范围的选择有重要的影响。采用遥感和地理信息系统等方法来分析地理要素时空变化，最好选择较大范围的研究区，这样有利于发挥技术手段的先进性。利用土壤、水体采样进行化学实验分析的论文，可以选择相对较小的研究区，但采样点的环境要有多样性。例如，海拔高差、地下水位、植被类型等样地背景要有明显的差异。

3）研究的整体效果

选择研究范围的大小，要考虑研究对象的整体性。例如，研究城市变化，一般要分析整个城市的变化过程，而不是仅分析城市中某个区的变化情况。再如，研究水土流失的区域差异，最好以一个完整的中等流域为对象，这样可以分析该流域内不同小流域的差异及其影响因素。

8.3.2 时空变化的数据分析

长时段的时空变化可以揭示大尺度的变化规律和长期发展趋势。不论是研究降水、气温、径流等自然环境变化，还是研究人口、产值、土地等经济地理发展，都应尽可能采用长时段的观测和统计数据。

各学科常用的研究时段有所不同。例如，利用遥感数据研究的时段多为 20 年；利用经济统计年鉴研究的时段长度为 20~40 年；利用气象、水文等观测数据研究通常采用 60 年来的数据；利用历史记载资料的研究时段为近 600 年来；利用考古数据为近 1 万年以来。

1) 年际变化研究的间隔年份选择

研究时空变化的时间段一般分为等距年份、极值年份、特定年份等 3 种选择方法。

(1) 相等间隔年份数据的对比。相等间隔年份分析方法是利用相等年份间隔的数据变化，分析地理要素的变化过程。这一方法有利于对比分析不同时段地理要素的变化幅度和变化速率，通常采用 5 年的等间隔时间。经济地理研究通常采用这一方法。

(2) 极值出现年份数据的对比。用主要影响因素变化程度的年份作为数据的变幅代表性。分析某一地理要素变化范围时，可以用主导影响因素的极值年份数据为代表。例如，研究湖泊面积、植被覆盖率等的变化幅度，最好用降水最多年份、最少年份、平水年份的数据来分析变化过程的最大值、最小值和常态值。

(3) 特定事件年份前后的对比。由于一些重大自然与人为事件造成的地理要素突变的情况，要选择事件前后的数据进行对比。例如，某一国家政策执行前后的城镇与产业变化，河道干流水利工程建成前后的下游泥沙与河床变化，历史河道变迁对出海口附近海岸线的影响等。

2) 年内变化研究的数据月份选择

(1) 当研究要素在年内的各月变化很明显、对其他要素相关影响较大时，可采用 12 个月的月平均数据进行对比。

(2) 很多自然要素是随季节改变而变化的。例如，水域面积增减、植被覆盖变化、城市热岛效应等。为了清晰勾画出不同地理要素的季节变化，也可选用每年 1 月、4 月、7 月、10 月的数据分别代表冬、春、夏、秋 4 季的数据进行对比分析。

(3) 考虑到气候对农作物生长期的影响，可选用春夏季节 3~8 月的各个月份数值分别讨论。

3) 时空变化规律的数据时段选择

根据过去的实测数据来推测未来的发展情况是探讨地理要素的发展趋势经常采用的方法之一。一般推测时段的长度不超过实测数据时段长度的 1/3，最好不要超过 1/5，以保证预测结果的可靠性。

4) 数据的测年分析

在地层剖面各种元素的垂直变化研究中，对地层的年代应该有必要的测年数据，或有充分的历史考古证据。例如，在地貌研究中，河流阶地形成的年代不能用阶地埋藏古树的^{14}C测年数据或考古遗址测年数据确定，因为在古树生长和古遗址出现之前，阶地就已形成。

5) 数据的选择意义

要说明数据选择的学术意义和应用价值。包括：数据的重要地理位置、特殊的采样地点、主要的经济枢纽地区等。例如，大中型河流主干道控制点的径流量变化或水位变化、500年左右树木的年轮变化、建站100年左右的早期气象站观测数据、重要历史考古遗址的地层划分、重要旅游景区的游客量变化、重要交通枢纽的货物运量等。

对有大量数据分布的区域，不应仅仅抽选少量数据进行分析，那样难以对地理要素分布状况进行细致的研究。

6) 数据的归纳分类

当变化要素较多时，要对相关数据进行归纳分类。例如，利用几期解译的遥感图像，可以计算出景观类型的转移矩阵，进而发现各类土地变化的具体原因（如由耕地或林地变为沙地、沙地变为其他类型土地等）。

7) 数据的加权平均处理

空间变化的数据由点到面过程要合理。例如，研究区域积雪情况时，对积雪增量进行站点平均，积雪序列会受到个别或少许山区积雪增量偏大站的数据干扰，因此所建成的序列只能代表高原某区域积雪的变化，而大部分积雪少的站点只做了陪衬。在这种情况下，可考虑能否进行加权平均，这样既考虑到深度变化又考虑了面积变化。

8) 数据分析的解释

对时空变化数据分析的解释要科学和严谨。例如，总云量距平场的第一特征向量在高原表现为一致的负值区，说明云量变化的一致性，而不能说云量分布的一致。再如，总云量距平场的第二特征向量反映了高原总云量变化的南北差异，而不是总云量分布的南北差异。当然，其后解释云量南多北少的论述与该向量场反映的实质不相容。

8.3.3 时空变化的地图对比

地图是将研究要素时空变化过程显示出来的有效工具。时空变化研究中，地图的对比主要包括地图的线段对比、图斑对比、剖面对比、图组对比。

1) 地图的线段对比

用不同线段可反映出不同时期地理要素扩张的范围和界线。例如，不同历史时期海岸线、湖岸线的变化位置。也可使用不同类型带箭头的线段指出地理要素的移动方向和位置。

处于重要地理位置、特殊采样地点、主要产业地点的数据变化可用相关的曲线图进行说明。例如，大中型河流主干道控制点的径流量变化或古水位变化、500年左右树木年轮变化、建站100年左右的早期气象站观测数据、重要历史考古遗址的地层划分、重要旅游景区的游客量变化、重要交通枢纽的货物运量等。

2) 地图的图斑对比

各类地理要素的平面变化状况可以在地图上以不同色斑显示出来（图8.6）。例如，自然地理研究中的不同时期植被、湖泊、冰川面积变化等；经济地理研究的农田、城市用地面积变化等。由不同色斑来反映不同时期的地理要素变化的范围。例如，不同时期城市建筑用地的扩张。图中要有城镇、道路、河流、湖泊等相关影响要素的标注，从而使读者易于掌握变化的参照方位。再如，用不同颜色的色调对比不同区域研究要素数值增加和减少的程度。

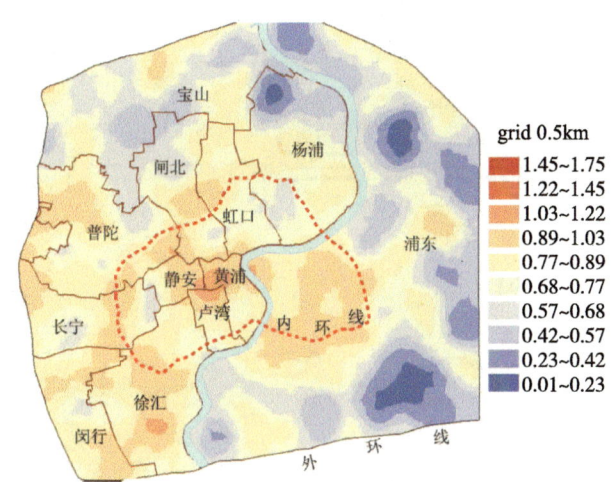

图8.6 空间变化的图斑对比举例：上海市0.5 km幅度景观多样性格局（徐建华等，2004）

研究时空变化的底图应考虑影响变化的相关因素。例如，研究二氧化碳排放的空间分布应该按照自然地理区域进行分析。在同一省区内：山地、平原、沙漠的排放量完全不同，即使按照行政区域分析，也至少要按照地区一级进行分析。例如，广东的粤北地区与深圳就差距很大。分析各区时，应明确说明地形特征，即盆地、山区、丘陵区等，而不要简单说成A区、B区。

3) 地图的剖面对比

剖面对比是反映地貌形成过程中空间变化差异的主要方法。例如，用多剖面资料建立地层剖面对比图，可反映不同时期不同地点的沉积速率。再如，用地貌形成过程不同时期的剖面图进行对比，可以显示地貌形成各阶段的形态特征（图8.7）。

4) 地图的图组对比

将不同年份的地理要素分布图组合为一套图组，可以有效地显示和对比各类地理要素的空间变化过程（图8.8）。

时空变化图组编绘需要注意的地方：

（1）图组的间隔。图组至少应有2个不同年份的地图，最好是用3或4个不同年份的地图进行对比；地图间隔的时间至少应有3年，最好为5年或10年。

（2）图组的图例。时空分布变化图组要求各分图最好在5个方面一致，即地域范围一致、比例尺度一致、底图类型一致、图例设置一致和显示要素一致。使读者能清

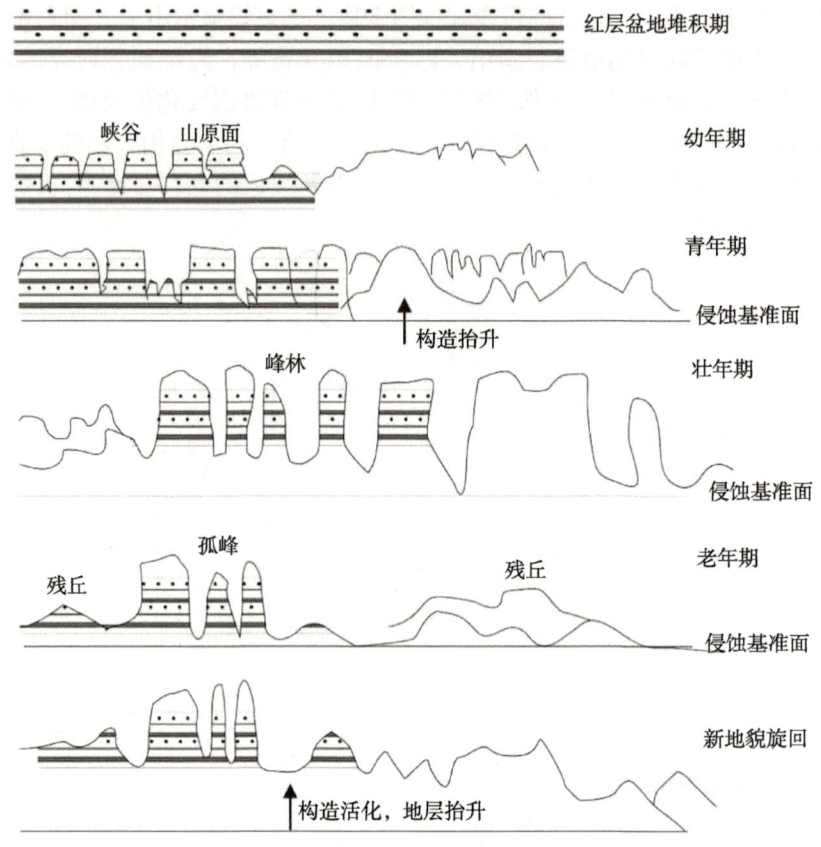

图 8.7 地貌剖面形态变化图举例：江郎山丹霞地貌形成过程示意图（朱诚等，2009）

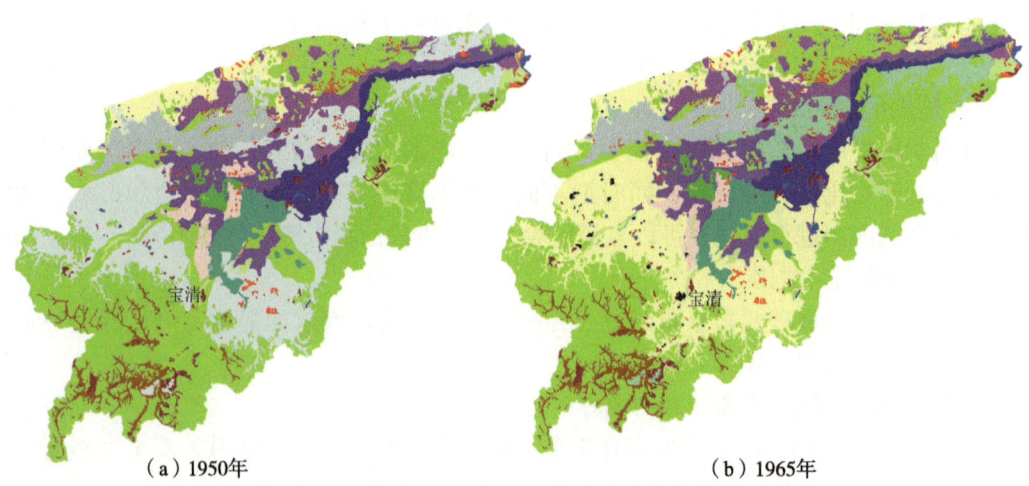

（a）1950年　　　　　　　　　　　　　　　（b）1965年

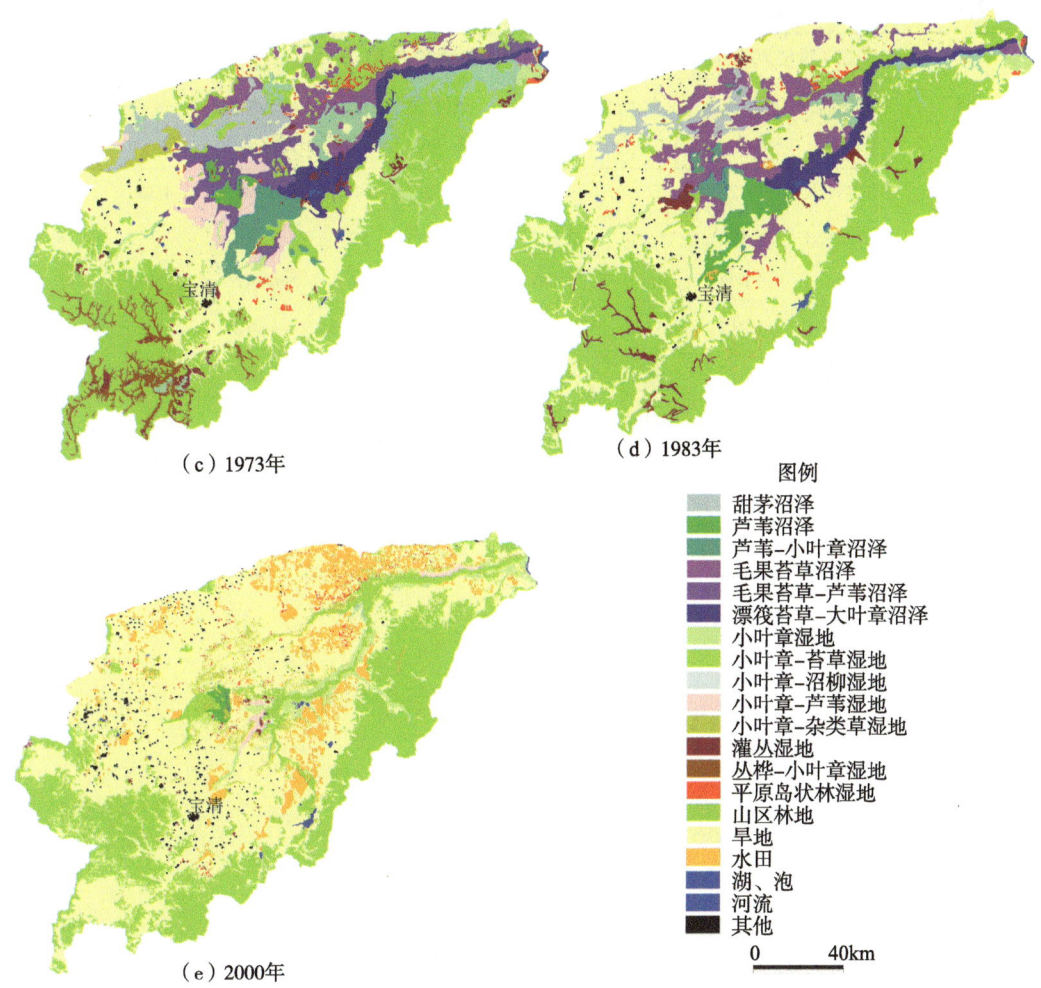

图 8.8 时空变化图的颜色对比举例：挠力河流域不同年代湿地景观变化（刘红玉等，2004）

楚地对比研究要素的空间变化过程、趋势和规律。

（3）年际的对比。对比季节变化较大的数据，应该采用同一个月份的数据进行对比。例如，高温区、植被覆盖率、湖泊面积等年际变化的对比。

（4）极值的对比。应该反映空间变化幅度的极值。例如，研究积雪变化，插图应该选择最大积雪年份和最小积雪年份的覆盖范围。

8.3.4 时空变化的表格应用

用表格可列出不同年份、不同要素（如土地、湖泊等）、不同程度（如定量划分严重、一般、轻度侵蚀或沙化地表）的面积变化数据，包括总量变化和百分比变化（表8.2）。各类型所占面积的百分比之和应为 100%。对降水量等数值的空间变化，不仅要有绝对值的统计，还要有均值和方差的对比。

表 8.2 时空变化数据的表格应用举例:毛乌素沙地沙漠化土地动态变化(王涛等,2004)

地区	20 世纪 70 年代中期			20 世纪 80 年代中期			2000 年		
	监测面积/km²	沙漠化土地/km²	变化比例/%	监测面积/km²	沙漠化土地/km²	变化比例/%	监测面积/km²	沙漠化土地/km²	变化比例/%
榆林	6 551	5 729	87.5	6 551	5 248	80.1	6 891	4 360	63.3
横山	2 584	1 596	61.8	2 584	1 292	50.0	4 219	782	18.6
定边	4 493	2 093	46.6	4 493	1 729	38.5	6 847	2 295	33.5
靖边	3 485	1 917	55.0	3 485	1 815	52.1	4 972	1 227	24.7
神木	4 463	3 772	84.5	4 463	3 345	75.0	7 509	3 195	42.5
盐池	6 761	1 369	20.2	6 761	1 846	27.3	6 744	3 495	51.8
乌审旗	11 645	10 164	87.3	11 645	9 561	82.1	11 627	10 779	92.7
鄂托克旗	5 251	4 721	89.9	5 251	4 165	79.3	20 245	13 103	64.7
鄂托克前旗	7 713	6 321	82.0	7 713	6 306	81.8	12 321	11 426	92.7

第9章 相关影响类论文的写作

地理学相关影响类论文主要研究各类地理要素之间的相互作用、相关影响的过程和结果，其内容主要包括3个方面：①自然要素之间的相互影响，如气候对土壤的影响、流量对泥沙的影响等；②人文要素之间的相互影响，如交通对工业的影响、人口对城市的影响等；③自然与人文要素之间的相互影响，如气候对农业的影响、地貌对交通的影响、城市对小气候的影响、工业对环境的影响、河湖水系对古文化遗址分布的影响等。这些要素之间的相互关系是地理学经常探讨的问题。

地理学相关影响类论文写作主要应注意：相关影响的研究类型、基本要点和分析方法。

9.1 相关影响研究的主要类型

地理要素相关影响的研究类型主要可分为3种：①多要素对单要素的影响；②单要素对单要素的影响；③单要素对多要素的影响。

相关影响类论文选题最好是选择多种要素对一种要素影响的研究，而不是一种要素对多种要素影响的研究，因为这样有利于论题集中、分析全面。例如，研究径流变化的原因，应综合分析降水、地貌、植被、水库建设、引水工程等多方面的影响，全面分析造成径流变化的影响因素。

9.1.1 多要素对单要素的影响

地表很多地理要素的分布变化都会受到自然与人为等多种因素的影响。对某一地理要素的影响因子最好做多元分析。

1）影响指标的选择

依据环境代用指标来讨论环境变化，应注意环境代用指标大部分是"多解的"。一般应采用唯一解或少解的指标为主，用其他指标作为辅助的办法，而不是同等对待。

例如，用NCEP资料研究气温与大气环流的关系，应该分析大气环流与日平均温度的关系，而不是分析大气环流与日最低气温的关系。因为冬季日最低气温出现时，并不意味着日平均温度就一定最低。而NCEP资料的平均值不是与最低温度对应的。

再如，分析研究地层、冰芯等的地表环境元素时，应有多种类型元素的百分比含量变化对比，以确定各种元素的相关关系和对环境变化反应的差别。

2）影响要素的考虑

分析多种要素影响时，应全面考虑各种要素的影响。例如，研究气候变化对粮食单产的影响，应先剔除趋势产量，否则势必夸大了气候变化的影响。粮食单产的变化包含农业生产技术水平提高使单产不断上升、气候变化导致单产的波动及随机变化。

再如，利用气象数据计算蒸散量，应该给出农作物生长期的需水量与降水、腾散、灌溉之间的量化相关关系。在作物生长期内，当降水不能满足作物生长需要时，需要灌溉。因此，按月的气温、降水来计算的均匀蒸散量，不能笼统地替代作物灌溉的需水量。

9.1.2 单要素对单要素的影响

研究一种地理要素对另一种地理要素的影响应注意排除其他要素的影响。

1）排除其他要素的影响

研究两种要素的相关影响，一般应尽量排除其他各种因素的影响。例如，在气候变化研究中，地貌、海拔、纬度等不变要素是气候空间变化的影响因素，但不是时间变化的影响因素。再如，研究气候因子波动对农业的影响时，应指明是针对哪种作物而言的，还要考虑某些地区是否改变了作物品种。

2）排除其他地区的影响

有些自然环境变化，不仅受到当地自然条件的影响，还受到其他地区自然条件的影响。例如，在讨论降水与径流的关系时，降水可以按上、中、下游流域分别讨论，但降水对径流的影响却不能按区域截然分开。实际上，下游的径流包含了中、上游的贡献，因此下游径流量不能简单地与下游降水量多少相联系。同样，中游的径流量也不能简单地与中游的降水量对比。一个可能的解决方法是将上、中、下游水文控制站的径流量相减，其差值可看作是当地降水量的影响，进而分析其变化与降水的关系。

9.1.3 单要素对多要素的影响

单要素对多要素影响的研究，由于涉及面较广，不容易集中论题，所以这类选题在论文最好避免，但可以作为课题研究和专著的选题。例如，研究气候变化对地表环境的影响，在一篇论文中要涉及气候变化对植被、径流、土壤、作物、旅游等多种要素的影响，论题不易集中。而且可能造成相关影响分析的片面性。因为植被、径流、土壤、作物、旅游等要素的变化受多种因素影响的结果，只分析气候影响容易导致结论的片面性。

9.2 相关影响研究的基本要点

地理学相关影响论文的主要研究步骤为：①确定自然要素之间相互影响的关系；②定量分析各类影响因素的大小；③阐述地理要素之间相关影响的机理。

相关影响的具体对象要明确。例如，在洪涝灾害研究中，暴雨基本不受人为因素影响，而洪涝灾害则可通过水利工程等进行控制，二者是有区别的。再如，研究树木生物量、碳储量与树龄的关系，不能把树木说成是林地，因为林地还要考虑林地面积和覆盖率等因素。

相关影响的主要研究要点为：相关影响的数据选择、相关影响的信度检验、相关影响的机理分析、相关影响的过程分析、相关影响的环境背景、相关影响的程度排序、相关影响的区域差异和相关影响的时间差异。

9.2.1 相关影响的数据选择

进行地理要素相关影响研究，要有相关的数据支撑。例如，研究人类活动对某一地理要素的影响时，一般最好列举出研究区内人口数量、人口密度、土地利用状况等数据在研究时段的变化。

相关影响数据的选择要注意各类要素的时间一致性、区域一致性。要说明数据的获取方法或出处、数据在时空范围上的相关性（如河流上下游、气象数据插值分析、要素变化前后年份关系等）。

1) 相关时段数据的选择

（1）时段长度的选择。各类相关影响要素的时段长度和起讫时间应该一致，不宜将通过两组长短不一的资料得到的相关系数放在一起。

（2）相关年份的选择。相关数据的年份应一致。例如，分析降水与环流关系应该用相同年份的数据，不宜用年代平均值比较。

（3）相关季节的选择。有些相关数据的反映是在特定时间内显现的，所以相关分析应当选择相关月份的数据。例如，中太平洋降水对 ENSO 的响应在夏季最明显，应选取 6~8 月的数据。

（4）极值时段的选择。极端变化数据有利于确定地理要素的影响程度。例如，为分析降水、气温等变化对地理要素的影响，可选择最多和最少降水年份、最高和最低气温年份的数据与植被或水文要素进行相关分析比较。

（5）前后时段的对比。研究某一工程对环境的影响，一般是将该工程建成先后的数据进行对比。例如，研究三峡水库对长江下游河道的影响，应该将三峡水库建成前后不同年份的长江下游河道数据进行对比。

2) 相关区域数据的选择

（1）不同区域的对比。将不同地理背景区域的数据进行对比，可以得到相关影响因素的作用。例如，研究退耕还林对水土保持的影响，应该将已退耕还林区与未退耕还林区的河道水沙数据进行对比。

（2）区域数据的推导。有些要素之间的相关影响是在一定区域内体现的。例如，研究气温变化对冰川、雪线、高山植被等的影响，当气象站与研究要素在距离和高程上的差距很大时，要利用气温垂直递减率分析气温的高差变化，再进行相关影响的推导说明。

（3）区域范围的选择。用不同时段的数据进行比较时，计算的区域范围应一致。例如，分析不同时期河流入海泥沙的变化趋势，要进行分时段的泥沙统计，并最好通过图表反映这种变化趋势。

在进行两种以上要素的相关分析中，要考虑数据的空间范围。数据的空间范围过大或过小都会影响要素间相关分析的科学性和适用性。例如，在分析植物生长量、地表径流、农业产量等要素与气温、降水的关系时，如果取全国的气温、降水的均值与全国植物生长量均值进行比较,就会出现相关结果不准确的问题。因为,中国地域辽阔,各地气温与降水的年际变化与年内变化都是不同步的。大范围的均值会掩盖地域的自然差异。如果取华北、东北、华东等气温降水相对一致的区域均值分别与某一要素进行对比,相关分析结果才有可信性和科学性。

3) 相关数据类型的选择

相关影响分析要注意数据类型的选择。例如,水沙过程应包含入湖水沙过程和出湖水沙过程,入湖水沙过程对湖的形态影响远大于出湖过程的影响。因此,在分析水沙过程对洞庭湖的影响时,应重点分析入湖水沙过程产生的影响。如果要论述的是湖底形态变化对出湖水位、泥沙冲淤及湖泊蓄水量的影响,似与水沙过程关系不大。再如,在进行花粉组合与植被及气候关系的分析时,要说明采用了哪些植被与气候数据,在分析时又是如何量化花粉组合的。

4) 相关样本数量的选择

进行相关分析时不仅应给出相关系数,还应该给出样本量,以利于读者衡量相关系数高低。例如,用横向对比相关系数分析东亚季风与南亚季风对云贵高原的影响,如果不同季风时段长度不一样,采用不同的样本量去对比相关系数就没有意义。

5) 分析样本年龄的选择

有些用于相关影响分析的样本在选用时应考虑样本年龄的影响。例如,在分析历史气候对树轮的影响时,较小树龄的树轮宽度样本在分析其宽度变化反映气候变化时存在两个主要问题:一是幼龄效应;二是生长趋势的拟合和去除。幼龄效应会造成轮宽变化对环境要素变化的不敏感。因此,较小树龄的轮宽变化不能准确地反映环境要素的变化,最好选用树龄大于100年的树木轮宽样本进行树轮分析。如果一定要利用树龄小的树木样本进行研究,那就一定要证明轮宽变化确实能反映温度或降水量的变化。要展示树轮与气温降水的关系,还要从生理上说明两者之间的机理联系。否则,不应利用树龄小的树木样本进行树轮 – 环境的分析。对于生长趋势,首先要说明该树种的具体生长趋势类型,可以利用已有的研究,也可以利用该研究中所有取样有髓心的样本进行估计,找出生长最高点的树龄和之后下降的曲线形式。对一般树木而言,前 20~60 年的生长趋势变化很大,如果不能准确估计,会造成信息丢失或添加噪声。一般对于几百年树龄的树木树轮样本,最内轮已经过了最高生长的年龄,可以采用负指数函数或线性函数去拟合生长趋势。如果样本树龄较小,在生长趋势的估计上需要进一步的研究,才能保证数据的可靠。

9.2.2 相关影响的信度检验

建立要素变化的相关数学模型和计算方程时,应进行信度检验,指出其中的误差范围及其原因,尽可能说明误差在时间、空间上的异同。

进行信度检验的方法是,列出定量的相关分析的数据和公式,对资料要逐步判别分析法进行可信度分析,并通过 F 值检验其可信度。

虽然某些地理要素之间似乎存在某种关系,但是相关系数如果低于 0.5,则表明这种关系并不显著成立。

1）相关影响的分布检验

对于二元相关分析（NAO 和径流量）之前，在相关性分析之前要进行正态分布检验。如果两个随机变量服从二元正态分布，或两个随机变量经数据变换后服从二元正态分布，才可以用 Pearson 积矩相关系数描述 NAO 和径流量这两个随机变量间的相互关系（此时描述的是线性相关关系），如果样本数据或其变换值不服从正态分布，则计算 Pearson 积矩相关系数就毫无意义。

2）相关影响的系数说明

计算相关影响系数有很多方法，应该具体说明。例如，分析 NAO 与径流的相关关系，不能只是简单地计算相关系数。常用的相关系数除了 Pearson 积矩相关系数外，还有 Spearman 秩相关系数和 Kendall 秩相关系数等。其中，Pearson 积矩相关系数可用于描述两个随机变量的线性相关程度（相应的相关分析称为"参数相关分析"，该方法的检验准确率高，检验结果明确）。

3）相关影响的尺度分析

研究不同尺度的变化可以采用小波分析。因为小波分析可以揭示数据系列较深层次不同尺度的变化状况。例如，研究输沙量与降水量的关系，在逻辑上应当先给出流域的输沙量和降水量资料序列曲线，并用小波变换得到突变点；只有那些在不同时间尺度下都存在的突变点（可能有位相漂移），才是有意义的突变点。同时，要做突变检测，看它是否确实存在，然后分析输沙量与降水量及人类活动的可能联系。

4）相关影响的序列重建

在分析树轮与气候的关系时，树轮宽度与温度资料之间是负相关关系，因为气温升高会使土壤干燥度增加。除此之外，还应该考虑在生长期高温会增加树木的蒸腾作用的影响，同时应分析树轮宽度与降水的关系。在检验中采用逐一剔除法对校准方程进行检验，并用图展示相关系数的变化。同时应将检验中的符号检验和一阶差的符号检验也展示在文章中，这两个统计量能比相关系数更好地说明重建结果的可靠与否，以此说明重建序列在高频还是低频上更可靠。

9.2.3 相关影响的机理分析

分析不同要素的相关影响，不仅要用统计数据说明二者之间的关系，还要进行机理分析，这样才有意义和说服力。相关系数只能说明它们之间的关系，但不能说明联系的机理。如果统计数据列举得很详细，但文中没有很好地解释影响机制的物理关系，就会降低文章的说服力。例如，在分析洋流对气候的影响时，不仅要进行二者之间的统计分析，还要说明二者的物理关联和联系机制。

主要的影响机理举例

1）植被指数变化的影响机理

分析降水、气温对植被归一化指数（NDVI）在旬时间尺度上的影响，不仅应从数理统计的角度给出 NDVI 对气温和降水在旬时间尺度上的响应关系，还应从基本植被生态学原理上来阐述。例如，研究区春季植被 NDVI 对降水的响应一般为同旬（即无滞后效应）或仅之后 1 旬左右的时间。从生态学角度看，在春季植被萌发期，当温度（积温）达到植物生长的需求之后，降水就成为区域植被生长的重要控制因素。

2）景观格局变化的影响机理

例如，在分析地域土地生物承载力空间异构的原因时，应注意在生态足迹模型中，土地生物承载力是一种潜在的生物生产力的最大值，反映的是地域的自然资源禀赋，与人口空间分布没有直接关系。而人口的长期积聚和活动才会引起地域的生物承载力的实质性提高或降低。再如，在分析生态环境演变过程时，有时不能将自然因子也拿来分析，因为在这段时间内地形地貌等条件没有什么变化。

3）相关影响机理的逻辑推理

对相关影响的机理分析应具备正确的逻辑推理。

（1）因果关系不能任意反推。例如，在分析河道侵蚀原因时，可以推论海平面降低引起了侵蚀基准面的下降。但如果通过侵蚀基准面的变化来估计海平面的波动就复杂了。

（2）因果关系不会任意反馈。反馈是指 a 作用于 b，然后 b 反作用于 a，其中 b 反作用于 a 可称为反馈。如果只是 b 作用于 a，则不涉及反馈。

（3）因果关系推理的全面性。因果关系机理的分析要从全方位考虑，不能仅解释局部要素。例如，分析研究区总云量减少的原因时，不能仅分析低云量的变化。因为总云量包含低云量、高云量和中云量，而高云量和中云量的变化不得而知，所以单独提到低云量没有任何意义。

（4）因果关系推理的充分性。在相关影响的机理分析时要考虑影响条件的充分性。例如，在分析降水与云量的关系时，虽然降水来自云，但有云未必有降水。这一点在分析云量与降水的关系时要加以注意。

9.2.4 相关影响的过程分析

地理要素之间的相关影响存在着一个变化过程，对这一影响过程的分析是揭示地表过程的重要部分。

1）相关影响的空间变化过程

相关影响的地表过程分析是反映影响方式的重要方法。例如，在研究河流溯源侵蚀过程时，要分析侵蚀速率随时间变化的原因，阐述溯源侵蚀变化过程对河流下切和旁蚀的影响。再如，景观生态研究核心为景观格局与生态过程的关系分析，在分析景观格局变化时应该着重注意。再如，利用同流量水位沿程变化研究河口演变对黄河下游河道影响的问题，需要先说明能否用同流量水位沿程变化确定溯源冲刷（淤积）的距离，能否用三角形的同流量水位沿程变化说明河口演变对黄河下游河道的影响。如果要理清这一问题，需要确定来水来沙条件和河口变动分别对每个断面的淤积/冲刷厚度或水位变化贡献了多少，因为黄河下游河道冲淤同时受来水来沙条件的影响和河口演变的影响。有了二者贡献的大小，才能确定溯源冲刷/淤积影响的范围，才能确定各河段冲淤是沿程冲刷（淤积）控制，还是溯源冲刷（淤积）控制。

2）相关影响的时间滞后过程

地理要素之间的相关影响往往会有时间上的滞后。例如，气温变化对夏季 NDVI 的影响时间在中国各地区是不一样的。对这种时间滞后影响过程，不仅要有统计上的分析，还应从原理上解释。再如，通过多元统计，探讨降水量、温度、海拔高度和距离等与$\delta^{18}O$的关系，或者通过降水量调整等探讨$\delta^{18}O$的季节变化和空间变化。降水、气温对植物的影响存在滞后期，要说明最大响应滞后的时间及是如何设置起始时间的。

3）相关影响的环境变化过程

在地表环境相关影响的过程中，环境背景往往会出现变化。例如，云南因其特殊地理位置，在汛期的不同时期受到南亚季风和东亚季风的交互影响，不宜只简单地将极端降水出现站次的多少与夏季风的建立早晚联系，应结合研究区环境进一步加以说明。判断夏季风是否建立，以及建立的早晚需要多种指标共同分析，与极端降水事件出现站次的多少并无简单的一一对应关系。

4）相关影响的先后形成过程

在分析地表要素相关影响的过程时，要注意分析各要素出现变化的先后过程。例如，在研究黄河口与无潮点的因果关系时，要注意：黄河口外的无潮点相对固定，但黄河口的流路却频繁变化。无潮点位于神仙沟流路外侧，但目前的清水沟流路离无潮点较之前期的神仙沟流路距离无潮点要远，可见黄河改道流入清水沟流路并非受无潮点吸引所致。同时，从黄河口外海域流速场的分布资料看，两个高值中心并不与无潮点重合。所以无潮点的分布应与海岸地形有关。黄河三角洲向海突出是在那里形成无潮点的原因之一，而不是因为有了无潮点才将黄河口"吸引"到了那里。

9.2.5 相关影响的环境背景

使用在不同地区、不同空间尺度得到的相关影响结论应该谨慎。例如，从全国性站点得到的降水与高程关系用于具体地区，其结论往往是不正确的。

1）河道环境的背景

在分析河道采砂对河道的影响时，要考虑河道输沙量在近几十年的变化，且必须考虑这些变化对河道冲淤是否有影响，因为这关系到河床采沙总量的计算。

2）道路环境的背景

土壤环境质量受交通道路环境影响很大。例如，不同等级的公路其沿线土壤重金属的分布规律截然不同。在无路边绿化带时，公路两侧土壤重金属的分布往往呈指数衰减变化，重金属的最高含量出现在离公路最近的土壤中；在有路边绿化带时，由于受两侧绿化带的影响，两侧土壤重金属的分布往往呈抛物线型分布，重金属最高含量出现的位置距离公路较远。

3）水利工程的背景

在进行水库拦沙效应分析时，对水库控制面积要交代明确。水库的控制面积一般统计的是修建水库时的面积。但当水库上游再修建水库时，原来的水库控制面积便相应减少。由于同一流域内往往建有多级水库，若控制面积不作相应处理，便存在面积累加的现象，使统计的水库控制面积远大于每一水库的实际控制面积。水库库容在累加过程中，也因水库的淤积而减小。如果没有对水库累积库容因淤积而减小的情况作处理，会造成计算的淤积率偏大。

4）地下水位的背景

研究植物群落结构或物种多样性时，除了要考虑气候的因素，还要分析地下水位的影响，因为地下水位下降会导致地表植被的破坏。即使进行生态补水，当补水高度达到原来的水位时地表植被也未必能很快恢复到原来的植被状况。因此，在研究生态补水和具体植被恢复过程的关系时，要分析植被恢复的演替格局，找出影响植被恢复的主要因素。

采用多样性指数应列出相关文献出处。例如，对于含参数 Hill 多样性指数应重点说明，指出该指数在定量反映地下水位与物种多样性之间耦合关系的意义。

5）湖相沉积的背景

湖泊沉积环境的变化受多种因素影响。例如，湖泊沉积粒度与入湖河流水动力、样点所处的位置（湖心、湖滨、三角洲）、流域植被盖度，风力等因素的影响有关。

6）地形起伏的背景

气候变化受地形的影响，如山脉体量、河谷走向、高原面与盆地分布等的影响明显。例如，云南的地形起伏变化大，应该对地形这一影响因素进行分析，得出在空间上更具体的气候带变化规律。

7）河流流量的背景

分析环保需水量的约束条件，应根据研究区域主要污染物项目核算氯化物指标的自净需水量。该方法的应用受自然条件的制约明显。对于河流流量较大，即环境容量较大，而且现状河流水质环境容量未饱和的河流，可以根据河流环境容量推算允许排放量，而不是根据排放量推算环境需水量。对于基本生态水量很小的河流，只能是严格控制污染排放，而不是通过加大水量用于稀释污水。

通常计算一个流域或区域的生态环境需水量要以该流域的多年平均径流值为约束条件，即生态环境需水量应小于或等于该流域的多年平均径流值，否则就是不合理的。

8）水质样本的背景

分析水体的化学元素时，要分析水质样地的地理环境，包括：水源、沉积物类型、工业排放、农业施肥和湖区养殖等。

9.2.6　相关影响的程度排序

在地理要素相关分析中，要比较不同地理要素在不同地区的相关影响程度，并且按各种要素的影响程度大小，由主要到次要论述。例如，论述气象要素对农作物的影响时，可按照降水、气温、辐射、蒸散等要素对农作物影响的大小程度来排序。

分析影响程度的大小，通常可采用主成分分析、贡献率计算和差异性对比等方法。

1）主成分分析

主成分分析（principal component analysis，PCA）是将多个变量通过线性变换以选出较少个数重要变量的一种多元统计分析方法。又称主分量分析。在实际研究中，为了全面分析问题，往往提出很多有关的变量，每个变量反映的信息大小通常用离差平方和或方差来衡量。

在主成分分析中，要对 F_1、F_2、F_3 主导因子的物理意义及其与环境的关系解释清楚。例如，在分析冰芯中离子含量时，主成分分析显示冰芯中第一主因子仅能解释镁离子11%的方差，而第三主成分却解释51%以上的方差，这是否意味着尽管钙镁离子相关系数达到0.59，但镁离子的来源仍然不同于钙例子。

2）贡献率计算

可以根据自变量标准回归系数大小计算各自变量的贡献率，以此分析主要的影响因素和次要的影响因素。例如，气候条件随经度、纬度和海拔高度等的变化而变化。用纬度、经度、高程三个自变量来模拟气象要素或植被状况，根据自变量标准回归系数的大小可以计算出各个自变量对于气候、植被等环境要素贡献率的大小。

3）差异性对比

应该注意从要素区域分布的相同性和差异性对比分析。例如，在生态环境的多种化学指标中，空间分布的相同性和差异性不尽一致，应通过区域地理环境差异对比找出导致其变化的主要原因。

9.2.7 相关影响的区域差异

有些要素之间的相关关系在不同区域有所不同，地理要素相关影响程度也有区域差异，在论文中应给予阐述。例如，降水与山地高度的关系，在中国东西部地区是不同的。在建立二者之间的关系时，要先进行划区，然后再分区计算相关关系。地形起伏状态对景观的影响也应分区后再讨论。再如，在分析植物生长量、地表径流、农业产量等要素与气温、降水的关系时，如果取全国的气温、降水的均值与全国植物生长量均值进行比较，就会出现相关结果不准确的问题。因为中国地域辽阔，各地气温与降水的年际变化与年内变化都是不同步的，大范围的均值会掩盖地域的自然差异。如果取华北、东北、华东等气温降水相对一致的区域均值分别与某一要素进行对比，相关分析结果才有可信性和科学性。

分析表明，相关关系过于紧密有时也有问题。例如，在河流基流量与雨量的关系式中，当计算结果出现相关系数为0.99，明显不合理。基流量不能完全通过雨量反演。

1）相关影响在不同气候带的差异

例如，研究降水对高含沙水流的影响时，应结合不同气候带植被变化来说明，使论据更为可信。再如，人类活动引起的气溶胶和各种污染物的增加是气温日较差减少的主要原因。由于西北地区工业和经济欠发达因而相应的气溶胶及各种污染物排放相对较少，故干旱区夏季气温日较差与蒸发皿蒸发量的完全相关系数较小，而湿度成为一个相对重要的影响因子。还有青藏高原不适宜用NDVI反推降水，因为高原NDVI受气温影响很大。

此外，中国多数地区降水变化引起的旱涝灾害对农业的影响远大于气温变化对农业的影响。气温影响超过降水的地区主要有：①南方降水丰富的丘陵区；②依靠冰川融雪灌溉的西北绿洲；③青藏高寒地区。

2）相关影响在不同下垫面的差异

例如，降水对湖泊水面的变化幅度会随着湖岸地形而变化。湖水涨落时，缓坡区的变化幅度比陡坡区大。再如，在植被变化原因分析中，影响植被指数的影响因素很多，在植被稀疏的西北地区应用植被指数表征植被覆盖度存在问题。因为不同质地、含水量、含盐量的裸地的 NDVI 存在差异，有时其 NDVI 值高于稀疏植被区域的 NDVI。

还有，研究植物种类对生物量的影响，要考虑植被覆盖度的影响。由于林分密度不同，林分蓄积量（生物量）会有很大的差异。以林地面积为权重，由样本推算总体的生物量时，应考虑林分密度的影响。

3）相关影响在不同河段的差异

河道淤积对河道的影响分为：上游沿程淤积对河道的影响、河口溯源淤积对河道的影响。所以要考虑河道变化是自上而下还是自下而上发生变化。例如，分析水库修建后下游河道的变化时，不仅要分析河道的横向变化，还要分析河道的纵向变化。再如，分析河段的冲淤程度时，应对河流不同河段的差异做进一步说明。

4）相关影响在不同城市的差异

研究城市环境的变化时，要分析该类变化不同类型城市的差异。例如，城市热岛效应在南方城市和北方城市、低海拔城市与高海拔城市、大城市与小城市的影响是不同的。

5）相关影响在不同尺度的差异

尺度转换是为了利用某一尺度上所获得的信息来推测其他尺度上的现象，不同尺度下影响土壤侵蚀的主导因素可能不同，不同尺度下侵蚀主导因素的变化是尺度转换的主因。如果将水文站观测数据向 $1\,000\,km^2$ 和 $10\,000\,km^2$ "标准面积"进行尺度上推和下推时，尺度校正公式中应考虑降水、下垫面等变化因素。例如，研究流域侵蚀产沙模数尺度效应时，应明确尺度转换方法和参数的物理意义，并给出尺度缩放过程中影响侵蚀的相关因素。

9.2.8 相关影响的时间差异

地理要素相关影响还具有时间区域差异，在论文中也应给予阐述。

1）不同季节的差异

例如，研究大气中二氧化碳与水分含量的关系，应该考虑季节变化的影响，因为含水量的季节变化更大。再如，利用 NDVI 分析植被年际变化时应该将非生长季节的数据剔除。还有，数据采样的季节要一致。中国很多地方降水主要集中在 7~9 月，如果用其他月份的数据计算降水对土壤含水量的贡献率，会产生一定的偏差。

2）不同时代的差异

不同时代的人类活动背景是不一样的，在相关影响分析中应注意考虑。例如，在讨论太阳活动对降水的影响时，要考虑到越接近现代，其关系受其他因素的干扰越大。降水的空间分布取决于大气环流的模态，后者又受温度的控制，而温度变化与温室气体浓度变化密切相关。受人类活动的影响，1830 年之后温室气体浓度急剧升高，对温度及降水变化的影响不能低估。所以不应说 1830 年之后太阳活动对降水的影响较弱或者基本不存在。

3）时间分辨率差异

恢复古气候的方法很多，在实际工作中往往使用多种方法相互补充。但在应用中要考虑到不同类型资料的时间分辨率问题。

9.3 相关影响研究的常用方法

进行地理要素相关影响分析研究中要有明确的实证分析、机制和机理解释，且需要各类数据分析和研究技术支撑。不同要素的相关曲线分析是主要研究方法之一。

9.3.1 相关影响的曲线分析

利用相关曲线分析可以直观地获得地理要素间相关影响的实际过程，并进行回归模拟分析。

按照曲线所代表的数据类型，相关曲线包括变化过程曲线和回归模拟曲线。相关曲线的表现形式可分为三种：变化过程曲线（一点一线）、回归模拟曲线（二点一线）、多点回归模拟曲线（多点一线）。

1) 变化过程曲线分析

变化过程曲线分析是将某一处观测站点随时间变化的数据用曲线图显示出来。在这类相关曲线图组对比中，可以直观反映观测数据的年际变化、季节变化或昼夜变化。

在进行不同曲线的对比时，要尽量使横坐标的长度和比例一致。对图中相关变化的转折点、相关值等关键数据要在图上标注并且在文中予以说明（具体可参照图9.1）。在标注时最好用竖线或灰色柱体标出对应的时段，例如，"气温高值期""极小值期"等，也可以将曲线的变化与相关影响事件联系起来（图9.2）。

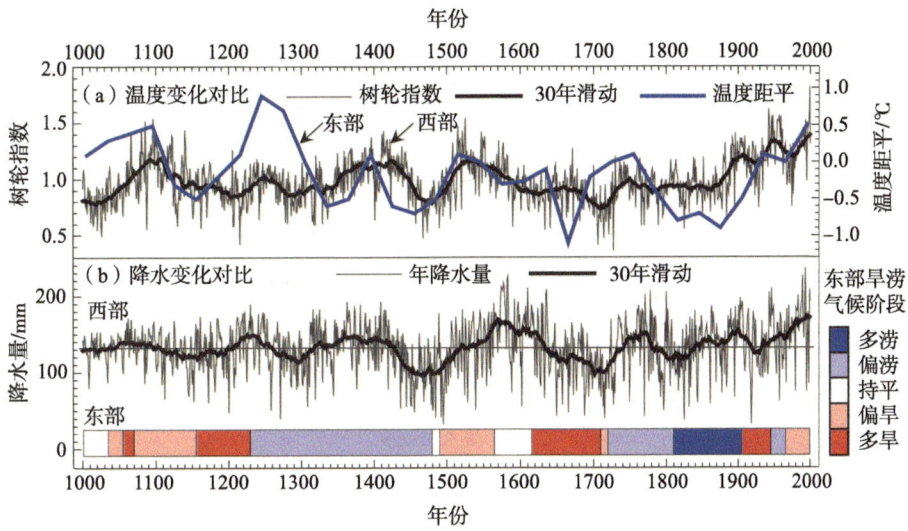

图9.1 相关要素变化曲线对比举例：中国东、西部气候变化的对比（郑景云、王绍武，2005）

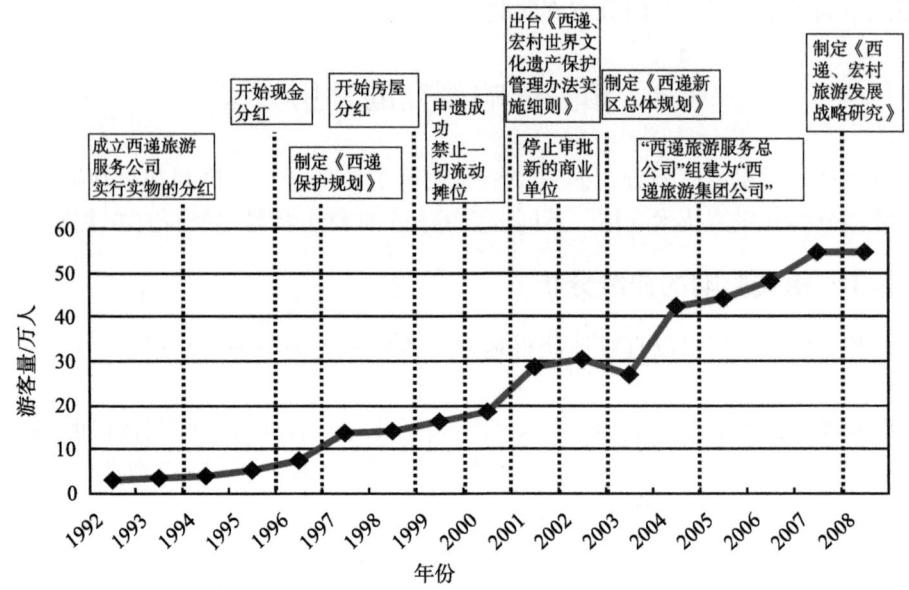

图 9.2 变化过程曲线分析举例：1999~2008 年西递景区游客量及
关键性事件（保继刚、林敏慧，2014）

2）回归模拟的曲线分析

研究一个地理要素对另一个地理要素的影响，可采用相关回归分析法。相关分析曲线的坐标通常是以自变量当横坐标，因变量当纵坐标（图 9.3）。例如，在分析地层和土壤剖面时，有时为了更直观地表现沉积物结构或化学元素随地下深度变化而改变的过程，也常用地下深度为纵坐标，以沉积粒径或元素浓度为横坐标。

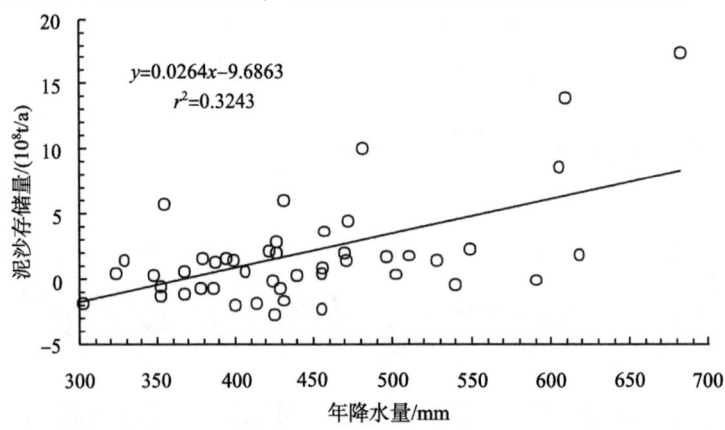

图 9.3 相关影响的回归模拟举例：黄河河口镇 – 龙门段泥沙存储量与
年降水量的关系（许炯心，2009）

相关分析的目的在于检验两个随机变量的共变趋势，在相关分析中，两个变量必须都是随机变量，如果其中的一个变量不是随机变量，就不能进行相关分析。

回归分析的目的则在于对因变量的预测。回归分析，其中的因变量肯定为随机变量，而自变量则可以是普通变量（有确定的取值范围），也可以是随机变量。如果自变量是普通变量，采用的回归方法就是最为常用的最小二乘法。如果自变量是随机变量，应考虑到计算的目的。在以预测为目的的情况下，仍采用"最小二乘法"；在以估值为目的（如计算可决系数、回归系数等）的情况下，应使用相对严谨的方法。例如，主轴法、约化主轴法或 Bartlett 法。在回归分析时，应说明拟合度 r^2。再如，描述降水量对退水流量的影响，只画降水量和几个流量点的关系，不能清楚表达它们之间的关系，而应把不同降水量下的退水过程画出来。还有，分析地层孢粉时，应绘出孢粉随地层变化的曲线图谱。对依据沉积物化学成分等做出的气候转换曲线，其转化方法要有文献根据。

有的地理要素变化会对其他要素的多种指标产生影响，可以利用多种曲线显示各种指标变化的特征（图9.4）。

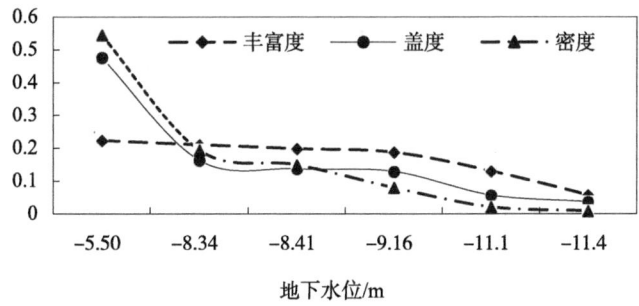

图9.4　相关影响的多种指标举例：塔里木河下游水位与植被特征变化曲线（陈亚宁等，2003）

3）多点数据的回归模拟

将不同地区、不同流域的相关数据合成在一张相关回归模拟曲线图上，可以显示出相关影响的总体趋势。在这类相关影响模拟曲线图中，不同地区的数据可以用数字表示或用不同类型的点状图例显示。例如，在分析工业化对城市化发展的影响时，可将不同城市的相关值标绘在一张图上，以此建立相关关系（图9.5）。

再如，在分析相关影响出现在一个大流域中的多处小流域，可将不同小流域的数据值在曲线图中采用不同符号标识。建立多测点数据的自变量与因变量的相关曲线。在这类相关曲线图中，不同观测或采样点的数据用不同图例标注（图9.6）。

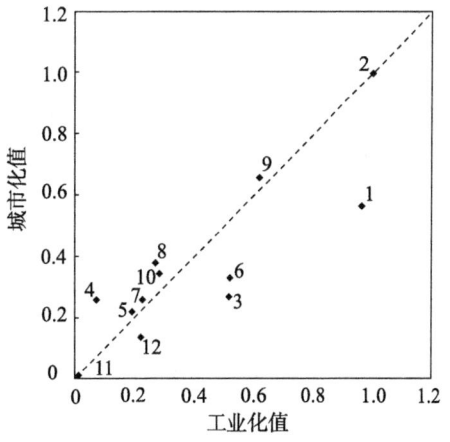

图9.5　相关影响的多点分析举例：2007年新疆铁路沿线12个城市的同步性指数（卢思佳等，2009）

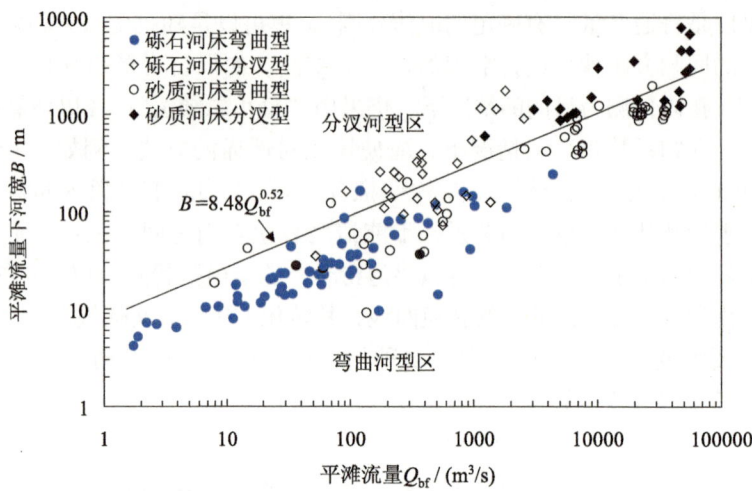

图 9.6 相关影响的多点回归分析举例：平滩流量下河宽与流量的关系（许炯心，2004）

9.3.2 相关影响的地图分析

利用相关影响要素的空间分布对比，可直观反映出要素之间的影响作用。

1）影响要素的空间分布对比

将相关影响要素的分布位置标绘在地图上，可以反映相关影响产生的对应关系和空间差异。例如，用植被、土壤、农田等的分布与降水、气温、高程等分布图进行对比。再如，分析岩性对水化学的影响，最好绘出研究区岩石类型和水化学类型分布图。还有，分析交通条件对城市发展时，可以将各类交通线路与城市分布标绘在地图上（图9.7）。

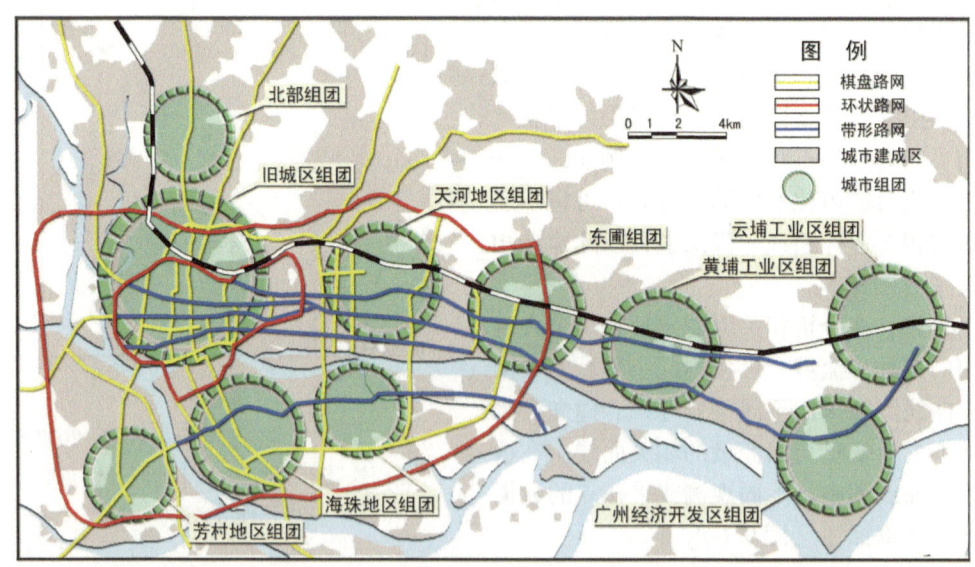

图 9.7 相关影响的空间分布对比举例：广州城市空间格局与交通路网（闫小培、毛蒋兴，2004）

2) 影响要素的空间变化过程对比

区域经济地理布局的主要影响因素在不同时期有所不同。将不同时期的各类相关影响因素的分布变化在地图上进行对比，可以反映不同时期主要影响因素的改变。例如，早期的城镇往往沿着江河分布，而近代城市的扩张与公路的发展密切相关。

9.3.3 相关影响的表格分析

研究不同样点的物理、化学、生物特征时，要考虑到样地下垫面差异对样点的影响。可以通过表格列举样点的下垫面影响因素的差异（表9.1）。

表9.1 相关影响的表格分析举例：伏牛山南坡各土壤剖面的主要成土条件（马建华，2004）

剖面	地点	海拔/m	植被类型	母质
S1	对凹沟村北200m	550	疏林+灌草丛	下蜀黄土
S2	三里壕村西南100m	675	针阔混交林	花岗岩残积物
S3	东坪村西100m	900	落叶阔叶林	片岩残积物
S4	西地村北500m	1 000	针阔混交林	花岗岩残积坡积物
S5	鸡角尖西南1 000m	1 500	针阔混交林	花岗岩坡积物
S6	鸡角尖南200m	2 000	箭竹林	花岗岩残积坡积物
S7	鸡角尖	2 212	针叶林+灌草丛	花岗岩残积物

9.4 各类地理要素的影响因素

对影响地理要素变化的各种自然因素与人文因素要全面分析阐述。

自然因素主要包括：气候、地貌、水文、植被、土壤等5大要素。人为因素主要包括：人口、工业、农业、旅游、交通、土地利用等6个方面。一般来说，自然因素往往是先天的、长期的，并且很多是难以改变的；而人为因素通常是后天的、近期的，并且多数是可以改变的。

在各类影响因素分析中，最好按照影响因素的重要程度依次论述。

9.4.1 气候变化的影响因素

在气候变化的影响因素中，主要应分析地理位置、大气环流、地形条件、下垫面类型、人类活动、天文因子等的影响。

（1）地理位置的影响。包括经纬度、距海远近等的影响。

（2）大气环流的影响。包括季风变化、副热带高压、北极涛动等的影响。例如，平均风速的变化与全球变暖背景下亚洲冬季风和夏季风变化有关。

（3）地形条件的影响。包括海拔高度、坡度坡向、山系走向等的影响，如山脉对冷暖空气的阻挡。例如，影响地表辐射变化的因素。坡面总辐射的构成成分与平地不同，平地总辐射的构成为：直接辐射+散射辐射，而坡地总辐射由3部分构成，即直接辐射+散射辐射+周围地形反射过来的太阳短波辐射。在不考虑地形影响的情况下应用关系式拟合平地太阳总辐射比较合适，但在坡度、坡向、地形遮蔽等条件影响下用此关系式则不太合适。再如，地貌条件（高程、垭口、河谷）是影响风速的重要因素。

（4）下垫面的影响。包括地表植被类型、植被覆盖率、地表物质类型等对局地小气候的影响。

（5）人类活动的影响。包括城市热岛效应等。例如，人类活动所造成的气溶胶及其他污染物的增加会引起气温日较差的减小。

（6）天文因子的影响。包括太阳常数、日地相对距离、太阳赤纬、太阳高度角、太阳方位角、太阳时角等全球性大尺度的影响因素。

9.4.2 地貌演化的影响因素

（1）气候对地貌变化的影响。例如，气候变化造成的冰川萎缩有两种形式，分别是退缩和冰川厚度减薄。

西北内陆湖泊的积水来自冰雪消融，在无人为活动影响时，水体的大小取决于河流源头冰雪融化量，关键问题是冷期的融化量大，还是暖期的融化量大，需要做出定量分析。

（2）水文对地貌变化的影响。研究入海泥沙对河口地貌的影响，通过分析海洋沉积物类型及区域分异可以综合反映泥沙来源、动力条件强弱、地形部位与侵蚀堆积状态对沉积物分布、特征及沉积过程的影响。而沉积物特征分布特点及相关的沉积过程，必须通过采样和动力条件的分析才能了解。

研究河道冲淤变化时必须考虑到其他多种原因，例如，流量、含沙量、河型、河势、流态、河道坡度、河道断面和海平面变化等。

（3）人类活动对地貌变迁的影响。包括：围湖造田对湖泊的影响；挖砂筑堤对河道的影响；人工建坝对海岸线的影响；道路修建对山坡的影响等。

但不是所有自然灾害都是自然因素和人为因素综合作用的结果。例如，滑坡、泥石流等自然灾害的产生就是纯自然因素作用的结果。

河流沉积物分布特征的动力过程要分析中上游来水来沙的影响。

（4）洋流对河口地貌的影响。河口水下地貌受河流入海泥沙和洋流的综合影响。因此，在研究河口水下地貌时，应该从河流的径流变化、悬沙输运和近海的沉积底质、海流数据来探讨。

河口沉积物粒径主要受洋流、河流入海径流含沙特征、大陆架坡度等因素影响。潮流是海底泥沙运移的主要动力因子，但在离岸相对较近的浅水海域，波浪动力和夏季台风的作用也是应该考虑的重要动力因素。

9.4.3 水文变化的影响因素

导致河道泥沙变化的原因十分复杂。森林砍伐、水利设施拦截、河道宽窄变化等应以实测数据为准。最好附以紧邻水文站的来沙量历时过程。

对河流径流变化、地下水位变化等水文要素的影响因素讨论要考虑5个方面。

1）气候变化对水文的影响

在中国东部水体变化中，降水是径流和湖泊面积变化的主要气候因素。在分析降水条件对径流的影响时，不仅要考虑当地降水，还要考虑上游降水。

气温对径流的影响，在中国西部青藏高原和西北干旱区水体变化中，不仅要考虑降水，而且要分析温度变化。因为西部山地有大量的冰川覆盖，气温的增加导致冰川融雪并带来融雪径流。冰川对流域水文的影响，主要取决于流域内冰川面积的大小。当流域内的冰川覆盖率超过5%时，冰川融水对流域径流及水量平衡起到显著调节作用。冰川覆盖率的数据可利用《中国冰川目录》是在标准规范下完成的。

降水、泥沙来源、粒径是导致水流含沙量高的主要因子，而站点控制面积仅仅是个尺度因子，随着汇流面积的增大，一般来说各类水文因子的均化都得到加强。

2）地貌变化对水文的影响

地貌变化对水文的影响主要表现在河流断面对径流的影响、湖滨坡度对湖水面积变化的影响等。

（1）河流断面的影响。要分析上下游其他断面情况对径流、泥沙及水位的影响。

（2）湖滨坡度的影响。湖滨坡度越小，降水来水变化对湖面变化的影响越大。

3）地表覆盖对水文的影响

湿地是一个系统，该系统整体的需水量即应包括湿地本身的储水量和维持生物生长的补充水量。在地下水及土壤储水量分析中，无论地表水是处于最低值还是最高值，只要地表有水时，土壤均处于常年饱水状态，地下水位基本不发生变化。因此，地下水位不存在最低、最佳和最高水位之分，也不必采用非饱和土壤层平均厚度进行计算，只需计算土壤水即可。对于常年有水的水面、季节性水面和草甸、耕地。计算地下水储水量应有针对性地分类进行。

4）人类活动对水文的影响

流域大部分出山径流及平原区水文过程受人类开发利用强度的影响。地下水更新快慢对水资源利用、水质变化、水环境保护产生影响。例如，对于河流基流估算结果及其变化特征的分析。一是应该分析基流估算结果说明了什么，这种突变、周期反映了什么；二是基流的变化对水资源及生态产生了多大影响；三是影响基流变化的自然和人类活动因子是复杂的，既受时空控制，也有多种影响因子干扰，需要尽可能定量地、全面地分析各种影响因子是如何作用的。这类影响主要表现在农田灌溉、工业用水、生活用水和河道采砂等的影响。

（1）农田灌溉影响。要分析农田面积、作物类型、灌溉方式的变化。

（2）工业用水影响。要考虑到产业规模、类型、节水措施等方面的变化。

（3）生活用水影响。要分析人口数量、用水方式的变化。

（4）河道采砂影响。要说明采砂的位置、数量及其对过水断面的影响。

河道采砂对河水的水位会使非潮汐河流水位降低，但感潮河段水位一般不会降低，除非是河流径流量减少，减弱了对潮汐的顶托作用，才能引起水位降低，不然的话水位是不会降低的，因为感潮河段的水位受控于基准面；在上游来水没有减少、基准面没有变化的情况下，采砂对水位是不会产生影响的。在感潮河段采砂要影响到水深、河流的宽深比。

5）水利工程对水文的影响

分析水坝修建对湖泊水位的影响时，要从两个方面分析：一方面水坝修建后，由于蓄水、上游引水等工程的修建减少了下泄水量，致使下游湖泊水位降低；另一方面，通过大坝调节作用，在干旱年份加大下泄水量，抑制下游湖泊水位的持续下降，使下游湖泊水位变幅趋于平缓。

在研究水库对泥沙的影响时，要注意不同水库的拦沙效果不一样。如果上下游不同水库的拦沙曲线的形态完全一样，则某站的情况完全控制、或代表整个流域的情况，实际上不同水库的运用方式往往是不一样的，大部分水库在运行一段时间后会逐渐达到平衡，这时它们的下泄沙量也会有所增加，不可能始终如一地减下去，在预估来沙状况时应予以考虑。既要看到随着水库修建，来沙进一步减少，也要看到依靠下游河道的冲刷来恢复平衡，当然这需要有一个过程。

有些干旱区湖泊不是靠地表径流补给，而是依靠地下水补给。

9.4.4　植被变化的影响因素

在研究植被与环境因子之间的关系时，最重要和最常用的方法是传统的植物群落学方法，特别是建立在野外样方调查基础上的植物群落分类和群落排序方法。运用 GIS 方法进行这类研究时，应该与地面植被调查数据或者高质量的遥感解译工作相结合。

1）气候变化对植被的影响

要分别考虑区域和高度的差异，分别计算不同高程地点气候变化对植被的影响程度和相关数据。

2）人类活动对植被的影响

中国很多地区的森林生态系统长期受到强烈的人类活动干扰，以次生林、人工经济林为主。因此，其森林生态系统的各优势乔木群系的空间分布不仅仅受环境因子的制约和对环境因子的适应，在一定程度上也反映人为影响。

3）城市扩展的影响

在讨论城市扩展通过何种环境要素变化对植被的影响时，应定量分析城市小气候的变化、城市地下水位的变化、城市大气或水污染的变化等多方面的影响。

9.4.5　土壤变化的影响因素

土壤中 8 大离子受随机因素影响明显，可分为结构性离子和随机性离子。地下水中 8 大离子受环境的影响比土壤中受的影响小得多。因此最好根据不同离子的半方差分析结果判断是结构性离子还是随机性离子。

1）土壤温度的影响因素

对青藏高原地温的影响因素，要全面考虑纬度、海拔高度、坡向、局部地热等因素。

2）土壤环境的影响因素

燃料燃烧降尘和汽车污染也是土壤 Pb 污染的重要来源，不能仅仅从化肥施用量增长就判断化肥是 Pb 污染的主要来源。

3）土壤 CO_2 排放的影响因素

探讨土地利用变化对土壤 CO_2 排放的影响，应分析土地利用变化的时段。例如，天然林转变为柑橘园和坡耕地所需的时间、人工林的生长时间。如果经过了较长的时间（比如 10 年以上），那么它们已经基本上达到了稳定状态，只能说是不同的土地利用类型，而不能说是土地利用变化。

9.4.6 环境化学的影响因素

在对土壤、地表水、地下水等环境元素进行化学分析时，重点是对 K^+、Na^+、Ca^{2+}、Mg^{2+}、SO_4^{2-}、Cl^-、NO_3^-、CO_3^{2-} 等 8 大离子和 pH、硬度的分析。要充分说明各类化学离子和环境化学指标所反映的环境意义。讨论这些指标的空间分布规律及其原因。

1）植物对环境化学的影响

植被覆盖度、植物种类会对土壤有机碳氮分布产生影响。例如，在讨论蔬菜砷含量的分布趋势中，要考虑到不同种类蔬菜对砷的富集系数不同，要分析导致这一空间分布趋势是由于种植结构的差异，还是土壤砷含量的差异，或者是由种植方式及区域环境差异等因素影响。

2）土壤对环境化学的影响

例如，在分析不同采样地点土壤的重金属元素含量状况差异时，不同土壤类型及其某些性质对重金属元素吸附与释放是重要的影响机理之一。

3）降水对环境化学的影响

应该探讨大范围降水过程中 $\delta^{18}O$ 的空间分布及其影响因素。要列出 $\delta^{18}O$ 分析和处理方法的参考文献。列出每个监测点的年降水量。

研究流域内 $\delta^{18}O$ 变化的降水量效应、温度效应及海拔和距离效应时，应该针对原始数据，分季节统计讨论 $\delta^{18}O$ 的变化及其原因。

4）海洋对环境化学的影响

长江口 C、N 分布与近海赤潮等海洋环境质量有重要关系。因此，在讨论 C、N 分布时必须进一步讨论和近海环境质量的关系。

9.4.7 农业布局的影响因素

农业发展受自然与人文多种因素影响，因为农作物产量不仅依赖于降水、气温等自然条件，也与灌溉、施肥、品种改良等人为因素有关。而作物种植面积的调整在很大程度上受经济效益的影响。

1）气温对农业的影响

应该用年平均气温或积温确定相关的气温指标来分析气温对农业的影响。例如，应该给出作物种植的北界范围变化或某一积温指标向北部扩展的界线；在讨论冬小麦面积与气温关系时，应该与冬季气温比较；在讨论玉米与棉花面积与气温关系时，应该与夏、秋季气温相比。应分别说明初霜日、终霜日对哪些农作物有影响（如某些农作物北界、海拔上限、主要受灾类型等），主要影响区域（可引用相关文献）。对初霜日、终霜日的空间分布（纬度、高程）应该有定量的分析结果。

2）降水对农业的影响

农作物产量一般随作物生长季期间降水的增加而提高，但降水过多产生洪涝等自然灾害时，也会大幅度地降低农作物产量。

3）人类活动对农业的影响

人类活动对农作物产量的影响包括：土地利用方式的改变、种子改良、肥料使用、水利工程、灌溉面积和薄膜育秧等。

第 10 章 分级分区类论文的写作

地理学分级分区类论文的特点是依据一定的地理要素评价指标，对研究地域进行等级和区域的划分，并以此揭示地理要素的空间分异规律。

分级类论文涉及的专业很多，主要包括环境分级、水质分级、土壤有机质分级、城市规模分级和植被生产力分级等。

分区类论文研究的范围很广，主要包括气候分区、地貌分区、土地利用分区、旅游景点分区和经济区划等。

与分级分区相伴的还常常有分类研究。包括：①在分类基础上分级；②依据分级结果进行分类；③通过分类进行分区；④将分级、分类、分区相互结合进行研究。

分级分区类论文主要包括三方面内容：①建立科学、合理的分级和分区标准；②依据各级各类指标对研究区的地理要素进行区域划分；③对分级、分区的结果进行系统和全面的分析。

10.1 分级研究的要点

分级研究的写作主要包括三个方面：①选择或建立地理要素的分级标准；②依据单项或综合分级标准对地理要素进行分级；③对地理要素分级的区域差异进行分析。

10.1.1 分级指标的选择

对地理要素分级指标的选择主要有三种方式：①采用国家或国际已制定的有关分级标准；②采用或修订前人已建立的分级标准；③构建新的分级标准。

1) 采用国家或国际已制定的有关分级标准

地理学各专业往往存在不同的分级、分类、分区标准。在进行分级研究时，首先应该尽量采用国家正式颁布的国家标准和国际学术界通用的标准。这样可以保证分级结果的科学性，并且有利于对比全国不同区域的分级特征和差异。

国家有关部门已经为有关地理环境要素的分级制订了一系列的评价分级标准（表10.1），这些指标是依据前人在大量研究基础上制定的。国家有关部门制定的地理要素分级标准一般都可在相关网站上查询。例如，中国标准网（http://cx.spsp.gov.cn）、国家气象标准化网（http://standard.cma.gov.cn）、中国环境标准网（www.es.org.cn/cn/index.html）。

2) 采用或修订前人已建立的分级标准

采用前人的分级指标时，要用参考文献标注出处，并说明选取该分级标准的依据。如果修改了前人采用的评价指标，应该简要说明自己对评价指标做了哪些方面的改变，以及改动的理由。

表 10.1　国家有关部门制订的地理要素分级标准文献

专业	标准编号	标准名称	编制者	出版社	出版年
气象	GB/T20481—2006	气象干旱等级	中国气象局	中国标准出版社	2006
	GB/T 19201—2006	热带气旋等级国家标准	中国标准化管理委员会	中国标准出版社	2006
	GB/T20484—2006	冷空气等级	中国气象局	中国标准出版社	2006
	GB/T21987—2008	寒潮等级	中国气象局	中国标准出版社	2008
	QX/T 88—2008	作物霜冻害等级	中国气象局	气象出版社	2008
		全国风能资源评价技术规定	国家发改委、国家能源局		2004
	GB/T18710—2002	风电场风能资源评估方法	科学技术部、国家电力公司	中国标准出版社	2002
植被	GB19377—2003	天然草地退化、沙化、盐泽化的分级指标	农业部	中国标准出版社	2004
	LY/T1721—2008	森林生态系统服务功能评估规范	国家林业局	中国标准出版社	2008
土壤	SL 190—2007	土壤侵蚀分类分级标准	水利部水土保持司	中国水利水电出版社	2007
	GB 15618—2008	土壤环境质量标准		中国标准出版社	2008
水文	GB3838—2002	全国地表水环境质量标准	国家环保总局等	中国环境科学出版社	2003
	GB3097—1997	海水水质标准	国家环保总局	中国环境科学出版社	1998
生态环境		环境影响评价技术导则与标准	环境保护部环境工程评估中心	中国环境科学出版社	2010
	GB3095—2012	环境空气质量标准	环境保护部		2012
		生态功能区划技术暂行规程	国家环保总局		2002
	NY/T 391—2000	绿色食品产地环境技术条件	农业部	中国标准出版社	2000
	NY 5010—2001	无公害食品蔬菜产地环境条件	农业部	中国标准出版社	2001
旅游	GB/T18005—1999	中国森林公园风景资源质量等级评定	国家林业局	中国标准出版社	1999

续表

专业	标准编号	标准名称	编制者	出版社	出版年
	GB/T17775—2003	旅游区（点）质量等级的划分与评定	国家旅游局	中国标准出版社	2003
	GB/T18972—2003	旅游资源分类、调查与评价	国家旅游局	中国标准出版社	2003
	LY/T 1754—2008	国家湿地公园评估标准	国家林业局	中国标准出版社	2008
	GB/T 28405—2012	农用地定级规程	国土资源部	中国标准出版社	2012

3）构建新的分级指标

如果建立自己的分区指标，应对比和分析本文标准与前人标准的异同之处、优势和不足，这样可为今后的相关工作提供借鉴和参考。否则各种评价指标会越来越多，造成各地采用不同指标进行不同方法的评价，难以进行不同区域的比较和数据整合。

评价要素的类型数量应适当，评价要素既不能缺少基本要素，也不宜过多列入非关键性要素。因为评价要素过多会造成评价的可行性降低。

10.1.2 单项指标的确定

选择分级指标的原则是：确有评价意义；易于进行量化；数据方便获取。确定分级指标的方法主要包括：数值定量分级、指数定量分级和专家打分分级等。

1）数值定量分级

数值定量分级方法是直接用观测、实验、统计数据进行评价分级。例如，利用风速划分风力等级。进行数值定量分级时应注意以下问题：

（1）分级数值的替代。有时可用相关定量数值或替代一些难以获取的定量数据。例如，在有些山地环境分级中以海拔高度值代替不同高程的温度值。分级标准一般不宜采用不确定的定性词汇。最好利用表格列出定量分级标准（表10.2）或定性分级标准（表10.3）。

表 10.2 定量分级举例：石漠化敏感性评价指标表（刘春霞等，2011）

敏感性	是否为喀斯特地貌	坡度/(°)	植被覆盖度/%
不敏感	否	—	—
轻度敏感	是	<15	>70
中度敏感	是	15~25	50~70
高度敏感	是	25~35	20~50
极敏感	是	>35	<20

表 10.3　定性分级举例：生态系统生境敏感性分级表（刘春霞等，2011）

敏感度	生态系统类型
极敏感	落叶阔叶林，常绿落叶阔叶混交林，常绿阔叶林
高度敏感	暖性针叶林，针阔混交林，常绿灌丛、典型草甸
中度敏感	温性针叶林，落叶灌丛、灌草丛，沼泽化草甸，水生植被
轻度敏感	竹林，经济林类
不敏感	大田作物，果园林类

（2）采用绝对值分级。分级指标最好采用绝对值，而不采用相对值。例如，确定旱涝等级标准，应该用降水量，而不宜使用距平值的概念，因为在多年平均降水量极低的地方，即使某年降水量超过多年平均降水量较多时，也不大可能引起涝灾。反之，在多年平均降水量极高的地方，即使年降水量少于多年平均降水量，也不大可能引起旱灾。再如，确定寒冬或高温等级，最好采用气温的实际数值而不是相对变化数值。

（3）尽量避免采用公式计算值。有些分级指标最好不用根据数学公式计算出的数值。例如，对极端降雪的标准应该用明确的计量指标，而不是用公式计算，因为如果按照公式计算出来的数值进行分级和分区，很容易在不同区域不同时段里出现不同标准。

2）指数定量分级

有些评价因子难以用数据做直接计量指标，可通过建立指数来进行评价。例如，采用东亚夏季风指数来表征定义夏季风变化。

利用指数进行分级时要说明依据。例如，将 Hill 指数作为反映环境梯度下的多样性指数时，应说明依据。因为任何多样性指数本身只是对多样性结构的度量，并不包含任何环境梯度，只有将多样性指数与环境梯度结合分析才能揭示环境因素与多样性变化之间的关系。Hill 指数本身只是在其参数变化条件下反映的多样性指数系列。

3）专家打分分级

利用专家打分法对环境变化程度进行判定，有一定可信度，但也存在一些不确定性，如变化幅度的比较等。

4）计算机软件自然断点分级

有些研究中利用计算机软件进行数值自动断点分级，在建立分级标准时应进行必要的分级说明。例如，风险区划直接采用 ArcGIS 自带的自然断点分级法时，应该说明依据。同时，对分级指标的数值最好调整为整数值，避免小数位过多。

5）分级需要注意的问题

（1）不同等级评价的指标应该是不一样的。

（2）分级标准的值应该是一定范围的数值，而不是某一数值。

（3）应给出等级值划分的含义，如数值的大小表示什么意义。否则分级的结果让人无法解读。每种指标应依照顺序各用 1 小段文字简要说明选择的依据和环境的指示意义。

（4）评价指标标准的确定应给出理论依据，用"为了研究的需要"表述是不妥当的，应该说明确立评价指标的基本方法。

（5）数值分级标准的科学使用。利用数值进行等级评价时，有些分级指标不能简单地按照数值增减幅度来确定。即不一定是数值越大越好。例如，在土壤肥力质量评价指标中，黏粒含量和pH太高或太低都不好；在森林草原火灾的危险度评价中，降水过多或过少都会降低火灾风险；在农业气候评价中，降水过多或过少都会造成粮食产量减少；在河流航运条件季节评价中，径流量过大或过小都会减少航运量。

（6）选用层次分析法构建评价体系时，虽然层次分析法作为一种经典的分析方法有着合理性，但其中三个层次各因素权重的确定会直接影响模型的分析结果。应说明权重选取的原则与步骤，还要做出相关的灵敏度分析。

（7）建立生态环境评价指标时，要考虑将生态环境背景状况指数离散到区间（0，1）上是否合理，这种处理有时会影响分类结果的精度。要说明对一个综合指标的程度或者强度信息进行分级时是如何处理的。

（8）采用多目标加权函数法，得到每个网格的生态环境背景状况指数，应该考虑各个指标之间的相关性，避免重复计算。

10.1.3 综合指标的计算

地理学很多分区指标是建立在对多种指标综合计算的基础之上的。建立综合评价分级指标应注意三方面：各类单项指标的选择、各类指标权重的确定和综合计算公式的建立。

1）各类单项指标的选择

选择评价公式应该做到：①兼顾各要素的影响；②保证分级的合理性。

2）各类指标权重的确定

各因素权重的确定会直接影响分析的结果。应说明各项指标权重选取的原则与步骤。权重应按不同自然区域确定，而不宜按行政区来定。

例如，在进行"不同土地利用方式下污染风险的综合评价"时，由于涉及不同的土地利用类型，因此污染程度并不等同于"污染风险"，这是由于不同土地利用类型对环境的质量要求是不同的，即评价标准不同。

3）综合计算评价公式的建立

综合计算评价公式应该做到：①兼顾各要素的影响；②保证分级的合理性。

对综合指数及各要素指数的生态环境含义的解释，应阐述各要素主成分变换的生态基础和变换后结果的生态意义或物理意义，否则将陷入机械使用数学方法，犯形而上学的错误。

最好用表格列出综合评价指标的分级标准（表10.4）。

表 10.4 综合评价分级表举例：红河流域各因子危险度划分与赋值（唐川、朱静，2005）

地形		河网缓冲区			洪峰流量		泥石流密度		暴雨天数		综合灾度	
坡度(°)	赋值	干流分级(km)	支流分级(km)	赋值	分级(m^3/s)	赋值	分级(条/100km^2)	赋值	分级(次/40年)	赋值	分级(%)	赋值
0~5	4	1	0.5	4	>600	4	>0.7	4	>10	4	>0.10	4
6~10	3	2	1.0	3	500~600	3	0.5~0.7	3	9~7	3	0.08~0.1	3
11~15	2	3	1.5	2	400~499	2	0.2~0.4	2	6~4	2	0.05~0.0	2
>15	1	4	2.0	1	<400	1	<0.2	1	<10	1	<0.05	1

10.1.4 评价等级的确定

1) 级数的定量划分

分级划分一般在 3~5 级为宜，分级过少难以显示出差异，分级过多则难以发现规律。

应该简要说明等级划分的理由，按影响因子的重要性分段依次说明各级分级、分区指标的选择和分级依据。例如，进行沙尘灾害评价时，不必建立浮尘指数，直接用浮尘日数更能直接说明问题。在利用降水量进行冻融侵蚀程度评价分级时，实际上主要考虑土壤的含水量，而降水量与土壤含水量的关系如何，也应该进行相关的交代，在不同的地区也可能存在不同的关系。因此，如果只利用降水量进行影响因子评价，可能出现与真实影响程度相去甚远的结论。

分级划分指标一般以整数值为宜，尽量不要出现小数位，特别是多位小数位。

评价分级标准不应是单一数值，而应在一定的数值域。例如，<10，10~19，20~29，>30。

各等级之间的量值应该是连续的、不重叠的。

一般植被退化等级的确定应在同一植被类型条件下比较。因此，需要根据已知点标定不同植被类型未退化的、退化的 NDVI 数值。研究不同土地利用方式下土壤重金属含量的分异与污染风险的综合评价，涉及不同的土地利用类型，因此污染程度并不等同于"污染风险"，这是因为不同土地利用类型对环境质量的要求是不同的，即评价标准不同。

2) 分级指标数值的阈值

对分级的上、下限数值要合理确定。例如，确定最小等级的需水量作为河道生态基流量时，应至少达到天然径流量的30%以上。

3) 评价数据的同一采集标准

不同土地利用方式的土壤样品采样深度应一致，这样才有可比性。因为不同深度土层之间，土壤重金属的含量可能有很大的差异，甚至会有数倍的差异。由于采样深度的原因，某种土壤的重金属含量会比其他元素含量高。但这不一定代表着是由利用方式不同引起的，而可能是采样深度不同造成的。

4）农作物不同的植被指数评价指标是不一样的，对这一点，应分别评价说明，或是仅就某一种农作物进行评价。

研究地理要素变化幅度的区域差异，可对变化幅度确定分级指标。例如，分析水土流失变化，可定量划分严重、一般、轻度侵蚀等不同程度地区的面积变化，包括总量变化和百分比变化。

10.1.5 分级结果的分析

对分级结果应进行全面的分析，包括分级结果的空间差异、分级评价的时间差异。

1）分级评价的空间差异

分级研究应该用较大的区域范围做实例研究，以保证评价体系具有一定的要素可比性、区域兼容性和学科可推广性，并且区域内涵盖所分各类、各级区划。

要有涵盖全部类型或等级的要素分布图；对研究结果要通过地图反映出来。一般至少要有1张整个工作区的研究要素分布图，以显示研究对象的宏观分布状况和研究工作数量；至少有1张典型地区的放大图件。

2）分级评价的时间差异

有些地理要素的等级划分会随着季节的变化而改变。例如，计算水沙平衡的输沙流量要考虑到不同年份、不同季节的情况，应该采用不同保证率下的水沙平衡流量法。这是因为径流过程的年内和年际变化，可能导致大部分时间内计算输沙水量大于实际需求量。

再如，计算水质净化需水量，应该依据不同季节和不同年份实际的流域水质污染和净化能力，提出一个基于实际状况的评价体系。要考虑最小月流量能否保障河流水质安全、河流水质最近10年的变化在枯水期的表征，使得计算评价结果具有可靠的依据。

10.2 分区研究的要点

分区研究的目的就是通过不同地区的对比研究，发现和分析地理问题，并给出相关的对策，否则对比分析将没有具体的作用。对于不同的分区方案，要说明相互之间的区别与联系。

对分区的意义和作用要说明。例如，进行区域气候风险评价时，要考虑到各类风险在多数情况下是并存的，降水和气温的极端变化既可以造成简单风险，也可以形成复杂风险。

10.2.1 分区研究的类型

区划是分区研究的主要方法，区划主要包括部门区划、综合区划、类型区划和区域区划等4种类型（郑度等，2008）。

1）部门区划

部门区划以区域中某一成分或要素为区划对象，其针对性强、应用具体。因此，部门区划的种类繁多，如地貌区划、水文区划、植被区划和灾害区划等。

2）综合区划

综合区划的对象是地域综合体，包括综合自然区划和综合经济区划。综合地理要素分区包括：生产潜力分区、土地质量分区和城市竞争力分区等。

3）类型区划

类型区划侧重于对每种类型进行定性描述和指标确定（阈值），进而形成不同的种类。通过地理空间信息单元理论可以将类型单元和区划单元联系起来。

4）区域区划

区域区划是根据一定目的和要求，将相似性的地理信息单元合并，将差异性较大的信息单元分开，从而将整个区域划分成不同子区。

10.2.2 分区研究的方法

1）分区的基本原则

在开展中国自然区划研究中，任美锷等（1961）采用了综合性原则、主导因素原则、发生学原则，以及资源利用与环境整治相一致原则等，赵松乔（1983）提出了综合分析与主导因素相结合原则、多级划分原则和主要为农业服务的原则等（郑度等，2008）。

2）边界的确定方法

区划单元边界界定方法包括主导因素法、叠置法、地理相关分析法、景观制图法、空间统计和人工智能推理等。区划的技术手段也由简单的个人行为、专家会商、指标体系研究，发展到虚拟现实与科学计算、遥感和地理信息系统等广泛应用（郑度等，2008）。

（1）主导因素法通过对区域自然地理环境组成要素的综合分析，选取能反映区域分异的某种指标，作为确定区域界线的主要依据。

（2）叠置法将各部门区划图重叠之后，在充分分析比较各部门区划轮廓的基础上，以相重合的网格界线或它们之间的平均位置作为区域界线。

3）分区的主要类型

分区研究的方法主要包括两种：按地理要素类型进行定性分区和按地理要素等级进行定量分区。

（1）按地理要素类型进行定性分区。定性分类分区就是根据地表特征、地物特征、社会经济特征进行区域划分。例如，利用地貌形态划分山地、平原、盆地；利用植被类型划分林地、灌丛、草地；利用土壤性质进行土壤分区。按类型分区时，一般应采用前人的分区指标。例如，气候、地貌、植被、水文、土壤等自然类型的名称和划分一般应该参照有关专著或教科书。不宜自己另外建立类型名称和标准。

（2）按地理要素等级进行定量分区。定量分级分区就是根据地理要素某一量值等级进行区域划分。例如，按照城市人口数量进行城市规模分区。

4）分区的基本要求

按地理要素类型分区需要考虑以下 5 个方面：分区数量的合理性、分区类型的明确性、分区对象的互斥性、分区要素的科学性和分区指标的综合性。

（1）分区数量的合理性。应适当考虑分区类型的多少，分区过多会使分区地图过于凌乱，分区过少又难以发现区域分异规律。

（2）分区类型的明确性。分类的概念和分类的界定要一致。分类要遵循某一分类原则与指标，是按成因、形态还是其他要素分类，不能混淆。应考虑分类的层次性和系统性。例如，将沉积物粒度分类作为沉积物分类是不妥的，沉积物分类与沉积物粒度分类是两个完全不同的概念；沉积物粒度分类应该选择适合本研究的分类系统。再如，黄土高原与黄土覆盖区是两个不同的概念。黄土高原内一些基岩出露的山地没有黄土堆积，但范围也属黄土高原，而黄土高原外有一些地方出现黄土堆积的现象，但不属黄土高原范围。

（3）分区对象的互斥性。分区的对象类型应该是互斥的。例如，土地利用按生态、生产、生活的功能作为标准来分类，实际上任一地块都可能同时具有这三种功能，这就在逻辑上违背了分类标准必须具有互斥性的原则，在实践上使分类标准无客观性，会造成某一分类对象同时分派给多种类型的情况。

（4）分区要素的科学性。分区要反映区域景观特征。例如，滨海地区河流、湖泊、滩涂和沼泽等自然湿地类型，以及盐田、鱼塘、养殖池等人工湿地类型比较丰富，又含有盐地碱蓬、碱蓬、獐毛、芦苇和西伯利亚白刺等多种特有的湿地植物类型，仅用人工湿地和自然湿地类型分类显然不能有效揭示区域湿地景观分异的特点。

（5）分区指标的综合性。分区指标要全面考虑各种要素。例如，土壤表层属性中的很多单一指标，如酸碱度、CEC等，确实具有地带分布规律，反映了某些成土因素和过程的影响，但这些成土因素的作用尺度是不一样的。不同的指标对这些因素的变化具有不同的响应，所以指标间的分布特征是不一致的，而生态系统分区往往需要相对综合的指标，因为不可能针对不同的土壤属性变化给出不同的区分结果。

5）分区的数据选择

按定量数据等级分区需要考虑数据在时间上的同步性、阈值上的合理性、等级上的适度性、分级指标的科学性等4个方面。

（1）数据在时间上的同步性。采用定量数据作为分区指标时，各种指标的数据来源最好统一采用某一年。如果采用不同年份的数据，应说明年份差异对评价的影响。

（2）数据在阈值上的合理性。分区指标应该是明确的定量数据。例如，在植被分区中，如果用NDVI作为分区标准，应对NDVI通常要给定一个阈值（如：NDVI＞0.05或其他值），因为过低的NDVI不是反映植被，而我国西部大部分地区为低植被覆盖区。

给出植被退化的定义要用相应的地面调查资料来确认，仅仅根据NDVI值的大小来确定退化程度分级是不可行的，因为一般植被退化等级的确定是在同一植被类型条件下进行比较的。因此，需要根据已知点标定不同植被类型未退化的、退化的NDVI数值。

（3）定量分级的多少要适度，分级过多或过少都不利于科学地反映区域差异特点。

（4）定量分级的指标要科学，如果地表粗糙度本身就是由土地利用现状对应换算过来的,就不能将地表粗糙度作为反映土地类型的要素。

10.2.3 区域划分的顺序

区划单元划分方法主要包括"自上而下"的分类法和"自下而上"的聚类法(郑度等,2008)。

(1) 自上而下区划是由整体到部分,主要考虑高级地域单位如何划分为低级地域单位。

(2) 自下而上区划则是由部分到整体。主要考虑低级地域单位如何归并为高级地域单位。自下而上逐级合并的区划方法对于确定低级区划单位具有更确切和客观的效果,是归纳途径进行自然区划的一大优点。自下而上的分区要说明指标选择的方法和意义。例如,用 REOF 做分区标准,如果原则上说用前 6 个 REOF 进行旋转,至少可得到 6 个中心。文中需要说明指标是如何选取的、REOF 是用方差放大旋转还是其他方法旋转、4 个季节各选用了多少特征向量参与旋转、选择这些特征向量的原因。

分区系统具有层次性。分区应该是要素分析研究的结果,而不是前提。一般应先列出分区指标,再讨论区域差异。不宜先分区,然后再讨论区域差异。例如,对大范围区域要注意区内差异,如果整个区域平均,可能会存在一些问题,最好内部再分区进行区域分析。

10.2.4 分区特征的阐述

非地带性的地理要素划分,只能是分区,不能进行分带。例如,水分条件本身是非地带性因素,划分结果只能用"区"而非"带"。

分区特征阐述的要求是:对区域差异要进行全面和系统的分析。例如,各类地貌的高度、高差、宽度和面积等。

10.2.5 分区结果的显示

1) 分区地图的绘制

绘制分区地图能直观、有效地显示区划结果和区域分布范围。

分区底图界线的选择:自然地理分区应该以气候、地貌、植被、土壤、水文条件等自然条件为背景进行划分,而不宜以行政区界线为底图进行划分;经济地理分区通常按行政区域界线作为分区界线。

分区结果的显示可以利用点、线、面三种形式绘制分区地图(图10.1)。①绘制线段作为区域划分的界线;②利用面状色斑显示主要的分类要素分布;③通过点状图例标示各类要素的分布位置。

2) 分区表格的编制

利于表格对比说明各区域的面积、位置、特征等资料,是分区结果最有效的展示(表10.5)。

第10章 分级分区类论文的写作

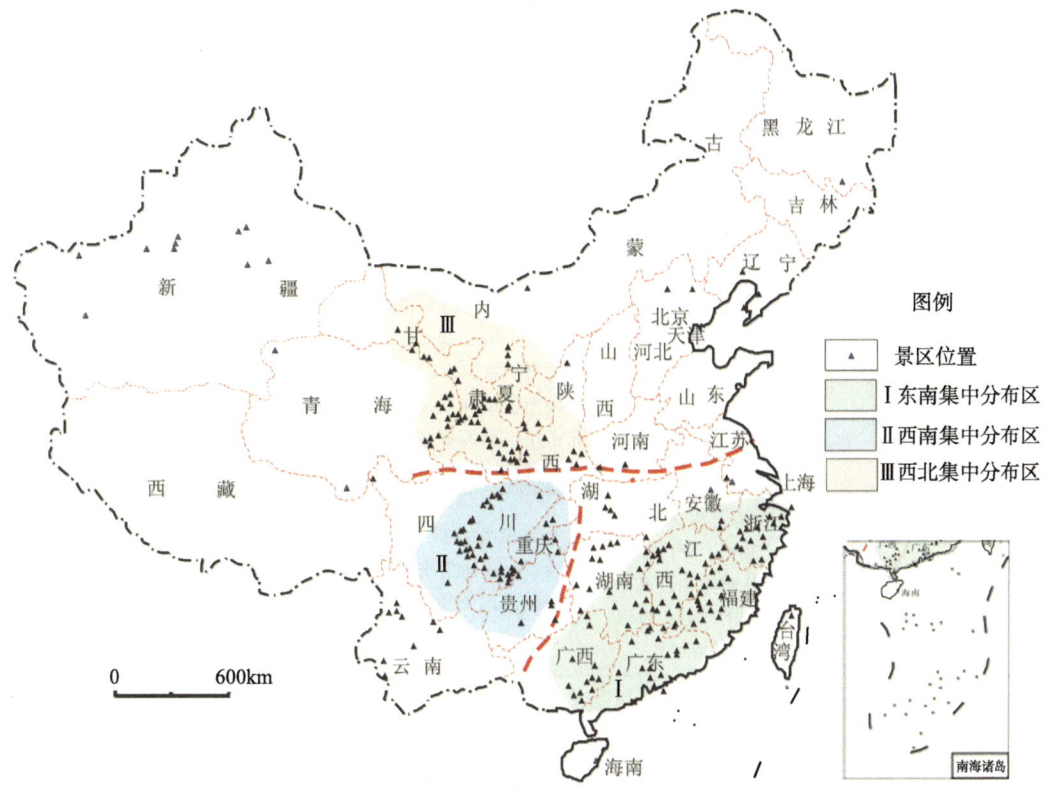

图 10.1 采用点线面三种形式分区举例：中国丹霞地貌分区
（齐德利等，2005）

表 10.5 分区特征表格举例：中国不同土地利用动态区划单元特征（刘纪远等，2009）

区域代码	名称	土地利用主要特点	21世纪初5年土地利用转换动态特征	人口密度	地均GDP
1	东北大小兴安岭林草－耕地转换区	以林地和草地为主，分别占区域总面积的69%和15%，耕地以旱田为主，占全区总面积的12%	以林—草相互转换为主，草地—耕地之间转换次之，5年内草地面积减少4.79万 hm^2，其中草地造林8.28万 hm^2，林地砍伐变为草地6.71万 hm^2；草地被开垦为耕地3.37万 hm^2，同时退耕还林还草2.68万 hm^2	0.20	7.61
2	东北东部林草－耕地转换区	以林地与耕地为主，分别占全区面积的69%与20%，耕地以旱田为主	林地开垦为耕地与转换为草地为主，林地减少面积3.52万 hm^2，其中林地开垦为耕地面积3.63万 hm^2，林地转换为草地面积3.59万 hm^2，同时退耕还林还草2.18万 hm^2	1.12	112.82
3	东北平原旱地－水田交错转换区	东北平原耕地集中分布区，旱田（47%）与水田（14%）分布为主，林地面积占21%	大面积水田转换旱田为，扩展到整个三江平原区，水田向旱田转换净面积17.66万 hm^2，耕地总面积增加4.88万 hm^2，其中草地开垦为耕地面积5.21万 hm^2	2.53	231.07

续表

区域代码	名称	土地利用主要特点	21世纪初5年土地利用转换动态特征	人口密度	地均GDP
4	黄淮海、长江三角洲耕地-城镇转换区	国家重要的农业耕作区,分布全国32%的耕地,旱田(42%)与水田(13%)分布为主,城乡建设用地密集,占全国建设用地的53%	典型的城镇、独立工矿用地扩张占用优质农田,耕地减少面积79.8万 hm^2,城镇工矿居民用地增加86.71万 hm^2,其中城镇扩张的86.58%来自于对耕地的侵占,城镇扩张侵占耕地占全国的57.74%	5.30	503.38
5	四川盆地耕地-城镇转换区	耕作密集区,以水田与旱田为主,分别占总面积的30%与46%	耕地面积减少9.27万 hm^2,城镇工矿居民地扩张面积6.60万 hm^2,其中城镇建设用地扩张占用耕地面积减少的68.31%,退耕还林还草占耕地减少面积的30.19%	6.15	335.61
6	东北中部草地-耕地转换区	东北地区的农牧交错区,耕地(38%)与草地(36%)分布为主,其中耕地以旱田为主,占区域总面积的36%	耕地面积增加23.63万 hm^2,以农牧交错带沿线草地开垦为主,开垦为耕地面积22.60万 hm^2,同时退耕还林还草面积12.35万 hm^2	0.81	56.99
7	西北农田开垦与撂荒交错区	绿洲农业与草地、荒漠区,以草地(36%)与未利用地(56%)分布为主,分别占全国面积的28%与65%	以发展绿洲农业为主,大规模的草地开垦为耕地,耕地面积增加81.55万 hm^2,其中草地开垦面积60.12万 hm^2,耕地增加面积占全国的46.11%	0.11	7.62
8	华中水域、城镇扩张变动区	水田与水域集中分布区,分别占全区的36%与13%	退田还湖与城镇扩张为主,耕地面积较少8.58万 hm^2,水域面积增加9.13万 hm^2,其中耕地转换为水域面积7.48万 hm^2,城镇工矿用地增加3.64万 hm^2	4.49	317.57
9	东南丘陵林地-耕地转换区	林地分布广泛,占区域面积的71%,以有林地为主,另有20%耕地,水旱田比例3:2	退耕还林还草与毁林开荒并存,退耕还林还草面积2.16万 hm^2,林地开垦为耕地面积2.01万 hm^2	2.01	82.61
10	东南沿海人工林内部结构转换区	全国主要的水田与林地分布区,分别占全区面积的12%与67%,林地以人工林与幼林地为主	已有林地—其他林地的内部结构转换为主,经济林与幼林地增加明显;草地造林面积2.70万 hm^2,城镇工矿建设用地扩张面积7.59万 hm^2,耕地面积减少6.74万 hm^2	2.10	114.64
11	西南草-林及耕地-林草转换区	主要的林地(56%)分布区,多灌丛与疏林地,耕地与草地占全区面积的22%与20%	以草地造林与退耕还林还草为主,林地面积增加15.74万 hm^2,草地减少面积16.50万 hm^2,退耕还林还草面积7.81万 hm^2	1.44	59.83
12	青藏稳定少动区	人类活动干扰较少区,草地(59%)与未利用地(26%)为主	水域略有扩张,鲜见林地变为草地现象	0.02	0.69

续表

区域代码	名称	土地利用主要特点	21世纪初5年土地利用转换动态特征	人口密度	地均GDP
13	西部退耕还林还草区	国家典型的生态脆弱区，草地（38%）、耕地（29%）与林地（28%）交错分布，耕地以旱作为主，占耕地总面积的85%	以黄土高原、华北农牧交错带为主的国家生态退耕成效显著，耕地减少面积45.58万hm^2，林地增加面积28.24万hm^2，其中退耕还林还草面积51.64万hm^2，占全国退耕还林还草面积的51.21%，仍有部分地区存在草地开垦现象	1.08	39.29
14	华中耕地－城镇转换区	水田与林地集中分布，分别占区域总面积的23%与61%，水田与旱地比例为3:1	中部崛起城镇建设用地扩张占用耕地，城镇工矿用地增加5.54万hm^2，耕地面积减少3.96万hm^2，耕地转换为城镇用地3.90万hm^2	3.70	270.84
15	东南沿海耕地－城镇转换区	东南沿海地区耕地（27%）与林地（49%）分布区，耕地以水田为主，水田与旱田比例为2:1	珠江三角洲与厦门—福州沿线大规模城镇建设用地扩张占用耕地，城镇工矿用地增加33.79万hm^2，耕地面积减少24.23万hm^2	6.09	1 147.04

10.3 分类研究的要点

分类研究往往是分级研究和分区研究的前提和基础。地理学的很多研究只有在分类后才能进行科学的分级和分区。分类研究应注意分级、分区、分类的顺序。

10.3.1 分类标准的建立

1）依据国家制定的分类标准

地理学很多分类研究是依据国家有关部门制定的地理要素分类标准进行的。国家已对植物、土壤、岩性、城市类型、产业类型、旅游景区类型等要素制定过明确的分类标准，一般应尽量依据相关的国家标准和国际标准进行分类。

2）按照定量指标的分类体系

利用地理要素的定量数据作为分类标准。例如，利用地表高差划分高山、中山、低山、丘陵；利用年降水量划分湿润区、半湿润区、半干旱区、干旱区。利用年积温划分热带、亚热带、暖温带、中温带、寒带。利用水体pH划分酸性、中性、碱性水。利用土壤砂质含量划分砂土、壤土。

3）引用前人制定的分类标准

通过检索前人的相关工作，采用已发表过的分类标准。采用前人的分类方法，要注意检查该方法的合理性与可行性。

4）建立自己制定的分类标准

由于地理学研究对象的广泛性和多样性，很多研究内容尚未建立分类指标。这时作者可利用一些定量数据或通过构建相关指数，建立新的分类标准（图10.2）。

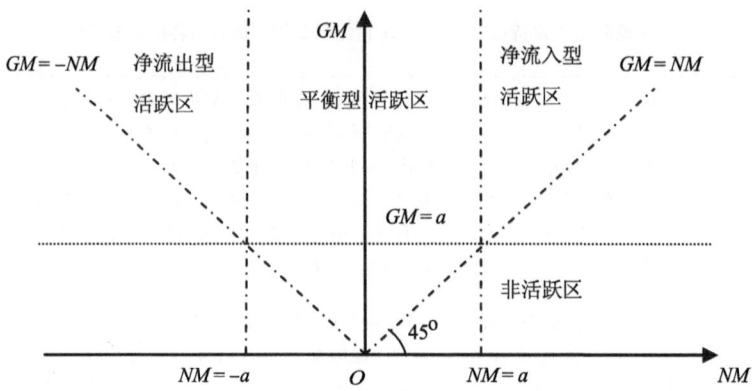

图10.2　分类指标划分图举例：中国流动人口地域类型复合指标划分图
（刘盛和等，2010）

建立自己的分类标准应注意科学性与合理性。例如，采用伊万诺夫湿润度划分草地植被的水分生态类型欠妥，因为湿润度完全由气温、降水量和相对湿度计算获得，而水热因子的空间变化并不能代表草地类型的空间格局变化，其中缺失了从水热条件到植被响应与适应的复杂过程，以及显著的时滞效应。由于未来气候变化情景的模拟对象主要是水热条件，再以水热条件代表草原类型，等于从气候到气候的简单推论。所以应该采用植被模型或遥感数据确定草原类型的分布。

10.3.2　分类研究的顺序

很多研究是先分类再分级。而同时分类又是建立在分级基础之上的。分类分级分区的顺序主要有以下几种：

（1）在分类基础上分级，再在分级基础上分区。例如，在土地利用研究中，先进行土地利用分类，在此基础上进行各类土地分级，进一步再进行土地利用分区。

（2）在分级基础上进行分类，在分级基础上进行分区。例如，在沉积物研究中，先按沉积物粒径分级，在此基础上进行沉积物分类，最后再开展沉积物类型分区。

（3）在分区基础上分级，在分级基础上进行分区。例如，在湖泊环境划分上，先按不同湖泊分区，然后在分区基础上对水的含盐量进行分级，如咸水湖和淡水湖。

10.3.3　分类结果的显示

将区域的分类结果通过地图表示出来，可以显示各种类型区域的空间分布状况（图10.3）。

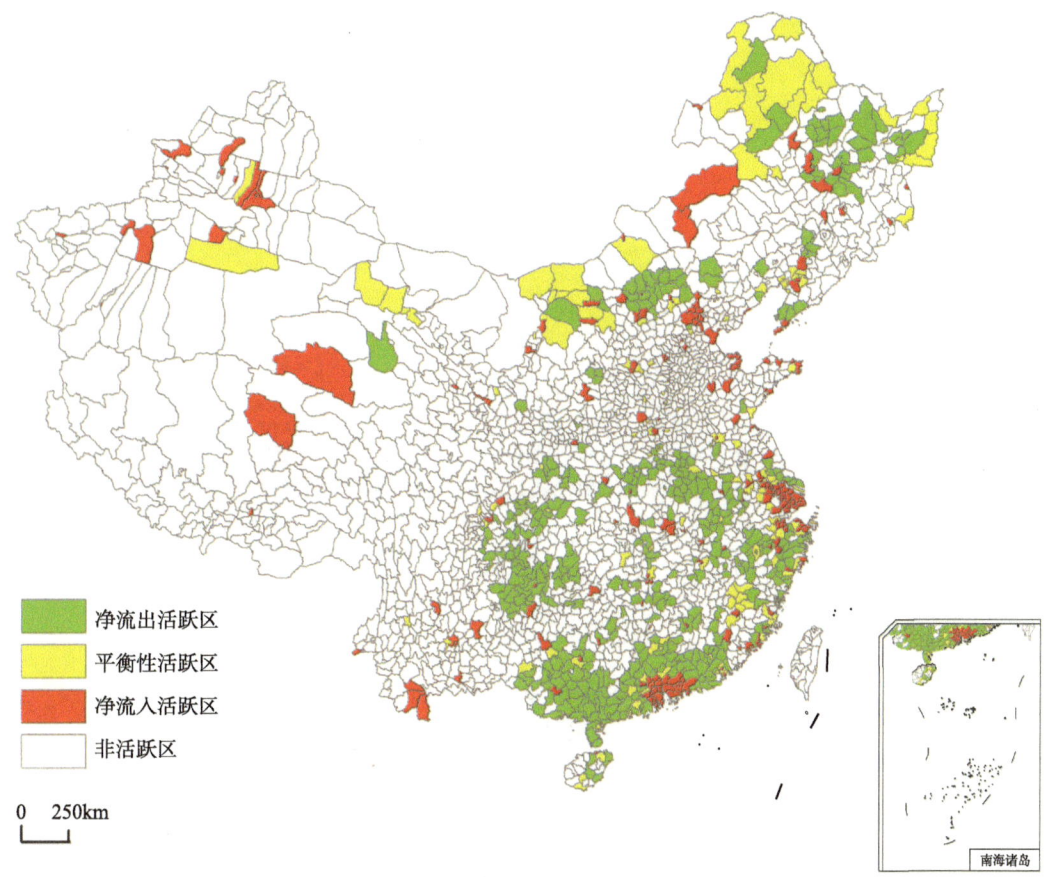

图 10.3 分类结果的地图显示举例：中国流动人口地域类型分布图
（刘盛和等，2010）

10.4 分类基础上的分级分区显示

论文中绘制分类、分级、分区综合分布地图时，应利用不同的颜色的色斑、色调、线段分别显示分类、分级、分区的结果（图 10.4）。

在综合的分类、分级、分区地图上，可以通过颜色、色调、线段等要素显示各类地理要素的空间分布状况。

（1）分类：用各种颜色显示不同类型变化的分布；
（2）分级：用深浅色调差异显示变化幅度的等级；
（3）分区：用线段和序号说明分区的范围和含义。

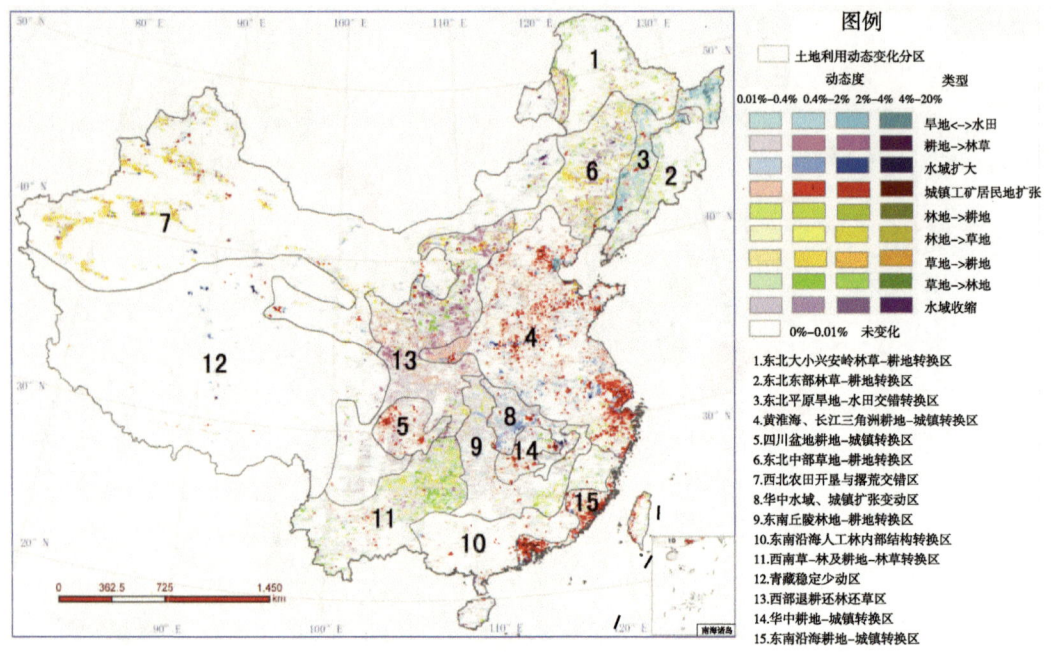

图 10.4 分类、分级、分区综合地图举例：21 世纪初期土地利用变化类型及动态区划图
（刘纪远等，2009）

第 11 章 实验分析类论文的写作

地理学实验分析类论文大多是利用野外采集的土壤、水体、生物等各类样品,通过实验仪器分析获取样品的物理、化学或生物性质数据,用以恢复研究区的环境特征及其变化过程。实验分析在生态、环境、土壤、水文、冰川、沙漠、第四纪、历史气候和化学地理等专业的成果产出中广泛使用。

地理学实验分析类论文的主要内容包括:①土壤中的有机质含量、重金属含量;②沉积层中孢粉的植物种属组成和比例;③河流泥沙、风沙尘土、沉积地层的粒径测定;④地层有机质的^{14}C 年代测定、沉积物的光释光/热释光年代测定;⑤降水、河水、地下水等水体中的化学成分测定;⑥树木年轮的测定;⑦冰芯或积雪层理的变化;⑧一些室内模拟试验研究。例如,利用室内试验设备模拟降水、径流、风蚀、泥石流等自然地理现象演化过程。

实验分析类论文写作的主要步骤包括样品的选择与采集、分析的方法与过程、数据的校正与检验和数据的对比与分析。

11.1 样品的选择与采集

采样分析的工作量是反映论文质量高低的重要指标之一。除了高海拔、极地、深海等环境恶劣地区外,实验研究一般应采集较大范围和较多样点的多组数据进行分析,因为只有大范围、多类型的数据才能提高实验的可靠性和代表性,这也是地理学论文与其他学科论文的主要区别之一。国家有关部门已制定了一些采样标准,论文中应该说明是按照何种标准进行采样的。

采样过程的说明包括测试的目的、样品的选择、测试的指标、样点的布局、样点的数量、采样的环境、采样的时间和采样的方法。

11.1.1 分析样品的选择

对于分析样品应说明测试材料的具体类型。例如,分析地层中的介形类,要说明测试的对象是沉积物中的有机质残片,如螺壳或植物残根,还是其中的次生碳酸钙;再如,在树轮分析中,要说明树轮样品的树龄结构、最老的树龄、每个树轮断面用了多少样本量、生长趋势用什么函数拟合等;还有,水样要说明是取自河水、湖水还是地下水等。

实验分析结果与样品采集有很大关系。例如,测试某一种污染物的分布状况,要选择该污染物相应容易富集的样品,否则难以取得理想的研究结果。再如,测试长期生物量碳存储时,不宜用一年生农作物,如谷物、蔬菜等,因为一年生农作物没有长期生物量的碳存储；还有，不宜选取小麦来判断重金属对农作物的污染，因为小麦并非富集重金属的作物，因此无法判断重金属对作物的影响。

11.1.2 测试指标的说明

论文中要说明实验分析的目的。首先简要说明各类元素的指示意义和影响因素，说明该元素与地理环境的关系，必要时列出相关的参考文献。

1）元素含量的变化

在进行地层、冰芯等系列样品的化学元素分析时，应有多种元素的百分比含量变化对比，以确定各种元素的相关关系和对环境变化反映的差别。同时，选取测试元素的类型要有针对性。当某种化学元素在剖面上部含量明显低于下部时，应说明是否有现代淋溶过程的影响。

2）相对比值的变化

样品的物理或化学指标值是研究样品环境特征的指标之一。例如，在探讨不同粒级沉积物中 Rb、Sr 含量和比值变化时，细颗粒物的环境指示意义更加明显。因此，应建立量化指标，通过对三种粒级的 Rb/Sr 值与磁化率关系的研究，定量说明细颗粒物更具代表性。

3）各类指标的获取

实验中要全面获取各类指标。例如，研究表层沉积物对磷的等温吸附特征，探讨沉积物有机质、磷形态和活性铁、铝等化学组分对沉积物吸磷特征的影响，除了无机磷和有机磷外，还应该给出其他磷的赋存形态。应指出沉积物孔隙水中磷酸盐的浓度，并与磷的吸附解吸平衡浓度作对比分析。

4）物质来源的说明

对沉积环境的分析要考虑到沉积物质的来源。例如，内陆湖泊沉积物的来源要说明沉积物来自何方，应综合考虑河流含沙量和就近的风沙对沉积物的影响。

11.1.3 采样地点的布局

样点位置的分布设计是研究分析的工作基础，应该系统说明采样线路的布设原则、目的和依据，以及样地选择的区域类型代表性。不仅要说明总共采集的样点数量，还要说明每种地带类型采集样点的数量和样方的面积，以表明采样的代表性。

样点分布图最好在有等高线、地貌或植被类型界线的底图上标出样点或测站分布位置，对采样点的类型、空间位置及区域地理环境背景应该用图例显示出来。

采样布局的方法主要包括按照空间均衡、地表类型、地貌部位、水文特征、样点深度和样地高程等条件取样。

1）按空间均衡取样

采样点布设是地统计的基础，采样点在空间上一般应该均衡分布。采样点在空间分布上不宜出现这样的情况：有的地方样点数量过多、分布过密，而有的地方数量过少、分布过稀。还有，同一流域内不同支流采样的数量也不能相差过大。如果采样点布设明显不均匀，就应当讨论因采样点布设可能对空间统计结果带来的误差。

2）按地表类型取样

应尽量做到在研究区的不同地表类型区域内都采样（图 11.1）。如果样地的类型不全，采样再多，其意义也是有限的。例如，在土壤样点取样中，不同地貌类型、植被类型、土壤类型、土地利用类型最好都要有样品采集，并说明样点的类型和各类样点的数量；再如，对元素在不同土地利用方式下的赋存形态开展系统研究，可以深入探讨土壤元素的来源及其环境生物效应。

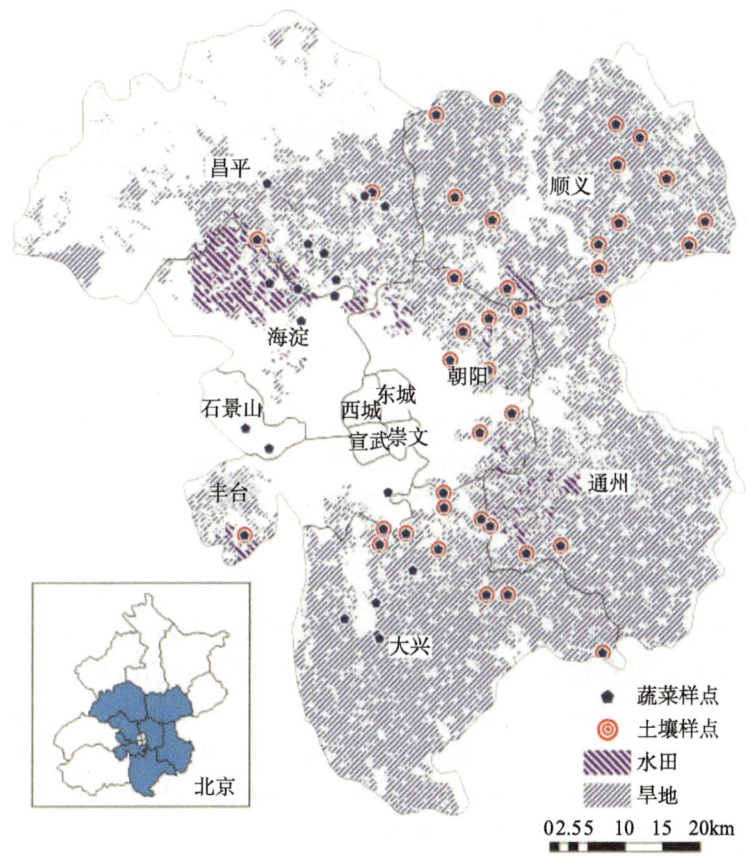

图 11.1　样点位置分布图举例：北京市蔬菜与土壤采样点分布图（陈同斌等，2006）

3）按地貌部位取样

在山地、丘陵、沙漠等地采样时，一般应按照不同坡向、不同坡度布点取样（图11.2）。例如，在对沙丘的粒度组成采样时，要将沙丘迎风坡与背风坡的坡度、倾向和采样点位置用剖面图表示出来，并且结合不同位置的粒度组成进行对比分析。在对比分析中，不能仅采用各一个样点或平均值进行对比，这是因为单点或多点平均值无法表现出离散度，只有通过不同组分的离散点域的范围才有利于对比分析。

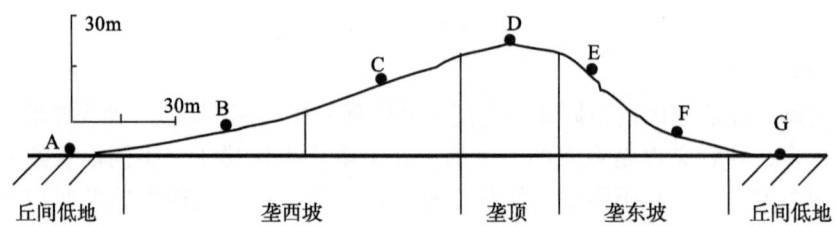

图 11.2 采样位置剖面图举例：古尔班通古特沙漠检测沙垄横断面与样方设定
（王雪芹等，2003）

4）按水文条件取样

在河流沿线取样一般既要沿着河流纵向布点，也要按照不同水深、距河远近等横向布点。不同的断面采样点数应尽量一致，否则仅仅统计高值和低值出现的位点很难看出其差异。样点的位置一般要在图上标出，同时应该用一条线段联系各点，在图例中将该线段标注为"断面线"。例如，在进行河流污染分析时，不仅要对有关河段各种污染物的背景数据进行分析，还应对各种污染的沿程分布规律做深入研究。要分析污染物在不同河段的空间分布、污染程度、污染来源、排放特征。再如，在进行河流水体化学离子分析时，对干流与支流、不同季节、不同河型、不同地表覆盖类型区的差异都应进行采样分析对比。

采样地点的水环境对于样品的代表性起着重要的作用。例如，在浅水河岸边测定的河流含沙量与河流主流线的含沙量是有差距的。再如，潮水采样要说明涨潮时潮水淹没采样点的最大深度，因为这对监测结果有较大的影响。

5）按地下深度取样

地层、土壤、冰芯剖面、地下水采样要说明样点的地下深度和深度间隔距离。土壤取样点深度应考虑研究分析的对象。例如，分析土壤重金属含量的土壤样品采集深度通常为 $0\sim20cm$，如果采集 $0\sim2cm$ 深表层样品应称为地表物。农田耕作层采样通常选择深度为 20cm 的土壤样品。再如，对土壤剖面有机碳密度算式进行分层计算，计算深度最好采用 1m 剖面深度，以便与国际上以及国内一些研究通常采用的深度计算结果直接进行比较。还有，胡杨是多年生高大乔木，根系较深，如果取样深度不够，就难以真实反映土壤盐分和水分对胡杨生长的影响。

应全面考虑采样深度。例如，研究不同深度地温的年际和年代际变化时，应说明地温深层和浅层划分的标准；再如，对土壤有机质含量样品的采集不能仅按 $0\sim10cm$、$10\sim20cm$、$20\sim30cm$、$30\sim40cm$ 等间距的地下深度完成，而忽视土壤的发生学特征。不同的土壤由于各自的发生学过程不同，可以形成不同的发生层次。土壤剖面采样要按照发生层的 A、B、C 层顺序说明。由于采集地区的不同，这些发生层出现的深度有所不同，如果按照等量深度规则的采样设计，就无法得到土壤的发生学特征。

6）按样点高程取样

对不同海拔高度进行采样时，对采样地点的土壤类型、植被特征、母岩情况等要做出说明；对研究区山地降水、气温的高程变化率要说明；对不同山地垂直地带的取样应该做到类型上完整、高程上连续（图 11.3）。

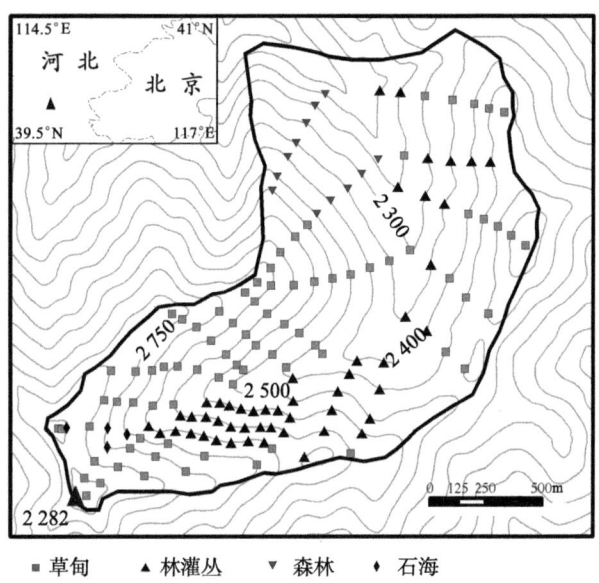

图 11.3　地形底图上的采样地点标注举例：小五台山温度测定点分布（江源等，2005）

11.1.4　采样环境的说明

地理学各专业的实验研究对采样环境有不同的要求。

1）地层采样环境的说明

样品会受到样地环境变化的影响。例如，钻孔取在湖泊边缘会影响全新世和晚冰期气候和环境变化重建其分辨率和记录的完整性、造成低水位时的沉积缺失等。在湖泊钻探中遇到砾石层时很难获得完整岩芯，这时要交代取芯率等基本参数。

2）冰芯采样环境的说明

对冰芯分析应该简要说明冰川成冰带分布状况及冰芯钻取地点所在成冰带、冰芯钻取地点的主要成冰过程。对于大部分离子浓度没有表现出明显的季节变化要进行必要的说明；在确定冰芯的积累年数后，要补充说明冰芯钻取地点可能的年降水量或年积累量。

当几支冰芯钻取时间差别较大时，即使挑选其他冰芯与某一冰芯相同的时段长度进行平均，进而进行比较，也不能剔除各冰芯选取时段对应气候条件所决定的离子浓度的影响，即时间上的可比性值得商榷。最好选取两两冰芯共有时段进行比较，用递推的办法讨论其区域差异。

3）林地采样环境的说明

林地采样要说明样地的环境。例如，林地可能是由原生的，也可能是其他用地转化而成的；荒地可能是自然形成的，也可能是农地等转变而成的。因为它们不一定是自然土壤，所以要说明林地和荒地的样品是代表自然环境，还是受到了人为影响。

林地取样还要说明初始造林密度、抚育间伐的方式、造林立地状况，因为这些因子都会影响单株立木的生长速度。

还有,林地碳蓄积和立地条件、经营措施有很大关系。杉木林一般种植于立地条件较好的地方,而马尾松作为先锋造林树种,一般种植在立地条件较差的地方,当然也可以种在立地条件好的地方,所以要说明林地的地理状况。

4) 生态实验环境的说明

实验区的背景要交代清楚。例如,灌丛草原和农田两种生态系统的水热交换机理受外界影响十分明显,尤其是冬小麦的水热交换机理受下垫面影响十分显著。再如,应该对冬小麦的灌溉制度、灌溉方式等作出介绍,从而比较不同时期下垫面的土壤水分情况。还有,应以土壤水分状况为重要参数,分析不同土壤水分状况下两类生态系统的水热交换机理。

11.1.5 采样时间的说明

有的样品特征与采样的时间有关,如河水的含沙量、土壤的含水量等,所以论文中需要说明采样的时间,即采样的季节、采样的时机和采样的时段。取样时间的一致性和可比性是至关重要的,应在文中加以说明。

1) 采样季节的说明

水文、植被、大气等季节性变化较大的采样数据要说明采样的月份。例如,植物样品的季节、水质样品的水文期等。再如,对比不同河段水体中泥沙含量或元素含量时,洪水期和枯水期的含量大不一样。还有,在分析土壤养分变化时,要说明采集的季节是否相同,这是因为土壤速效养分与采样时间的关系很大。另外,研究有关河流供需水时间特征部分,应该给出非汛期,特别是枯水期生态与环境。

2) 采样时机的说明

土壤含水量、径流泥沙量与采样时机密切相关,在论文中应予以说明。例如,降水时间的说明。在对比几个地区的土壤含水量、蒸散量时,需要考虑各地取样的时间,这是因为降水前后取样、土地灌溉前后取样、多日干旱后取样的结果是完全不一样的。

3) 采样时段的说明

如果观测数据不是采用全年数据,而是只选用某几个月的数值,就应当说明其选择的理由。例如,选择作物生长期或降水季节。

4) 采样时间的统一

空间对比的监测时间要一致,而不同时期的结果缺乏可比性。例如,如果有的监测结果是2001年的,有的监测结果是2009年的,则数据的空间对比缺乏可信度。再如,野外测量土壤湿度,需要说明获取所有土壤样点的测量时段是多少。如采样是在20天时间内进行,应考虑土壤湿度在采样20天内的变化,如采用分跨两景在时间上连续的MODIS植被指数数据,要说明所采集到的土壤湿度数据应该可以和哪一时段的植被指数数据进行比较。

11.1.6 样品采集的方法

样品采集的方法要在论文中说明。国家有关部门和学术机构对某些样品的采样方法有具体的标准规定。因此，采样时应按照国家有关规定执行，以保证数据的可靠性。如果采用前人使用的采样方法，应注明该采样方法的出处。

论文中还要说明在采样中如何防止样品污染。例如，在土壤重金属的来源解析时，对采样与分析方法的描述要具体，包括采样时如何定位、土壤如何处理、如何消解、测定各元素时回收率等均应详细介绍。

11.2 分析的方法与过程

数据分析方法与过程的说明主要包括实验仪器和测试方法。

如果对野外采集的样品没有全部进行测试，而只是选择其中部分样品进行实验分析，则论文中要说明选样的原因和依据、选择实验样点的代表性。

11.2.1 实验仪器的说明

1）实验仪器和配套设备的说明

应简要说明实验仪器的型号、精度、测试范围等技术参数。最好采用最新的实验仪器和可靠试剂，以保证实验结果的可靠性。

2）采样和实验仪器布设插图的绘制

如有必要，应绘制观测实验仪器示意图，并介绍完整的符合要求的实验方法和操作过程，以保证数据的有效性和精确性，并在其他的研究中检验和对比该项数据。

3）实验仪器使用结果的说明

实验结果分析要考虑实验仪器的测试范围。例如，对高寒地区进行土壤水分季节动态分析时，要考虑现有测量土壤水分的仪器多是针对液态水的体积含水量，而对于冬季土层冻结以后土中固态水无法量测，此时的测量值应该为土中的未冻水含量，这是导致仪器测量土壤含水量减少乃至负值的原因。直接将这种变化分析为土壤含水量的季节变化是不妥的。

11.2.2 测试方法的说明

实验分析类论文要有完整的测试过程说明，以保证数据的有效性和精确性。

1）测试方法出处的说明

如果数据的测试方法是前人作过的，可列出相关的参考文献；如果是自己设计的，则应简要介绍该方法，最好能绘出技术路线流程图。

对于同一实验中获取不同类型的数据，要说明具体的获取方法。例如，根据风洞实验测定风沙的流体侵蚀和冲击侵蚀，要分别说明这两种数据的测定方法，或区别这两种数据的方法。

2）测试分析质量的说明

对样品处理及分析的过程要交代清楚，并对样品测定分析过程进行质量控制，以保证数据的可靠性。

3）测试过程环境的说明

用 CH_4、N_2O 气相色谱仪测定 CH_4、N_2O 的排放量，应该标明测定时的温度等条件供读者参考，便于其他研究者在工作中检验和对比该项数据。

11.3 数据的校正与检验

任何实验的观测值都有误差，从而使实验结果带有不确定性。实验数据误差校正与检验的目的是估计实验结果不确定性的大小，即估计实验结果的精度。

11.3.1 数据的误差

实验数据产生误差主要出现在冰芯定年、树轮定年和测年数据等方面。

1）冰芯定年的误差

根据大气降水中 $\delta^{18}O$ 的季节变化，并参考冰芯中主要阴、阳离子记录和 β 活化度的峰值位置进行定年，恢复冰芯中 $\delta^{18}O$ 的时间变化序列，需要足够的证据表明冰芯时间序列的恢复是可靠的，这是与气象站记录建立联系的重要基础。冰芯准确定年难度较大，一般存在误差，因此在论文中说明冰芯定年的误差对于研究至关重要。

2）树轮定年的误差

在树木年轮研究中，如果发现平均敏感度（MS）差异较大，或是几组数据明显较低，应该解释是否与采样条件、采样环境有关。在建立树轮年表的统计量中，样本量总体代表性一般在 0.85 左右，这样树轮序列才能达到做气候要素重建的要求。同一株树的相关系数过小、信噪比和样本量总体代表性不足，则可能是树轮定年有问题，或是树轮宽度量测有问题，还有可能是样点选择的不好，即样本不适合做气候变化的重建。

3）测年数据的误差

在使用质谱－铀系法测年时，要考虑到干旱区湖相沉积中的碳酸盐一方面受淋溶作用，会发生上部碳酸盐向下的迁移；另外，在湖泊、河流、沼泽周围等地下水位较高的地方盐渍化作用强烈，盐类物质从下向上迁移。这两类特殊的作用使得干旱区碳酸盐沉积不断发生变化，从而使测年精度产生误差。

4）研究方法的误差

应分析研究方法所带来的误差。例如，采用土种面积的加权平均法研究土壤亚类的碳密度。土种是土壤发生分类的最小单元，种类和类型名称繁多，同名异土和同土异名的现象比较多，且资料中各土种的面积，由于当时技术水平的限制，多是估计数，实际中各土种类型未必都有记录，这些都会影响到估算结果。

5）数据叠加的误差

对不同传感器、不同分辨率的数据进行叠加分析时，需要提供详细的数据处理过程，特别是影像配准、信息提取及误差分析结果。

6）实验数据的精度

考虑到样品、仪器等因素，各类实验数据的有效精度是不同的。实验数据的精度主要包括年代测定精度、空间范围精度、元素含量精度3个方面。

（1）年代测定精度。利用测年数据分析近200万年以来气候变化过程，各次事件的持续年代分辨率精确到百年即可。

（2）空间范围精度。利用沉积物采样分析结合遥感影像方法解译推测史前时期和历史时期的植被、湖泊面积，一般精确到平方公里即可。

（3）元素含量精度。利用原子吸收法测定土壤的重金属含量，有效数字保留1~2位即可。

11.3.2 数据的校正

对实验类论文的有些数据要进行必要的校正，包括：实验数据、测年数据和样品状态的校正。

1）实验数据的校正

有些实验数据在获取时需要做必要的校正。例如，在利用X射线照相技术计算珊瑚的生长速率时，要防止X射线照片的放大作用；再如，在利用树木年轮序列重建历史温度变化时，要给出树轮与温度的相关系数和 F 值、P 值等指标；还有，在利用MODIS数据进行大气校正时，不同区域的大气条件不一样，会使所得结果的推广性受到限制。因此对遥感数据的解译，需要有足够的实测数据进行验证。

2）测年数据的校正

使用测年数据时，应说明误差的校正。不仅常用的^{14}C测年数据要校正，其他测年数据也需要校正。例如，在干旱区研究中，使用质谱-铀系法测年技术可以对多种物质进行测年。再如，在研究冰碛物的OSL测年数据时，冰川沉积物往往不可避免地有OSL信号的残留，这些残留对于年轻样品的影响更大，而对老样品影响甚微。所以讨论残留信号的影响时，应对年轻样品的影响程度及检验过程的可信度做进一步讨论。另外，老样品经常面临信号饱和问题，导致年龄偏低，对大于10万年的样品是否存在这些问题，需要结合再生剂量生长曲线加以详细讨论。

3）样品状态的校正

有些数据采样后，需要进行一些校正。例如，湿地土壤由于水分较多，大部分时间处于还原状态，应该对土壤氧化还原电位（Eh）做校正，将数据校正后再分析。再如，蒸发皿测值与潜在蒸发是有区别的，应进行校正后使用。

对野外土壤湿度采样数据的处理：要搞清每个 1km×1km 样地内土壤湿度的空间异质性如何，即样地内采集的土壤湿度数据能否代表遥感数据所能覆盖的像元内土壤湿度的空间变化。所以，除了计算每个样地内所有有效样点的均值还需要计算方差。

11.3.3 数据的检验

在实验结果分析中应该对所涉及的数据处理进行详细的描述，并且对文中的结果必须提供检验的过程，包括误差分析和验证方法，让读者对该项研究结果的应用价值有一个判断的依据。例如，东海海水受大陆径流的影响，盐度一般在30‰左右。如果测定潮水的平均盐度为4.2‰，要检验是否准确。再如，对蒸散量计算精度的检验，应该与实测数据进行对比。不宜只用一种计算方法检验另一种计算方法。

11.4 数据的对比与分析

实验分析研究从野外采样到室内分析，需要比其他研究花费更多的时间。因此，在进行论文分析时只依靠作者本人工作获取的数据往往是不够的，需要引用前人的相关工作数据进行对比分析。

对实验数据进行对比的主要方法包括：①区内对比分析，对本文研究区内采样数据空间分异特征进行分析；②区际对比分析，结合前人在其他地区的同类数据结果进行区域差异对比分析；③年代对比分析，结合同一地区不同年代数据进行年际变化对比，分析研究要素的变化过程。

对实验数据进行分析就是要探讨研究要素的变化规律，并分析其影响机理。

11.4.1 变化规律的分析

1）时间变化规律

实验数据的季节变化规律是论文需要分析的重点之一。应将不同月份的数据进行对比分析，分析研究要素的时间变化规律。

在用曲线图进行相关数据回归分析时，要说明图中使用的数据，是仅用了一处地点的 12 个月资料还是论文中所有点平均后的 12 个月资料。

2）空间变化规律

对实验数据的分析，最好将自己的数据与其他地区的同类数据进行比较，指出研究要素的区域差异、分布规律和变化特征；采用以点带面的方法说明不同地区研究要素的基本特征关系是什么；说明区域差异性是个别的还是普遍的。例如，分析研究区土壤有机质含量情况，不仅要分析说明自己的研究成果，还应引用前人在其他气候带、地貌区、植被片取得的同类数据进行比较。

对实验数据的三维变化，可以用曲线图表明研究要素的高差变化特征。例如，用曲线表示要素随地层深度、海拔高度等环境变化发生的改变。

11.4.2 异常数据的分析

获取实验分析数据后，需要对一些极值数据和异常数据进行必要的检验，要分析这些数据是实验分析过程中操作失误造成的还是样区特殊环境造成的。

在对大量数据的趋势分析中，有时会遇到不符合规律或数值突变的样点。对出现异常数据的样点要说明该地采样环境的特殊性。例如，是否受到附近河流、污染源的影响。这对于分析数据可靠性、异变性是必需的。如果实验结果与公认的结论或前人的结果不一致，应该从测定方法、测定时间、样点选择、样区地理特点、区域形成和发育历史等方面充分探讨其原因。例如，碳酸盐地区河流中，如果干流的溶解无机碳含量明显高于支流，但干流上下游之间没有明显差别，就应给予解释。应考虑到水系中溶解无机碳来源，雨水、土壤和碳酸盐岩风化等对河流溶解无机碳的贡献率。

对与一般原理或规律相反的现象，要进行必要的验证、分析和解释。例如，土壤中一些离子的浓度一般是土壤水分枯水时高，丰水时低。如果文中的实验结果相反，要进行必要的检查和说明。

11.4.3 影响原因的分析

对实验要素时空变化的影响因素应做必要的分析。例如，应分析实验结果与水动力状况的关系，与已有的常理性定性分析做比较和进一步分析。再如，某种化学元素在剖面上部含量明显低于下部，应说明是否有现代淋溶过程的影响。还有，对河流各种重金属的研究要说明是不同河道沉积物来源的同源性，还是污染物本身的同源性。

第 12 章　数学模拟类论文的写作

地理学数学模型与模拟类论文是利用微分方程或计算公式对地理环境的变化过程或各类地理要素间的相关作用进行模拟计算，进而找出其中的基本规律。

在地理研究中采用的数学模型多以统计与模拟为主，大致可以归纳为以下两大类：①确定性模型，包括数学物理模型、系统理论模型与成因回归模型；②随机或统计模型，包括用各种随机方法与统计方法建立起来的计算模型，如现代模糊数学模型、时间系列模型、频率分析计算等。这些主要的计算模型均在现代地理学中得到了广泛的应用（刘昌明等，2000）。

数学模型的使用一般分为三种情况：①使用前人已建的模型；②对已有模型进行改进后使用；③作者自己构建新的模型。在论文中要说明本研究所用模型是采用前人的、修改前人的、还是自己构建的。

与之相应的数学模拟类论文写作要点包括：①数学模型的选择与修订；②数学模型中参数的调整与率定；③数学模型的构建和适用范围的界定；④数学模拟的实例应用与结果检验。

12.1　数学模型的选择

地理模型与模拟是定量化研究复杂自然地理过程有效的手段，任何一个模型都有其适用的时空尺度或有效的空间范围，对应着相应的建模方法描述和关注的研究内容。而多尺度、多学科综合的地学定量化研究和应用必然涉及模型集成问题。所以论文中对所用模型的结构、功能和使用方法等一般应进行简要介绍，说明该模型特征、适用的范围，以及如何保证模型使用的精度。

12.1.1　数学模型的选择方法

国内外学者已经对地理学各学科中数学模型的建立进行了广泛的研究，作者可以根据自己的研究需要选用前人已确立的模型。有甄别地使用前人建立的各种数学模型可以为模型研究领域带来以下益处（岳天祥，2003）：①可减少模型在其有效范围以外的滥用现象；②可减少不必要的模型重复构建所造成的时间和财力浪费；③可明确模型研究流域需填补的空白，使模型构建人员有的放矢；④有利于具有同一资源环境内涵，而有不同数学表达模型的比较选择；⑤有利于模型一般模式的识别。

在使用前人已建立的数学模型时，对模型的构建方法和步骤，可用参考文献标出，不必做重复论述说明，一般只要列出结论性公式即可。

数学模型的选择可以从模型汇编、学术专著、期刊论文等三方面的文献中查找。

1）从模型汇编中查询模型

地理学数学模型汇编具有收集模型数量多、类型全的特点。已出版的一些有关地理学数学模型专著有：①刘昌明、岳天祥、周成虎主编的《地理学的数学模型与应用》，科学出版社 2000 年 10 月出版。书中汇集了 1934~1999 年《地理学报》中发表的各类数学模型和公式。②岳天祥主编的《资源环境数学模型手册》，科学出版社 2003 年 10 月出版。书中汇集了国内外资源环境领域主要期刊发表的各类数学模型和公式。③David R. Maidment 主编、张建云等译的《水文学手册》，科学出版社 2002 年 10 月出版。全书总结了 20 世纪 60~90 年代国外发表的有关水文模拟模型和计算公式。

2）从学术专著中查询模型

一些学者已出版过相关专业的数学模型专著。这类专著介绍的模型具有专业性强、使用方法详细的特点。例如，①汤国安、刘学军、闾国年著《数字高程模型及地学分析的原理与方法》，科学出版社 2005 年 8 月出版。这类专著介绍的模型具有专业性强、使用方法详细的特点。②邓祥征著《土地系统动态模拟》，中国大地出版社 2008 年 11 月出版。全书总结了土地系统动态模拟的基本原理、模型构成和计算方法。③朱鹤健、何绍福、姚成胜著《农业资源系统耦合模拟与应用》，科学出版社 2009 年 5 月出版。该书综合分析与评价了农业资源系统的耦合模式。

3）从期刊论文中查询模型

查询有关专业模型使用论文的方法是：在中国知网（www.cnki.net）的"期刊"栏目中检索主题词。同时输入"专业名词"＋"模型"或"模拟"检索，即可找到相关专业模型使用的论文。

有的计算模型虽然已被应用，但在使用中仍会存在一定的缺陷，所以在文中应阐述相应的解决方法。

12.1.2 数学模型的选择依据

在选择使用各种数学模型和公式时，要全面分析各种模型的使用条件、数据要求、精度保证。一般来讲，各类数学模型都存在着一定的适用范围，有的受学科限制，有的受地区影响。所以，在选择数学模型时必须考虑该数学模型的适用范围。其中，数学模型应用的区域范围、学科范围和数据条件是检查的重点。数学公式使用前要进行验证，引入国外的数学公式要先做论证说明。文中应该给出计算公式，并做适当解释说明，包括采用该方法依据、所要达到的目的等。

1）模型应用的区域背景

每种模型都有一定的地域适宜性。有的模型在一定类型区域的适用性、稳定性差。例如，冰碛湖面积－库容计算回归公式推广的前提是冰湖的形态相似性高。

有的模型对一些环境要素的敏感性差，应在选择时考虑。有的模型中参数的定义和计算过程有些繁杂，可能不利于模型的推广和验证。

2）模型应用的研究对象

分形维数计算有很多模型，应根据分形客体的特点科学选择。例如，周长－面积法主要用于景观、土地利用类型等具有二维分布特征的分形客体量化，而沙丘形态具有三维立体特征，如果采用周长－面积法会弱化沙丘及相关地貌部位在垂直方向的高程信息，因此应进一步说明采用周长－面积法计算沙丘及各地貌部位分形维数的合理性。

3）模型应用的推广前景

选择熟悉模型要考虑到该模型未来在这一领域的可推广性。例如，用 DEA 模型进行水资源效率分析，只能在样本空间内进行相对比较，缺乏统一的、具有物理意义的比较标准，从而在方法上制约了其推广的空间。

再如，受下垫面条件影响，回归模型具有较强的区域限制性。如果运用统计学方法建立基于日均气温为基本要素的一、二、三和四变量回归模型，仅适用于与样本选用地气象、下垫面相似的区域，那么其成果推广难度较大。最好运用尺度转换、复杂性理论、地理信息系统、空间遥感技术等新理论、新方法和新技术，研究不同时空尺度下作物需水机理。

12.1.3 数学模型的选择说明

在论文中应用数学模型时，要在文中有必要的使用说明。

1）模型应用的数据条件

输入数据与输出数据之间的关系描述，是模型的科学基础。例如，中国各地区每年的降水和水资源丰枯不同，用水需求和供水水平也会不同，特别是农业用水。这些不确定性和社会经济的发展相叠加，造成了数据系列的一致性受到破坏，在此基础上直接构建模型进行分析，需要有效地解决这一问题。再如，在作物水分模型的建立和参数的估计时，应分析不同作物、不同气候条件、不同灌溉情况下土壤水分变化的规律。

2）模型应用的选择因素

要说明采用该模型的原因。例如，以沉积物的粒度为切入点来探讨古洪水事件的，用曼宁公式来进行分析更好些。因为曼宁公式中流速 V 受制约于坡降、水深和糙率，后面这三者是相互独立的。

3）模型应用的选择方法

当两种方法研究结果相距较大时，应该验证这两种方法的可靠性，同时最好借鉴其他方法，引用和分析前人在该地区用其他方法分析的结果，对比其中的异同之处。

当采用多种模式分析自然要素变化时，会存在系统误差，应该从各模式本身的特征和机理出发，对这些误差产生的原因加以适当的解释。

4）模型应用的适应条件

采用已率定的参数模拟并检验确定的系数后，应将具体数据列出，用以说明模型的适应性。例如，当选择的模型中没有反映下垫面方面的参数，就不适合用于分析土地利用和覆被变化对年径流影响的原因；将月尺度作为模型的计算时段长会导致模型检验精度不高，最好以日为单位进行连续时间序列的径流模拟，再统计获得月或年的径流量。再如，CENTURY 模型 NPP 模拟效果的验证和调整参数采用站点地上生物量数据欠妥，因为地上生物量与 NPP 不是一个概念，NPP 包括了地上和地下部分的净初级生产量，仅用地上生物量是无法验证该模型的。

12.2 数学模型的改进

一般来讲，各类数学模型都存在着一定的适用范围，有的受学科专业限制、有的受区域环境影响。所以在使用数学模型时应该考虑该数学模型的适用范围，对模型的参数和各子模块的适用性进行必要的调整和改进。利用改进的模型，要说明是作者自己改进还是别人改进的，应该清晰地描述原模型与改进模型之间的差异，以及如何应用改进后的模型。

改进模型要重点考虑：数学模型应用的学科范围、区域特点及参数调整。

12.2.1 数学模型的专业改进

由于数学模型具有极大的抽象性，所以很多模型可以在不同学科之间进行移植使用。因此，有的论文将其他学科数学模型改进后，应用到地理学的研究中。这种方法为丰富和完善地理学模型体系发挥了重要的作用。将其他学科数学模型应用到地理学研究中，要注意以下问题：①对原数学模型的基本原理和应用意义等特点进行简要的说明；②对数学模型的学科移植及其应用转变可行性进行必要的论证；③对数学模型专业改变后的参数系数转换实例进行系统的检验。

12.2.2 数学模型的区域改进

区域性是地理学研究的主要特点，也是地理模型使用的主要特点之一。对数学模型的使用，应考虑研究区的地理背景特点。有的数学模型是作者利用前人已设计的计算公式建立的。在这种情况下，要说明前人的模型构建环境背景，对比本研究中数学模型应用的环境背景与模型与以前应用的环境背景的差异，分析引用模型的可行之处，并在使用中调整相关的系数。

对前人的参数研究论述中，不仅要论述不同学者在不同地区确定的参数值大小，还要对各研究中参数值确定的方法进行介绍。指出该模型适宜地区与本研究区特征之间的差别，明确模型修订的目的和作用。例如，降水侵蚀力（R）的计算模型在应用于不同气候带时，要根据本地区的降水资料修正其中的参数、系数值。再如，粒径趋势分析要求两个采样点之间是连通的，没有岛屿阻隔。但群岛海域有很多小岛，底质采样点也分布在岛屿之间，显然不满足粒径趋势分析的条件，应予论证和说明。

有的数学模型尽管在国外应用广泛，但不少具体参数的本土化需进一步校验，即用实际观测值与计算值进行比较。对选用的模型应进行显著性分析，说明这些关系式的误差水平和适用范围，这是论文计算和讨论的依据。如果显著性检验通不过，那么之后的分析结果也就不成立。

12.2.3 数学模型的参数调整

在论文中要明确说明公式中各类参数是如何取得的，权重系数是试验所得还是应用别人的结论。

1）参数调整的环境验证

在正式计算前，要对公式进行验证计算。至少要与前人所研究地区中某些要素的研究结果进行对比。例如，在计算河流挟沙力时，现有的河流挟沙力计算公式很多，而对于同一水流边界条件来说，采用不同的挟沙力公式得到的结果相差很大。因此，要考虑研究区的环境背景与该模型以前应用的环境背景的差异，在正式计算前要对公式进行详细的验证计算。

2）参数调整的时段模拟

构建数学模型需要独立的资料对模型进行率定与验证。论文应设置长时段作为模型率定期和模型验证期。如文中分别给出三个时间段的模拟结果，则要说明这三个时间段使用的参数是否相同。

要明确说明参数取值是否采用了前人研究确定的成果。例如，不能简单说："本文取 t 值为 0.5"，这样不能分清该取值究竟是本文的工作还是前人的研究。正确的做法是：应该明确说明"本文采用某人的研究结果，取 t 值为 0.5"。

关于权重赋值最好参考比较成熟的层次分析法来确定，通过定量化计算的结果确定，以增强其可信度。例如，进行灾害风险指数中指标体系权重的分配。

3）参数调整的背景说明

应该在模型参数选择时说明考虑或不考虑某些参数的原因，目的是说明该模型适用的地理环境条件。对不同参数所代表的空间分布要说明差别的原因。例如，采用 CENTURY 模型模拟 NPP 时，输入参数中除了考虑常规气候因子（月最高气温、月最低气温，月降水量等）外，还要分析其他输入参数，如降水变率、养分、土壤性质等是如何与气候变化情景相联系的。此外，还要考虑人类活动如放牧的影响。如果默认其他参数，只考虑常规气候参数，这种模拟和预测又是仅依赖于水热条件，这样的处理未免有些简单。因此，建议采用大气 – 植被相互作用模式估算 NPP。

4）参数调整的层位差异

例如，分析表沙和下层沙粒度参数差异原因时，要分别考虑风沙沉积速率变化较大、一般和不大等多种情况。

12.3 数学模型的构建

数学模型的构建一般应满足以下要求：真实客观、简明实用和适应变化。

1）真实客观

数学模型应能客观反映地理要素之间的本质关系和地理环境的变化规律。应注意模型中各类要素之间的相关关系是正相关还是负相关，是线性相关还是非线性相关。

2）简明实用

数学模型在保证一定计算精度条件下，尽可能做到计算简捷、数据易采。以保证模型的可推广性。

3）适应变化

地理学采用的很多数学模型与其他学科数学模型不一样之处在于，模型应能随着地理条件的变化，通过调整相关变量去适应新的情况。区域差异是地理学研究的特点，适应区域差异是地理学模型的特点。

12.3.1 数学模型的构建依据

构建数学模型时应注意的问题：

（1）数学公式的推导过程如果在有关专著中已介绍，应该列出相关的参考文献。

（2）依据区域的环境建立模拟参数。例如，在建立计算地下水存储量的数学模型时，要考虑到沉积物性质、厚度、地质构造等因素。

（3）依据地理关系建立不同参数的相关关系。要说明构建模型用于地理要素变化的模拟效果，可增加和其他人研究成果的对比，以说明采用现有方法来计算的优越性。

（4）不同模拟方法的对比，应该通过与其他观测实验方法所得的数据进行对比，而不是简单地比较不同的模拟数据。例如，建立灾害预测模型，设置危险性指数与高程为正相关是与常识不相符的，因为暴雨洪涝灾害程度一般在海拔较低的地方加剧。再如，设置热带亚热带地区河流泥沙与植被覆盖率为正相关也不合适，因为泥沙含量和植被覆盖率都与当地降水量有关。

12.3.2 数学公式的排列方式

数学公式的排列应反映数学推导的逻辑思维过程，这有助于读者对模型构建的理解。一般来讲，最好将综合的结论公式放在数学公式的最前面或最后面，以利读者掌握关键性的计算公式。

结论性的关键公式列在数学公式组的最前面或最后面，可以使读者能迅速、准确地找到关键的基本数学关系式。按照关键公式在公式组中的位置，数学公式的构建方法主要有两种：分解式和推导式。

1）分解式数学公式排列

分解式数学公式排列是将结论性的关键公式列在数学公式组的最前面，然后依次分解说明数学模型中各参数的计算方法。例如，

$$A = B + C/D \qquad (1)$$

其中：B 为 $**$ 参数，计算公式为：$B = ****$ (2)

C 为 $**$ 参数，计算方法为：$C = ****$ (3)

$******$

2）推导式数学公式排列

推导式数学公式排列是将结论性的关键公式列在数学公式组的最后面，前面先说明各模型参数计算方法，然后再汇总推导出结论性数学公式。

B 为 $**$ 参数，计算公式为：$B = ****$ (1)

C 为 $**$ 参数，计算方法为：$C = ****$ (2)

$D\ \ ******$ (3)

$E\ \ ******$ (4)

$$A = B + C/D + E*** \qquad (5)$$

12.4 数学模型的参数

数学模型中参数的构建是非常关键的。模拟研究类论文中应有参数选择的说明、参数符号的定义、参数赋值的方法、参数系数的率定。

12.4.1 参数选择的说明

1) 参数类型的设置

自然界任何一种要素的发展和变化，都受到其他多种要素的影响与控制。在模型构建时要考虑各类因素的影响，设置必要的参数。例如，植物的生长与温度、降水、海拔高度、土壤质地、地下水埋深等要素的影响。这些要素就构成了有关植物生长模型的计算参数。在有关植被恢复的数学模型中，应当有温度、降水、海拔、土质、地下水位等参数，因为这些要素是植被恢复生长的重要条件。再如，在 CO_2 年排放量的估算公式中，无论是日排放量的估算还是月排放量的估算都应考虑到温度变化的影响，否则会造成较大的估算误差。

2) 物理意义的说明

各种参数的物理意义要说明，要说明参数是如何确定的。如果有些参数是通过某一生态环境过程模拟的，要列出参数的具体数学表达式。

植物生态模型中要将植物的生长与土壤有机碳有机地联系在一起，以此形成有效的循环，这在探讨生态系统碳储量时应该予以重视。

遥感模拟数据形成过程。在进行海洋初级生产力的遥感研究中，采用修正的 VGPM 模式反演估算初级生产力，模式中日平均积分初级生产力的计算结果由 5 个重要参数所控制。对于边缘海域而言，其中叶绿素 a 浓度和真光层深度是 2 个最重要的控制参数。这 2 个参数的变化很大程度上决定了初级生产力的变化状况。对于真光层深度是如何获取的、星测叶绿素 a 浓度是如何修订的，以及它们各自对初级生产力的影响与贡献都应明确交代。

3) 参数计算的方法

参数对计算结果的好坏具有直接的影响。必要时，需要介绍其处理方法或来源。要说明公式中的参数是观测的，还是利用经验公式计算的；参数值是经过理论计算出来的，还是查相关列表得出来的；应讲清楚相关计算方法的基本原理等。一定要让读者信服参数的分析与计算是正确的，这样文章才有说服力。例如，在相同气温条件下，冰川面积越大融冰流量越大。计算融雪水量要依据积雪厚度和面积，所以融雪模型公式中应该有雪厚和积雪面积的参数。

12.4.2 参数符号的定义

参数符号的设置应注意唯一性和简明性。

1) 参数符号的唯一性

在同一篇论文中，一种符号只能定义为一种参数。例如，不能在同一篇论文中，A

在前面定义为人口，又在后面定义为产值。同样，一种参数只能用一种符号表示。例如，在同一篇论文中，气温不能在前面用 T 定义，在后面用 A 定义。

2）参数符号的简洁性

数学公式中参数符号最好采用国际标准的表达符号，通常采用大写字母为参数的英文首字母，右下角的小写字母为子要素的英文首字母。数学公式中参数符号应尽量简单，公式中不要用上下箭头做参数符号。

3）参数符号的明确性

在列举数学模型后，应当自左而右、自上而下地依次将数学公式中所有的参数进行定义和量纲说明，不能有遗漏。例如，

$$A = B + C/D$$

式中：A 为＊＊＊，B 为＊＊＊（m），C 为＊＊＊（kg），D 为＊＊＊（m²）。

把两个以上的参数放在一起说明时，要分别对其定义。例如，不宜说"式中：Y_1、Y_2 为……"，应该说"式中：Y_1、Y_2 分别为……、……"。

模型中参数的算法如果是自创的，要给出实验依据；如果是引用前人的，要给出相应的文献出处。

12.4.3　参数赋值的方法

参数赋值方法和权重是分析的基础和关键，直接影响到文章的结论。所以对参数不能随意赋值。赋值方法要有科学性和逻辑性，要阐述其缘由并尽量与国际同行的方法接轨，这样得出的结果才能令人信服。

介绍数学模型要说明模型中参数的率定方法。确定模型参数的数值通常有三种方法：直接定值、相应赋值和计算取值。应该说明各种系数的确定方法和过程，包括：系数的种类、固定值的率定和分级值的段域。

1）模型参数的直接定值

参数量值依据气温、降水量、高程等具体数据直接确定。例如，式中：T 为年均温（℃），P 为年降水量（mm）。

2）模型参数的相应赋值

参数量值根据地理要素类型或者某种数据进行分段赋值。例如，海拔范围、浓度范围、产量范围等。

3）模型参数的计算取值

通过数学公式计算得到参数量值，该公式构成模型的子公式。通用的定义形式是在数学公式后从左至右依次说明。例如，

$$A = B + C/D$$

其中：$B = f - g/h$　　（参数 B 通过数学公式计算取得）

例如，用 SWAT 模型进行模拟时，有两种产流计算模式。从文中研究问题看，采用的应是 SCS 模型。SCS 模型计算产流的关键是 CN 值的确定，而 CN 值受下垫面的影响很大。作者建立了 5 种土地覆被模式，但在文中并未交代 5 种模式中 CN 值是如何确定的。如果 CN 值恒定就不能确定径流的变化是模拟误差还是客观规律。

再如，分布式水文模拟的难点之一是参数的校验和敏感性分析。应分析几个敏感性参数在优化前后的空间分布值，以及这些参数变化对径流模拟有何影响。

在分析地理要素变化趋势时，趋势变化系数各分类的间距最好考虑按等数据间隔进行分类划分，这样才有可比性。同时，各个变量的色标卡所代表的数据间隔尽量统一，便于对比参照。

4）模型参数的区域差异

例如，以7大流域为单元研究水资源利用率阈值，其结果不够确切，特别是黄河、长江等大河，其上中下游情况是同，各主要支流情况也不一样，因此应进一步划分它们的流域单元。

5）模型参数的形成过程

作者对遥感模拟参数形成的过程需要进行必要的说明。例如，在进行海洋初级生产力的遥感研究中，采用修正的VGPM模式反演估算初级生产力，模式中日平均积分初级生产力的计算由5个重要参数所决定。对于边缘海域而言，其中叶绿素a浓度和真光层深度是两个最重要的控制参数。这两个参数的变化很大程度上控制了初级生产力的变化状况。应交代清楚真光层深度如何获取、星测叶绿素a浓度如何修订，以及它们各自对初级生产力的影响与贡献等情况。

12.4.4 参数系数的率定

参数率定的数据应有必要的说明。例如，对获取辐射温度修正系数时应用的气象站资料的拟合结果要做详细交代，是仅用某1个站点12个月的温度资料，还是用研究区15个气象站平均后的12月温度资料。但不论何种情况，气象站本身具有一定的海拔高度，其温度观测结果掺杂了海拔高度的影响，因此，利用其资料与太阳总辐射的拟合结果来确定辐射温度修正系数也掺杂了海拔的影响。再如，不同作物对光温的利用效率是不同的，应该说明计算气候生产潜力时针对的是哪种作物，利用的是哪些参数。此外，同一作物在不同生长阶段对光温的响应也有很大差异，因此在全部生长期使用同一个参数也不合理。

12.4.5 参数使用中常见的问题

相似符号的混用是参数符号使用的常见问题。这类问题主要包括：

（1）希腊字母"Δ"与几何符号"△"混用；

（2）T_0中下标的数字"0"和英文字母"O"的混用；

（3）乘号"×"与星号"*"的混用；

（4）英文字母"a"和希腊字母"α"的混用；

（5）参数量纲没有说明。当数学公式中各项是相加关系时，各项的计量单位应一致，或为无计量单位。

12.5 数学模拟的分析

采用数学模型分析数据时，要真正解决科学问题，反映地理要素的时空变化特征，不宜仅仅为了利用一个模型改变输入量。

论文中应该写出数学模型计算出的结果。如果没有计算结果，则公式只是个摆设，没有多少实际意义。模型应用应该使用大范围研究区的长时间序列，以增强模型的可信度。

12.5.1 模拟分析的数据选择

模拟分析结果的正确与否，不仅在于对建模过程的科学推导，还在于输入大量的数据，以验证公式计算结果是否合理。所以在论文中应说明模型使用数据的来源、时效、时段。

1）数据的来源说明

在模型应用中，要说明输入模型的样本数据采集的范围、地点、数量、类型、时段。例如，"将1960~2010年这50年中30个省（自治区、直辖市）720处气象站的降水和气温数据输入本系统中"。

2）数据的时效要求

输入系统的资料要求尽量包括近年的数据。有的作者精力集中于程序编制，系统设计很先进，但输入的数据过旧或太少，仍然不能很好地模拟出研究要素的未来演化趋势。例如，有关区域降水的模拟，无论模拟模型建立的如何可靠，如果没有近年的降水数据输入，就难以真正模拟出未来降水趋势。

3）数据的时段要求

模型分析一般应使用较长时段的数据。例如，利用时间序列频谱分析的方法，如果仅对单一观测点进行短时段的数据进行分析，得出的结论其普适性会比较差。所以长时段数据是很多模型分析可靠性的重要保证。

12.5.2 模拟分析的范围选择

要举例说明模拟分析的应用情况，模拟分析的范围不宜太小，因为过小的范围难以涵盖多种要素类型，也难以显示模型的应用意义。应用举例中要定量阐述研究要素的分布、变化特征及其原因。应用举例需介绍具体的方法步骤，以供读者借鉴。

采用全国评价数据建立的模型用于局部地区，在一些情况下是不合适的。同样，基于局部地区数据建立起来的模型用于其他类型区域也是不够可靠的。

12.5.3 模拟分析的时段选择

模拟数据要有时间长度的保证，以保证模拟的可靠性。例如，中国农牧交错地带是年降水变率较大的地区，进行水文模拟要用多年的降水径流数据，否则模型的可靠性不足。再如，对于人工林的模拟最好有20年以上的连续观测资料，否则模拟的可靠性也会存在问题。

12.5.4 模拟分析的结果说明

1）模拟分析的科学性

要说明模拟分析的科学意义。例如，根据小波分析指出一些地理要素的变化特征，要探讨这一周期性变化的物理机制。对任何变量的时间序列进行小波分析都可以提取一个周期，关键是有研究其物理意义。如果没有物理意义，得到的结果就毫无意义。

2) 模拟分析的实用性

应该说明用模拟分析解决的具体问题，从模拟分析的结果看出与过去的不同认识。例如，用黄土粒度分维说明黄土性质、成壤条件等要素，否则这一方法的应用就没有意义，更缺乏与黄土实际特征相联系的有意义的具体认识。所以进行黄土粒度的分维计算，应与黄土特点研究相结合，才能揭示黄土形成机制。

3) 模拟分析的优越性

应该对模型的特点和功能进行归纳和总结，点出创新之处和有待改善的地方。结论中一方面应阐明模型的应用效果，另一方面尽量用定量化的语言对研究成果进行描述。例如，作为分布式水文模型，其特点是能够反映水循环过程的空间分布特性，如产、汇流的空间分布。这些是集总水文模型很难做到的。因此，该优点应在模拟结果中有所体现，而不能只简单给出流域出口断面的单一径流过程线。再如，数字滤波技术在水文模拟中的应用已有多年历史。如将其与分布式水文模型 SWAT 相结合，进行径流成分的分割，提高径流模拟的精度，具有一定的新意。但是，这仅仅是对已有方法的一种简单的结合与验证。SWAT 模型本身已经提供了基流分割方法和程序，所以应用数字滤波技术时要说明该方法是否比原有方法优越，并与原方法进行比较分析，这样会提高论文的价值。

4) 模拟问题的解释

对模拟结果与实际情况有较大差异时，要进行分析解释。例如，观测孔的地下水随机数学模型计算值与实测值拟合图中为何起始点误差很大，其计算水位和实测水位变化方向相反，应该查找和说明原因。

5) 模拟结果的显示

对研究结果要通过地图反映出来。一般至少要有 1 张整个工作区的研究要素分布图，以显示研究对象的宏观分布状况和研究工作数量；至少有 1 张典型地区的放大图件，以反映研究对象的具体特征和研究工作质量。最好采用信息量大、要素区分清晰的彩图。

12.6 模拟计算的检验

12.6.1 模拟误差的检验

1) 误差范围 R^2 的分析

应当依据同一时间、同一地点的实测数据对模拟计算值进行误差检验。如模拟结果的误差很大，应分析是模型结构的问题还是其他问题。不宜将数值模拟的误差完全归因于数值解法的问题，而应该对地表过程的物理机制进行深入研究。

对于如何提高模拟精度应进行深入研究，并给出有建设性的改进意见。

模型估算的验证确实是个难题，涉及时空尺度是否一致的问题。文中的验证过程应交代清楚，可以和别的模拟数据进行一定的比较。

比较实测资料和模拟结果时，要交代用那一时段的资料进行模型的率定，以及用哪一个时段的资料进行检验。模型的参数率定和检验应分两个步骤来做，这样率定的精度往往要好一些，因为可以调整参数。如果在参数率定后再用率定模型，并使用未曾用过的资料来进行检验也获得较好的结果，那么模型的效果就可以得到更好地说明。

在模拟验证分析图中，横坐标应是实测值，纵坐标应是模拟值。

2）阈值的确定

阈值通常是有一定变化幅度的。要说明阈值的变化范围、影响因素。

12.6.2 模拟条件的检验

对模拟不应只简单进行表述。对于一个可操作的模型，模型的数学描述更加重要。而有些模拟，如能量循环过程的模拟与蒸发的模拟是密不可分的，没有必要单独列出。

例如，在计算河流输沙需水量时，可采用的挟沙力公式很多。采用不同公式得出的结果相差很大，因此在正式计算前需做出较详细的验证计算结果。

为保证模拟结果的合理性，应清楚地交代边界条件的处理方法。例如，模拟黄河口入海沉积物在渤海的传输扩散，要说明河流的径流、悬沙通量、沉积物的粒级等关键的输入边界条件。

12.6.3 模型参数的检验

1）参数系数的检查

有些计算公式不是理论公式，而是经验公式，其参数需要根据不同的实例来进行率定，不能任意套用某个公式。应对相关数据进行回归分析，以确定计算公式的系数。

2）相关关系的检查

数学模型中自变量与因变量的关系分为正相关与负相关两种。正相关的因子在数学公式中以分子的形式存在。负相关的因子在数学公式中处于分母的位置。例如，在一定地域范围内，土壤侵蚀量（E）基本与植被覆盖率（V）呈负相关关系。因此在计算土壤侵蚀程度时，植被覆盖率（V）应该作为分母计算。对数学模型中分子和分母进行分类定性检查，是保证数学模型不出逻辑性错误的重要方法之一。

3）主次关系的检查

自然界中一些要素的数量值往往受多种因素的影响，这些要素有些在全局中起决定性的作用，有些则是起着次要性的局部作用。例如，在有关计算蝗虫分布量的数学模型中，蝗虫的分布与气候、植被、海拔高度等要素有关。有关调查发现，蝗虫不能在海拔4000m以上的地方生存。因此，蝗虫分布与海拔高度应为相乘的关系。蝗虫数量的概念模型应为 $Q = TVH$，（海拔 $h > 4000m$ 时，$H = 0$）。检查相关参数在数学模型中的逻辑关系是否正确，可设置某一参数变为零时情况，以检查参数之间的相互关系正确与否。

4）输入数据的检查

在验证模型时，要检查实测范围内是否有各种要素类型存在。如果只取小范围内的单一类型数据,数学模型就会缺乏可靠性和广泛应用性。因此必须保证校准模型的实测数据范围内有不同要素类型存在,使得数学模型中各种系数可靠,并能在广大地域上应用。此外,还要检查数据的地域选取范围是否有针对性。例如,在建立地表温度的遥感监测模型时,数据不能按行政区县来选取,而应按照地表类型来选取,如按照工业区、居住区、农田区等分区建立监测模型。这样得到的模型才能在其他地区使用、比较和验证。

5) 模拟意义的检查

例如,模拟参数来自统计数据,再用得到的统计模拟参数进行模拟,将模拟结果与统计数据进行比较,相关性极好,但意义不大。再如,如果仅通过时间相关系数来评价模型模拟能力,说服力显然不足。目前常用的评价指标有标准差、均方根误差、空间相关系数等。

6) 不确定性分析

由于气候环境等因素变化的不确定性,所以论文应该对模拟结果的不确定性进行分析。例如,CMIP3 包含 20 多个气候模式,如果采用模式集合平均来评估模拟能力,则这种建立在极大不确定性基础上的评估是没有意义的。

7) 模型训练分析

对模型训练的因变量选择要进行分析。例如,运用回归分析方法解决资料缺乏地区作物耗水规律,并将成果与由 PM 公式法计算的结果进行合理性比较,但在进行回归模型训练时因变量的选取不能是由 PM 公式法计算得出的 ET_0,因为这样最终训练得出的模型仍是 PM 公式法得出的 ET_0 与影响因子的一组相关经验公式,模型精度检验仍然是两个由 PM 公式法得出的 ET_0 的相互比较。在构造回归模型时因变量应选用实测的作物腾发量样本。

12.6.4 模拟结果的检验

对拟合统计检验结果要说明。为检验数学模型的可靠性,需要将各类因子的实际数据代入公式中进行实际运算,并将模拟的计算结果与实测值进行对比,确定误差范围。例如,计算区域生态需水量,需要考虑降水、径流、蒸发、生产用水和生活耗水等要素。

使用模型时,需要用相同地区和相同时段的实测值与计算值进行对比验证。

1) 模拟结果的图形检验

模拟图形需要揭示数值点的数量与种类、回归曲线与数值点的分布关系。例如,数值点的多少对于回归曲线的建立,需要利用大量的实际数据进行计算,而有的论文中使用的数据很少,或者自称利用了大量的数据,而从提供的计算结果图形看,却只有少量的点值标绘在图上,这样的图形很难通过检验。

2) 模拟结果的数值检验

有些模型的计算结果可以利用数据的性质来判断模拟结果的正确与否。例如,可以利用正负值检验一些单一流向的矢量数值结果。例如,计算降水的时空分配特征,得出的降水数值应当为正值,因为如果计算的数值是负值,就不是降水值,而是蒸发值。对于山区径流的模拟也是如此，河道断面通过的径流量应该为正值，因为径流为负值就意味着山区的水流在逆流而上。

3）模拟结果的区域检验

可以用区域的实际情况从宏观上检验模拟的结果。例如，华北平原地形的基本趋势是西高东低。在检验华北平原地层趋势面时，如果模拟结果显示是东高西低，则模拟很可能出现了问题。

利用某一区域的数据建立起的模型或进行的系数率定，一般不能反过来用于该区域的模拟，而应该用于其他地区、或更大范围的模拟。

模型的验证因参考区域选取的不同而不同，应该说明是采用了同一组验证参数，还是在不同验证点采用了不同的参数。

4）模拟结果的时段检验

如果得出常绿阔叶林在 5~9 月的 NEP 和 NPP 均为负值的结果，则模拟是有问题的。因为在植物生长水热条件最佳的几个月，其 NEP 和 NPP 为负值，这个结果显然不符合生物学规律。造成此结果的原因，很可能是作者在对模型的使用上没有很好地设定相关参数，而只是进行了简单的计算。

模型的验证在使用数据上应一致。例如，模拟黄河入海泥沙，使用遥感数据的时段是 2004 年 6 月，正值黄河调水调沙的时段，入海的径流、含沙量高，而数值模拟采用的地形却是 1983 年的岸线地形，并且没有交代入海水沙的边界条件。该研究只从局部悬沙浓度的水平梯度上来作简单对比，因此无法证明模型结果的正确性。因为任何一个河口以点源的形式向海输入泥沙，都会在河口附近产生较大的泥沙、盐度、温度水平梯度，这并不是什么新的发现和结论，依此来证明"数值模拟结果与实测结果非常接近，表明模型在海洋悬沙浓度分布模拟方面具有很高的可信度"这一结论不可靠。

5）模拟数据与原始数据的区别

在进行模拟数据与实测数据对比检验时，不能用模拟 100 年的月平均值与模拟 30 年的月平均值比较，而应统一使用 30 年的模拟结果比较，并且最好比较日结果。这种比较的结果会说明模拟计算的参数化能力，同时也可看出此方法所得参数化数据到底应该用于哪些地区。

第13章 综述评论类论文的写作

地理学综述评论类论文是对前人做过的某一专业或者某一领域的研究进行总结、分析、归纳，指出前人工作的主要类型、基本方法、发展过程、研究区域、结果优劣，并提出今后研究的方向。

综述评论类论文的写作要点为：①应围绕一定的主线写，不能议题太广，面面俱到；②全面系统地收集前人的成果，并选择其中有代表性的文献，按照一定顺序，归纳和整理前人的工作成果；③对前人成果进行对比分析；指出以往研究的特点和有待改进之处。

13.1 综述资料的收集

对前人成果的收集和选取应该有代表性，包括不同研究区域、不同时间尺度和不同研究方法的研究成果。

1）不同研究区域的资料收集

前人的工作成果往往涉及不同区域，所以收集前人工作时要考虑其区域代表性，避免只收集部分区域的研究结果，既要有国内的研究成果，也要有国际的研究资料。要收集不同区域范围的研究成果，包括全球范围、全国范围、区域范围、局部范围等不同空间尺度的分析。

2）不同时空尺度的资料收集

为了研究地理要素的不同变化周期和不同发展趋势，地理学论文经常选择不同时段的数据进行研究，所以综述论文也要注意收集不同时间尺度的研究成果。例如，综述气候变化研究，可收集研究第四纪200万年、研究全新世1万年以来、研究历史时期近2000年以来，以及研究现代60年以来的成果。

在进行空间尺度研究的评述时，应注意分析各类重要的尺度问题。例如，汤国安（2014）在总结数字地形分析的尺度问题时，集中分析了尺度效应、最佳尺度、尺度转换等3个关键要素。

3）不同研究方法的资料收集

地理学的很多研究涉及不同专业领域，甚至扩展到地理学的相邻学科。因此要注意相邻学科研究成果的收集。

应注意收集不同学科研究方法的工作成果；研究同一项目，由于研究学科不同，采用的研究方法也会不同。通过收集前人不同研究方法得到的研究结论，可以全面和系统地掌握相关的研究成果。

13.2 综述内容的排序

综述论文写作要有条理性，将大量前人成果进行组合排列，应该按一定的规则进行排序。综述的内容可按照研究类型、研究方法、研究尺度、研究阶段、研究区域等5个方面进行排序。采用何种方式排列，主要取决于：①综述评论的目的；②已有资料的类型；③未来研究的方向。

13.2.1 按理论类型排序

1）按学术理论的类型排列

例如，"20世纪30年代以来，国外商业地理学研究不断深入，产生了相互作用理论、地租理论、行为理论、零售制度理论、熵最大值模型、购物行为随机模型、动态选择模型、卡托那循环模型和霍华特循环模型等经典理论和方法论成果。……"。

2）按影响作用的类型排列

综述分析各类地理要素及其在地理系统中的功能和作用时，可以按照其作用类型排列。例如，青藏高原生态系统对我国生态安全的屏障作用主要表现在：①水源涵养作用；②生物多样性保护作用；③水土保持作用；④碳源/汇作用（孙鸿烈等，2012）。

3）按项目指标的类型排列

综述各种地理要素变化时，可按其发展趋势的类型排列。例如，主体功能区划指标项大体有3种类型：一种是有着比较一致的变化趋势；另一种是总体走势还比较明确，但变化过程是波折起伏的；第三种是总体走势不明确而且是起伏多变的（樊杰，2007）。

13.2.2 按研究方法排序

按前人的不同研究方法排列，由简略到详细地说明每一种方法的用途，以及样本分析的内容。例如，"中国学者从不同方面探讨了中国城市化的发展特征。郝寿义研究了中国城市化发展阶段，指出中国城市化的特殊性。陈波翀通过构造时间序列模型，认为中国的城市化快速发展始于1996年。宁登通过分析经济转型对城市化机制的影响，认为中国的城市化表现为自上而下的政府主导与自下而上的市场主导相结合。杨虹对比了不同城市化的模式，并探讨了不同模式的特征和差异。薛凤旋阐述了外资对中国城市化的重要意义，提出外资是发展中国家城市化新动力的观点。宁越敏分析中国出现的城市化趋势，认为中国政府、企业和个人相结合的多元城市化动力与20世纪90年代以来的城市化进程相适应。刘传江研究了城市化的生成机制，认为产业结构转换是城市化的动力机制"。

再如，"目前土壤碳储量估计的方法有：生命地带类型法、森林类型法、土组法、气候参数法和土壤类型法"。

接下来，最好进一步确切说明分析方法。例如，"在进行统计时，采用了彭曼公式、线性趋势法、相关分析、波谱分析、逐步回归法和均生函数等统计方法"。最好分别说明：利用彭曼公式分析了……、利用线性趋势法分析了……、利用相关分析分析了……、利用波谱分析分析了……、利用逐步回归法分析了……、利用均生函数分析了……。

对数学模型综述的排序可以按照计算精度的高低、适用范围的大小、使用方法的繁略、参数率定的难易等进行内容排序。

13.2.3 按研究尺度排序

对综述的内容按照已有工作成果的研究尺度（宏观、微观）、区域尺度、时间尺度和学科范围等（表 13.1）的大小顺序论述。

表 13.1 综述的表格使用举例：地球系统科学国际重大计划及其与自然地理学的关联
（蔡运龙等，2009）

计划名称	研究目标	主要内容	自然地理学的贡献与作用	对自然地理学发展的影响
国际地圈生物圈计划（IGBP）	认识主导整个地球系统的一系列相互作用过程，为改善地球的可持续发展提供科学知识	提出科学的认知，帮助人类社会与地球环境协调发展；描述及理解作用于整个地球系统的物理、化学及生物学相互作用过程，生物赖以生存的唯一的环境地球体系中发生的变化，以及人类活动对环境影响的方式	提供地球系统各个子系统的格局与过程背景知识；提供地表自然地理过程与格局的综合分析框架	拓展自然地理学的研究和应用领域；加强自然地理学各个分支的研究深度；改进自然地理学研究的方法和技术；在地球系统科学的构建中发挥重要作用
世界气候研究计划（WCRP）	提高气候的可预报程度，认识人类活动对气候的影响	地球系统中有关气候的物理过程，涉及整个气候系统。其主要部分是大气、海洋、低温层（冰雪圈）和陆地及这些组成部分之间的相互作用和反馈。它主要关心的是时间尺度为数周到数十年的气候变化	提供要素间综合分析的研究范式；提供气候要素与其他自然地理要素相互作用的机理与方式；以地表自然地理过程与格局的认知改善气候变化模式	增加自然地理学中有关气象气候要素的知识；增进对地球表层各圈层相互作用及耦合机理的认识；提高对自然地理系统变化趋势的预知能力
国际全球环境变化人文因素计划（IHDP）	理解人文因素在全球变化中的作用，为建立资源、环境与生态安全及可持续发展提供支撑	侧重描述、分析和理解全球变化中的人文因素影响，研究全球环境变化背景下土地变化，全球环境变化的制度因素，人类安全，可持续性生产、消费系统，以及食物、水、全球碳循环等重大问题	提供土地变化及各种自然资源数量、变化、分布及形成机理的知识；提供人类活动与自然环境相互作用（人-地关系）的范式	增强对于人地关系相互作用机制的理解；提升定量模拟分析人为作用下土地变化及各种自然资源动态变化的技术与方法水平
国际生物多样性计划（DIVERSITAS）	推动生物多样性科学的集成化发展；为生物多样性的保护和可持续利用提供科学基础	生物起源；生物发现；生态系统服务；生物可持续性。	提供全球及区域生物多样性发育、分布、保护、修复格局的地学基础	增强对于地球表层生命格局形成与维持机制的理解；形成地理-生态学的研究范式

续表

计划名称	研究目标	主要内容	自然地理学的贡献与作用	对自然地理学发展的影响
国际地质对比计划（IGCP）	深入认识影响全球环境的地球科学因素，以改善人类生活环境；制定更有效的方法寻找并可持续地开采矿产、能源及地下水等资源	水循环的地球科学、地质灾害、地球资源，全球变化及生物进化，地球深部及其他与基础应用地球科学相关的专题	提供水分循环等物理过程的形成机制和格局；提供矿产资源形成及地质灾害孕育的地学背景理论和知识	拓展自然地理学在资源勘查与开采、防灾减灾等方面的研究领域；完善资源形成及致灾机理的自然地理学理论

13.2.4 按发展阶段排序

对学科发展过程、学科理论发展、研究方法改进等内容进行综述时，一般应按成果发表的顺序排列，通常是前期粗略，后期详细，并且要指出各个阶段的发展特征和标志。

1) 阐述研究的发展阶段

按前人成果的出现时间先后划分发展阶段，并列举分析各阶段的代表性文献。分析内容包括：建立分期的标志、说明分期的年代。

2) 说明分期的主要特征

对学科研究进程的综述，应该指出不同发展阶段的主要特征。例如，研究方法的改进、研究区域的拓展、研究对象的细化、研究学科的扩大等。

对地理学不同专业的问题，往往存在不同的学术观点。在综述研究中可按不同观点提出的时间顺序进行排序分析。

13.2.5 按研究区域排序

综述不同学科的研究结果，应按照一定的区域规律进行先后阐述。

1) 不同研究范围的成果一般由大到小排列

综述前人成果时，一般先阐述全球范围、全国范围的大区域成果，再介绍中小范围的省市区域的研究成果。

2) 不同研究区域的成果一般按一定方位排

对不同研究区域的成果应选择各个区域代表性的成果进行总结，按区域总结排列的顺序最好是自南向北、由东至西或从低海拔地区向高海拔地区，依次分析。

13.3 评述分析的要点

13.3.1 研究内容的层次

1) 分析同一学术领域的不同研究层面

不同学科的学者往往会从不同研究层面开展对某一研究领域的相关研究。综述时应系统评述该领域的不同研究层面。例如,孙鸿烈等(2012)在评述青藏高原国家生态安全时,分别从青藏高原生态安全屏障的主要功能、面临的威胁、保护与建设进展、未来保护与建设的思考论述了该领域的四个不同研究层面。

2)分析同一研究层面的不同研究内容

不同专业的学者会选择不同内容开展同一研究层面的分析。例如,在综述青藏高原国家生态安全屏障面临的威胁时,孙鸿烈等(2012)分别从青藏高原的冰川退缩、生物多样性受到威胁、土地退化显著、水土流失加重、自然灾害频发等5个方面的总结了前人研究内容。

3)分析同一研究内容的不同研究属性

在评述同一研究内容的未来发展时,可提出构建具有不同属性的研究体系。例如,樊杰(2007)在评述地域功能属性时,总结了地域功能属性所包括的主观认知属性、多样构成属性、相互作用属性、空间变异属性和时间演变属性等五种基本属性。

13.3.2 研究区域的差异

1)分析不同研究区域的工作数量差异

用表格对比各类区域划分标准的依据、目的、优缺点。

用表格列出各种评价方法的应用范围、环境条件、优缺点等,使读者可以根据自己的研究目的、研究区域、数据资料掌握情况选择应该采取的方式。

2)区域差异的规律

在地图用不同线段标出各种区划结果分界线的位置。

3)区域特征的背景

研究不同区域的地理环境差异对研究要素的影响。例如,降水对径流的影响,在热带、温带、寒带或旱区、湿地、山地等不同区域是不一样的。

13.3.3 研究方法的侧重

有些地理要素的研究涉及不同的学科,而每种学科的研究角度和尺度都会有所侧重。全面对比分析不同学科的研究方法,有利于避免学科的局限性。对前人研究成果不能局限于一般性介绍,应分析不同前人成果之间的相互联系和区别,将各类研究方法的侧重和优劣之处进行比较。对一些有问题的论文,即使发表了也可以不提。

对不同数学模型应用的综述应对比分析各模型的区域适用性和优缺点。要对比说明不同数学模型的参数设置、系数律定,以及不同模拟结果。

13.3.4 研究发展的趋势

1)指出研究中存在的问题

综述文章中,要具体指出研究中存在问题的。例如,对研究手段、研究方法中存在的问题,应指出具体的缺陷,不要含糊其辞。

2)分析出现问题的原因

主要应从数据获取、区域差异影响等方面,系统地分析以往研究中的问题,并有针对性地指出其中问题出现的原因。

3）提出解决问题的设想

对未来需要解决的问题，应提出解决问题的切入点、需要补充的数据、改进的方法等。

4）分析未来研究的发展趋势

包括应用方法、应用学科、应用地域、应用内容上的趋势，以及今后在哪些方面还有待继续深入、哪些科学问题还需要重点开展研究。

综述评论类论文的最后部分一般应该用"结语"，而不是"结论"。

参 考 文 献

保继刚, 林敏慧. 2014. 历史村镇的旅游商业化控制研究. 地理学报, 69 (2): 268~277
蔡运龙, 李双成, 方修琦等. 2009. 自然地理学研究前沿. 地理学报, 64 (11): 1363~1374
陈明星, 陆大道, 张华. 2009. 中国城市化水平的综合测度及其动力因子分析. 地理学报, 64 (4): 387~398
陈同斌, 宋波, 郑袁明等. 2006. 北京市蔬菜和菜地土壤砷含量及其健康风险分析. 地理学报, 61 (3): 297~310
陈亚宁, 李卫红, 徐海亮等. 2003. 塔里木河下游地下水位对植被的影响. 地理学报, 58 (4): 542~549
邓祥征. 2008. 土地系统动态模拟. 北京: 中国大地出版社
冯益明, 吴波, 姚爱冬等. 2014. 戈壁分类体系与编目研究. 地理学报, 69 (3): 391~398
樊杰. 2007. 我国主体功能区划的科学基础. 地理学报, 62 (4): 339~350
傅伯杰. 2014. 地理学综合研究的途径与方法: 格局与过程耦合. 地理学报, 69 (8): 1052~1069
高志强, 刘纪远, 曹明奎等. 2004. 土地利用和气候变化对区域净初级生产力影响. 地理学报, 59 (4): 581~591
葛全胜, 刘健, 方修琦等. 2013. 过去2000年冷暖变化的基本特征与主要暖期. 地理学报, 68 (5): 579~592
宫兆宁, 张翼然, 宫辉力等. 2011. 北京湿地景观格局演变特征与驱动机制分析. 地理学报, 66 (1): 77~88
韩秀云. 2001. 最后一击: MBA论文选题、写作与答辩. 北京: 中国青年出版社
韩志勇, 李徐生, 任雪梅等. 2006. 三峡库区长江阶地冲积物的年代测定. 地理学报, 61 (11): 1200~1207
何书金, 姚鲁烽, 赵歆. 2007a. 地理学论文的写作规范与要求. 地理学报, 62 (6): 669~672
何书金, 姚鲁烽, 赵歆. 2007b. 地理学论文的表格要求. 地理学报, 62 (2): 222~224
黄春长, 李晓刚, 庞奖励等. 2012. 黄河永和关段全新世古洪水研究. 地理学报, 67 (11): 1493~1504
江源, 黄晓霞, 黄秋如等. 2005. 小五台山亚高山景观尺度水热条件与植被关系. 地理学报, 60 (4): 698~704
《科技写作与编辑指南》编委会. 2010. 科技写作与编辑指南. 北京: 地震出版社
刘昌明, 岳天祥, 周成虎. 2000. 地理学的数学模型与应用. 北京: 科学出版社
刘昌明, 郑度, 陆大道等. 2005. 地理学研究的发展方向——地理学期刊主编笔谈. 地理学报, 60 (4): 531~545
刘昌明, 张丹. 2011. 中国地表潜在蒸散发敏感性的时空变化特征分析. 地理学报, 66 (5): 579~588
刘春凤, 何书金, 赵歆等. 2009. 地理学论文中常见的格式问题. 地理科学进展, 28 (3): 478~480
刘春霞, 李月臣, 杨华等. 2011. 三峡库区重庆段生态与环境敏感性综合评价. 地理学报, 66 (5): 631~642
刘红玉, 张世奎, 吕宪国. 2004. 三江平原湿地景观结构的时空变化. 地理学报, 59 (3): 391~400
刘纪远, 张增祥, 徐新良等. 2009. 21世纪初中国土地利用变化的空间格局与驱动力分析. 地理学报, 64 (12): 1411~1420
刘纪远, 匡文慧, 张增祥等. 2014. 20世纪80年代末以来中国土地利用变化的基本特征与空间格局. 地理学报, 69 (1): 3~14
刘盛和, 邓羽, 胡章. 2010. 中国流动人口地域类型的划分方法及空间分布特征. 地理学报, 65 (10): 1187~1197
刘毅, 杨宇. 2012. 历史时期中国重大自然灾害时空分异特征. 地理学报, 67 (3): 291~1300
卢思佳, 张小雷, 雷军. 2009. 新疆铁路沿线城市与工业和谐度及其时空分异. 地理学报, 64 (8): 911~923
罗格平, 张百平. 2006. 干旱区可持续土地利用模式分析——以天山北坡为例. 地理学报, 61 (11): 1160~1170
马建华. 2004. 试论伏牛山南坡土壤垂直分异规律. 地理学报, 59 (6): 998~1011
孟秀敬, 张士锋, 张永勇等. 2012. 河西走廊57年来气温和降水时空变化特征. 地理学报, 67 (11): 1482~1492

参 考 文 献

牛汝辰. 2003. 测绘科研与论文写作. 哈尔滨：哈尔滨地图出版社
欧先交，李保生，靳鹤龄等. 2006. 萨拉乌苏河流域萨拉乌苏组沙丘砂沉积特征. 地理学报，61（9）：965~975
彭俊，陈沈良，李谷祺等. 2012. 黄河三角洲岸线及现行河口区水下地形演变. 地理学报，67（3）：368~376
齐德利，于蓉，张忍顺等. 2005. 中国丹霞地貌空间格局. 地理学报，60（1）：41~52
任美锷，杨纫章. 1961. 中国自然区划问题. 地理学报，27（1）：66~73
任胜利. 2004. 英语科技论文撰写与投稿. 北京：科学出版社
史培军，陈晋，潘耀忠. 2000. 深圳市土地利用变化机制分析. 地理学报，55（2）：151~160
孙鸿烈，郑度，姚檀栋等. 2012. 青藏高原国家生态安全屏障保护与建设. 地理学报，67（1）：3~12
唐川，朱静. 2005. 基于 GIS 的山洪灾害风险区划. 地理学报，60（1）：87~94
汤国安，刘学军，闾国年. 2005. 数字高程模型及地学分析的原理与方法. 北京：科学出版社
汤国安. 2014. 我国数字高程模型与数字地形分析研究进展. 地理学报，69（1）：1305~1325
王乾都. 2002. 学术研究与论文写作. 北京：军事科学出版社
王涛，吴薇，薛娴等. 2004. 近50年来中国北方沙漠化土地的时空变化. 地理学报，59（2）：203~212
王雪芹，蒋进，雷加强等. 2003. 古尔班通古特沙漠短命植物分布及其沙面稳定意义. 地理学报，58（4）：598~605
王燕. 2005. 应用时间序列分析. 北京：中国人民大学出版社
王志恒，陈安平，方精云. 2004. 湖南省种子植物物种丰富度与地形的关系. 地理学报，59（6）：889~894
韦跃龙，陈伟海，黄保健等. 2010. 广西乐业国家地质公园地质遗迹成景机制及模式. 地理学报，65（5）：580~594
徐建华，岳文泽，谈文琦. 2004. 城市景观格局尺度效应的空间统计规律. 地理学报，59（6）：1058~1067
殷培红，方修琦，张学珍等. 2010. 中国粮食单产对气候变化的敏感性评价. 地理学报，65（5）：516
许炯心. 2004. 基于对 Leopold-Wolman 关于修正的河床河型判别. 地理学报，59（3）：462~467
许炯心. 2009. 黄河干流龙门至三门峡间泥沙沉积汇的研究. 地理学报，64（5）：515~530
杨晓燕，夏正楷，崔之久等. 2004. 青海官亭盆地考古遗堆积形态的环境背景. 地理学报，59（3）：455~461
闫小培，毛蒋兴. 2004. 高密度开发城市的交通与土地利用互动关系——以广州为例. 地理学报，59（5）：643~652
姚鲁烽，赵歆. 2002. 地学论文审稿中的数据分析. 编辑学报，14（1）：34~35
姚鲁烽，何书金，赵歆. 2007a. 地理学论文的插图要求. 地理学报，62（1）：104~111
姚鲁烽，何书金，赵歆. 2007b. 地理学论文的数学模型写作要求. 地理学报，62（5）：555~560
姚鲁烽，何书金，赵歆. 2008. 地理学论文参考文献的规范要求. 地理学报，63（6）：669~671
姚鲁烽，何书金，赵歆. 2013. 地理学时空变化类论文的写作. 地理学报，68（7）：1007~1011
于东升，史学正，王洪杰等. 2004. 铁铝土的发生分类与系统分类参比特征. 地理学报，59（5）：671~679
岳天祥. 2003. 资源环境数学模型手册. 北京：科学出版社
赵松乔. 1983. 中国综合自然区划的一个新方案. 地理学报，38（1）：1~10
赵歆，姚鲁烽. 2001. 科技期刊中彩色插图的作用与要求. 中国科技期刊研究，12（5）：402~403
赵歆，姚鲁烽，何书金. 2007. 地理学论文的英文写作问题. 地理学报，62（3）334~336
赵歆，何书金，姚鲁烽. 2014. 地理学实验分析类论文的写作. 地理学报，69（5）：697~705
章伟艳，张霄宇，金海燕. 2013. 长江口—杭州湾及其邻近海域沉积动力环境及物源分析. 地理学报，68（5）：640~650
郑度，欧阳，周成虎. 2008. 对自然地理区划方法的认识与思考. 地理学报，63（6）：563~573
郑景云，王绍武. 2005. 中国过去2000年气候变化的评估. 地理学报，60（1）：21~31
朱诚，彭华，李中轩等. 2009. 浙江江郎山丹霞地貌发育的年代与成因. 地理学报，64（1）：21~32
朱诚，吴立，李兰等. 2014. 长江流域全新世环境考古研究进展. 地理学报，69（9）：1268~1283
朱鹤健，何绍福，姚成胜. 2009. 农业资源系统耦合模拟与应用. 北京：科学出版社
Maidment D R. 2002. 水文学手册. 张建云等译. 北京：科学出版社

附录 A 《地理学报》投稿问题解答

编辑在接受和处理来稿过程中,作者经常会提出一些与论文投稿相关的问题。为了使作者更好地处理投稿当中遇到的问题,我们将其中一些常见问题解答如下,供来稿作者、特别是初次投稿的作者参考,希望大家在来稿时引起注意,从而使稿件能尽快通过评审。

1. 论文投稿的重要原则是什么?

投递科技论文最重要的原则是:不抄袭他人成果、不一稿多投。

(1) 不抄袭他人成果。每个作者都应遵守科学工作者的道德规范。现在国内外用中英文查重软件检查论文抄袭是非常容易的。即使有些作者通过改换词句达到避免电脑软件查出的目的,还是会被他人发现,毕竟同行之间会经常查阅相关文献。

(2) 不要一稿多投。有个别稿件先后投递到不同期刊,随后不同期刊的编辑又不约而同地送给同一专家审稿。其作者给审稿专家和期刊编辑造成了负面的影响。即使审稿时没被编辑和专家发现,在发表后被查出则造成了更恶劣的影响。

2. 我的论文研究内容是否适宜在《地理学报》发表?

有些论文属于学科交叉性论文,可以发表在不同学科上。较为简单的判别投稿期刊的方法是:通过研究内容、利用参考文献、检索期刊网站等三种方法选择期刊。

(1) 通过研究内容选择。判断一篇论文应该投向哪一学科的期刊,首先要看该论文讨论的问题主要是属于什么学科研究范畴的,其次要看研究的对象主要是受到哪种学科关注的。

(2) 利用参考文献选择。检查一下自己论文后面的参考文献主要是发表在哪些学科期刊上的。有一些论文是可以在不同学科的期刊上发表的。当然,论文是否能发表,编辑部要依据审稿专家的意见而定。

(3) 检索期刊网站选择。将论文研究的学科关键词在中国期刊网(CNKI)、万方数据、维普资讯网等大型期刊网站上检索,将论文研究对象的关键词输入期刊网站,查看近几年同类研究问题主要发表在哪些学科的期刊上,以此选择投稿期刊的学科类型。

3. 怎样向《地理学报》投稿?

请使用在线投稿(www.geog.com.cn)。作者投稿后,我们将尽快对稿件进行初审和送审处理，审稿结果请直接在网上查询即可。不要委托他人交稿或接受审稿意见。由于编辑部待处理的稿件很多，而多数稿件是多位作者合著的，所以编辑通常只与第一作者或通信作者联系有关审稿、改稿、刊稿和退稿的事宜，以免造成稿件处理过程中的延误。

为了使编辑能够及时、方便地与作者取得联系，作者应在投稿系统中提供详细地址、电话、邮政编码、电子信箱等。

（1）大学的作者单位要有院系名称，不能仅有大学名称而无学院名称。

（2）提供办公电话和手机号码。有些稿件问题需要编辑与作者通过电话进行沟通。

（3）邮政编码必须准确，现在很多大学分散在不同园区，同一学校的邮政编码很可能不同。

（4）有的作者有多个电子信箱地址。在线投稿和与编辑联系要提供常用的邮箱。

4. 投稿后需要等多长时间才能得到审稿意见？

这是作者提出最多的问题，也是最难确切回答的问题。因为论文送审后得到审稿意见的时间相差很大，有的论文送审后仅 2~3 天就得到了反馈意见，而有的论文送审后 3~5 个月也得不到答复。审稿周期主要受论文的学术质量和格式规范的影响。

各期刊的审稿、刊稿速度不同，作者可以阅读关注各刊在论文首页脚注中标注的收稿日期和修订日期，以供投稿时参考。一般来讲，《地理学报》反馈给作者审稿意见的平均时间在 3 个月内，平均刊稿周期在 6 个月左右。

5. 怎样才能尽快得到审稿意见？

1）仔细检查稿件

投稿前作者应静下心来用 1~2 天的时间仔细校对两遍，多位作者合写的稿件应该在投稿以前送交每位作者仔细检查，以最大限度地减少错字、病句、数据错误，给编辑和审稿人留下好印象。

这里特别善意提醒：有些研究生怕耽误毕业和获得学位，匆匆赶写完论文后，未经仔细检查就投稿，接着就催编辑要审稿意见，结果常常不是论文被退就是长时间得不到审稿意见反馈。一些作者错误地认为，早一天投稿就会早一天得到审稿意见。实际上，论文格式完善与否是决定审稿过程快慢的重要因素之一。

2）注意插图和表格

在很多实证性论文中，文字、插图、表格的工作量各占 1/3。有的作者只校对文字，而忽略了图表的检查，这同样不能给人留下好印象。

为方便专家审稿，图表要插在论文相应的位置，并且插图上的文字、线段和边界等要素一定要清晰，表格数据的排列要有序。

3）尽量避免在节假日前交稿

每年新年春节前编辑部都收到大量的稿件，而这时正是大多数同行进行年终总结、课题结账及课题申请的时期,因此很多审稿人根本无暇审理稿件。所以,我们建议作者应该在节假日期间细心检查稿件,节后再投稿。多年编辑实践证明,节后投递出的经过认真检查的稿件,往往比节前匆匆投递的稿件的评审时间短。

4)尽量不在长期出差出国前交稿

这类稿件往往是在思想浮动状态下完成的,稿件质量不高,所以通过率很低。出差回国后又往往找不到编辑部传回的审稿意见。

6. 稿件评审录用的标准是什么？

有的作者认为:审稿人只提出了一些无关紧要的问题,明明改了就可以发表,为什么审稿结果是退稿?主要有以下原因:

1)论文写作太马虎

当审稿人发现论文中出现某类错误太多时,往往不会一一指出,而是仅举一二个例子。这时,作者应举一反三,将论文中的同类错误全面检查出来并予以改正。作者没有在文字上下大功夫,给人的感觉是文章没写好就投稿了,语言很不严谨。所以,作者一定要严格检查文章的基本面,做到尽善尽美,不要让评审人稍微浏览就发现如此多的基本错误。这不仅浪费评审专家的时间,而且让他们对论文的印象大大打折扣。

2)缺少必要的数据

有的作者将所获得的数据拆开,分解成不同论文分别投递到不同期刊,这种作法在向高水平期刊投稿时,难以获得通过。

7. 论文检查需要注意哪些方面的问题？

在投稿前必须仔细检查论文,特别应侧重于以下几个方面:

1)论文格式检查

论文的格式要与投稿期刊相符。否则审稿人可能认为该稿是一稿多投,或是其他期刊的退稿。作者可按期刊的征稿简则和近期发表论文格式去规范稿件。

2)各类序号的检查

检查论文中五大类序号的完整性,包括标题序号、插图序号、表格序号、数学公式序号和参考文献序号。不同等级的标题序号可以使论文的层次更清晰,有利于读者了解论文的结构,也有利于审稿专家指出问题的所在之处。

3)数据数字的检查

凡有数据出现的地方,都一定要仔细检查与数据相关的要素。主要检查以下方面是否交代清楚了,即数据的出处、时间、时段长度、区域地点、精度、误差、采集环境、测定仪器、处理过程、计量单位、种类属性等。

4)插图表格的检查

图表的标题要有自明性,标题中要包含时间、研究地区等方面的内容,使读者脱离正文也能看懂图表。

插图的线条和字体要清晰，图中文字尽量不要压线；图形文件的精度要达到600dpi；地图的图例和比例尺要齐全；插图中的字体一般用5号、小5号、6号、小6号等。依据行政区级别、干支流等级等选择不同的字体和字号；图组的分图要有分图序号和分图标题；全国地图要有南海诸岛、钓鱼岛和赤尾屿等；曲线图要有纵横坐标的标题；曲线图的纵横坐标数值精度要一致。

表格的行列要层次分明、分类有序，行列可按数据的重要程度、隶属关系或数值大小排列先后顺序；用于相关对比的数据要做到精度一致、个位数对齐。

5）数学公式的检查

数学公式中所有的参数都要在公式下自左至右地标注清楚；要说明输入数学模型中的各类数据的出处和时段；公式中的变量应为斜体。数学公式参数的上下标要规范。

6）参考文献的检查

参考文献的要素应齐全，作者名、刊名、刊期等要正确；在文中引用他人的数据、方法、图表、公式、结论等，一定要用参考文献标明出处；尽量不要用"待刊"的论文，以免审稿人无法判断论据的可靠性。

7）语言文字的检查

文字重点检查电脑输入时容易产生的笔误、英文缩写首次出现时是否有全称的说明、化学符号的上下标是否正确、标点符号的使用是否正确、段落划分是否合理等。英文缩写在文中第一次出现时要注明中英文的全称（GIS、RS等常用英文缩写除外）。

8）文章结构的检查

检查论文不仅要进行对其各部分进行检查，还要从论文的整体框架上进行结构检查，特别是要写好摘要、引言、结论等关键的三个部分，这是审稿专家首先检查的地方。主要检查内容包括：论文摘要、结论与正文是否前后呼应；论文的图表与文字是否协调一致；论文的各级标题是否系统全面；次级标题是否围绕论文主题展开。

8. 审稿专家同意论文修改后发表，但对其中有的具体审稿意见不同意，怎么办？

作者应该回信说明论文修改情况，供编辑和审稿专家参考。对不同意的审稿意见应给予必要的说明，对审稿意见的反驳应该是进行科学的说理，而不是简单地否定。也可以在论文中增加"讨论"一节，说明不同观点的分歧和未来解决的方向。

9. 审稿意见要求论文修改后重审，这是修改后能发表还是退稿的托词？

两种可能性都有，编辑也难确定审稿人的最终意见。作者应参考审稿意见，修改和完善自己的论文，给审稿专家以满意的答复。

10. 审稿意见否定了我的论文，但我不认可审稿意见，是否可另请专家重审稿件？

作者对审稿意见提出异议是常有的事。我们的建议是：作者对审稿意见中同意的部分应修改完善，对不同意的部分可不做修改，然后将修改稿改投到其他期刊。现在科技期刊种类很多，一篇好的论文绝不会因为个别审稿误判而失去发表机会，有价值的科研成果终究会得到学术界的认可。作者及时将论文改投他刊，而不要纠结在某一期刊，这样可以更快地发表论文。

作者和审稿人对学术观点存在争议是每个期刊和编辑部都会面临的问题。国内外期刊编辑部对于有争议的论文一般都不再进一步审理。主要是基于以下原因：

（1）审稿人容易误认为编辑与作者有关系，所以编辑要重审稿件。
（2）审稿人自己下次向期刊投稿遇到否定意见时，也会参照此例要求重审稿件。
（3）审稿人误以为本刊编辑对稿件要求低，以后审稿时放松对稿件的要求。

所以建议作者参考审稿意见完善稿件后将论文改投他刊。

11. 审稿意见都是一些小问题，却被拒绝刊登，可否修改后重投？

细节决定成败。有些问题表面看来是小问题，但却反映了作者的学风和是否有从事科研工作的严谨态度。期刊编辑部挑选的审稿专家都是发表论文多、学术影响大的专业学者。这些学者的共同特点是工作认真、审稿仔细，他们可以从论文撰写的一些细节上察辨作者的写稿心态是浮躁还是认真。认真写作的论文往往会得到仔细的审稿意见，而草率成稿的论文只能得到概略的退稿答复。

有些作者在投稿时存在着一些思想误区：

（1）认为有些小问题不重要，待审稿通过后再改都行。

实际上小问题太多也会影响影响稿件的最终审稿结果。现在审稿专家的科研教学工作都很繁忙，接受各种期刊的送审稿件也越来越多。他们对错误较多的论文常常难以一一指出所有问题，只能挑选其中主要问题作为退稿依据。

（2）认为论文格式的修改是编辑的事，作者投稿可以先不考虑格式。

实际上对于论文格式的要求不仅是编辑出版的要求，更重要的是读者的需要。规范的论文格式有助于读者对论文的理解。而论文的第一读者是审稿专家。编辑在收到稿件后，首先将稿件送交审稿专家评审。只有稿件通过评审和修改后，编辑再对格式等进行必要的编辑加工。审稿专家对于格式规范不同的论文经常会采取不同的审稿形式。有的作者在网上发帖，说自己往某家期刊投稿，其审稿人只提了一条意见就把稿件退回，后经过作者自己稍加整理后，此稿被改投到另外一家期刊，结果却得到了详细的修改意见，并最终使论文得以发表。由此我们可以看出"稍加整理"对于论文的评审结果是起到至关重要作用的。

12. 有的插图文件很大，插入论文中会因文件过大，难以实现在线投稿，怎么办？

有的插图文件太大，的确影响网络投稿。可利用 CorelDraw 或 Adobe Illustrator 或 Photoshop 绘图软件在保证文件精度的基础上缩小文件。具体步骤是：①在 CorelDraw 或 Adobe Illustrator 或 Photoshop 软件中新建图形；②打开或导入原图的 tif、jpg、bmp 等格式图形文件；③拉动图形文件的边角，将 CorelDraw 或 Adobe Illustrator 或 Photoshop 文件中的图件幅度缩小到 A4 纸内；④将文件导出形成新的 tif、jpg、bmp、等格式图形文件；⑤将压缩后形成的新图文件插入论文中。

13. 作者是否可以推荐审稿人或提出需要回避的审稿人？

各期刊的规定不尽相同。《地理学报》和多数期刊一样，一般不需要作者推荐审稿人，但作者可以提出需要回避的审稿人。为尊重作者的意愿，编辑不会把稿件送给需要回避的专家。

附录 B 《地理学报》论文检查项目

		检 查 项 目
各类序号	☐	各级标题序号的完整、连续
	☐	插图标题序号的完整、连续，在文中的位置都已标注
	☐	表格标题序号的完整、连续，在文中的位置都已标注
	☐	数学公式序号的完整、连续
	☐	参考文献序号的完整、连续，在文中的位置都已标注
插图格式	☐	插图文字是否清晰
	☐	地图比例尺的显示
	☐	图例设置是否齐全
	☐	地图经纬度的形式
	☐	国界位置是否标准
	☐	全国地图中的钓鱼岛、赤尾屿和南海诸岛标绘
	☐	曲线图是否有纵横坐标的标题和数值
表格规范	☐	纵横表头的说明是否齐全
	☐	行列的排序是否有必要进行分类合并
	☐	行列的排列是否有必要按数据大小排序
	☐	同类同列数值的精度是否一致
	☐	同列数值小数位是否对齐
正文内容	☐	数据的时段、地区、精度、出处、计量单位的完整性
	☐	文中与插图、表格、参考文献的衔接标注
	☐	中文错别字、电脑输入手误的检查
	☐	英文缩写首次出现时的中、英文全称是否标注
	☐	化学符号的上下标、大小写是否正确
	☐	各类标点符号的使用
	☐	各章节、段落的划分
数学公式	☐	参数符号的书写格式是否正确
	☐	参数符号的设置是否全文统一
	☐	参数符号的计量单位是否标注
	☐	参数是否按照在数学公式中排的顺序依次定义
	☐	参数的大小写、上下标、正斜体是否全文一致

续表

检查项目		
参考文献	☐	引用已经发布的数据出处是否有参考文献标注
	☐	引用前人观点和研究方法是否有参考文献标注
	☐	引用数学模型、计算公式是否有参考文献标注
	☐	引用分级、分类、分区标准是否有参考文献标注
	☐	参考文献的作者、题名、出处、年份是否都齐全
斜体格式	☐	数学公式中的变量符号是否是斜体
	☐	地图中江河湖海的名称是否是斜体
	☐	植物属种的拉丁文字母是否是斜体

附录C 《地理学报》审稿专家名录

本书作者向全体为《地理学报》审稿的专家表示衷心的感谢！专家们的审稿意见为提高《地理学报》论文水平提供了巨大的帮助，也为本书的编写提供了丰富的素材。

1. 北京相关单位及审稿专家

（1）中国科学院地理科学与资源研究所：摆万奇、鲍超、蔡建明、蔡强国、蔡宗夏、陈百明、陈明星、陈沈斌、陈田、陈同斌、陈玉福、成升魁、成夕芳、程维明、程志刚、戴尔阜、戴君虎、邓祥征、丁怀远、董锁成、董云社、杜云艳、樊杰、方创琳、方海燕、范广兵、范泽孟、封志明、高松凡、高晓路、高志强、葛全胜、耿元波、郭其蕴、郭腾云、顾定法、郝志新、何凡能、何剑锋、黄金川、黄荣金、胡序威、胡云锋、蒋艳、贾绍凤、金德生、金凤君、景可、姜德华、匡文慧、李保田、李炳元、李国胜、李九一、李克让、李丽娟、李鹏、李日邦、李秀彬、李永华、李晓燕、李裕瑞、李元芳、梁珊、梁涛、廖晓勇、刘昌明、刘高焕、刘红辉、刘慧、刘纪远、刘家明、刘盛和、刘苏峡、刘庆生、刘卫东、刘小莽、刘彦随、刘毅、刘岳、柳鉴容、林耀明、林振耀、廖晓勇、龙花楼、陆大道、陆锋、卢金发、鲁春霞、鲁奇、吕昌河、马丽、毛汉英、闵庆文、莫兴国、牛亚菲、钮仲勋、欧阳华、潘韬、齐玉春、秦承志、冉立山、沈镭、邵全琴、邵雪梅、申元村、师长兴、宋献方、宋周莺、苏奋振、孙威、孙晓敏、孙樱、谈明洪、陶福禄、唐登银、唐青蔚、王成金、王传胜、王国、王娇娥、王劲峰、王开泳、王礼茂、王黎明、王群英、王绍强、王守春、王随继、王五一、王秀红、王英杰、王兆锋、王中根、韦朝阳、吴绍洪、夏军、席建超、谢高地、谢又予、许炯心、徐勇、辛良杰、严茂超、杨林生、杨勤业、杨逸畴、杨小唤、姚永慧、姚治君、叶舜赞、尹云鹤、尹泽生、尤联元、于伯华、于贵瑞、于静洁、于强、于信芳、岳天祥、虞江萍、张百平、张国友、张宏业、张雷、张莉、张明、张仁华、张士锋、张宪洲、张学珍、张雪芹、张扬建、张义丰、张镱锂、张永勇、张文忠、赵东升、郑度、郑红星、郑景云、周才平、周成虎、钟林生、朱秉启、朱会义、朱晓华

（2）中国科学院大气物理研究所：段民征、冯锦明、郭学良、季劲钧、林中达、马柱国、谢正辉、徐兴奎、严中伟、于永强、张稳、张颖、赵得明、宗海锋

（3）中国科学院遥感应用研究所：龚建华、李飞、李晓松、廖静娟、卢善龙、田国良、田立德、徐进勇、吴艳红、张增祥

（4）中国科学院生态环境研究中心：陈利顶、冯晓明、傅伯杰、黄益宗、陆中臣、刘国华、吕一河、马克明、卫伟、郑华

（5）中国科学院青藏高原研究所：康世昌、刘景时、田立德、王君波、吴艳红、

杨威、赵华标、朱立平

(6) 中国科学院植物研究所：杜晓军、蒋高明、姜联合、任海保、郑元润、周广胜

(7) 中国科学院地质与地球物理研究所：郭正府、杨小平

(8) 中国科学院遗传与发育生物学研究所：沈彦俊

(9) 中国科学院政策与管理科学研究所：王铮

(10) 中国科学院大学资源环境学院：程淑兰、张晓平、石敏俊

(11) 北京大学城市与环境学院：蔡运龙、陈效逑、陈彦光、陈艺鑫、柴彦威、崔海亭、崔之久、曹广忠、邓辉、冯长春、冯健、韩光辉、韩茂莉、韩慕康、贺灿飞、胡兆量、李双成、李宜垠、李振山、刘耕年、蒙吉军、彭建、唐晓峰、陶澍、汪芳、王恩涌、王红亚、王缉慈、王仰麟、吴必虎、夏正楷、许学工、周一星

(12) 北京大学遥感与GIS研究所：承继成、刘瑜、马蔼乃、田原、邬伦

(13) 北京大学物理学院大气与海洋科学系：付遵涛、李成才、王绍武、闻新宇

(14) 北京大学政府管理学院：李国平、杨开忠

(15) 清华大学水利系：胡和平、倪广恒、尚松浩、王兴奎、王忠静、吴保生、夏军强、赵建世、张仁

(16) 清华大学建筑学院：顾朝林、刘志林

(17) 清华大学环境系：柏延臣

(18) 北京师范大学地理科学与遥感学院：戴永久、方修琦、葛岳静、梁进社、廖要明、刘宝元、刘绍民、潘峰华、宋金平、苏筠、孙睿、王静爱、王志强、吴殿廷、许嘉琳、杨胜天、赵济、周尚意

(19) 北京师范大学资源学院：龚道溢、哈斯、何春阳、康慕谊、李小雁、潘耀忠、殷培红、于德永、朱文泉

(20) 北京师范大学环境学院：郝芳华、刘世梁、邱扬、赵烨

(21) 北京师范大学水科学研究院：王红瑞、徐宗学

(22) 北京师范大学减灾与应急管理研究院：蒋卫国、鲁瑞洁、武建军

(23) 北京师范大学全球变化与地球系统科学研究院：何斌、丑洁明

(24) 北京师范大学地表过程与资源生态国家重点实验室：毛睿、谢云

(25) 北京师范大学环境演变与自然灾害国家重点实验室：李景刚

(26) 首都师范大学资源环境与旅游学院：宫兆宁、吕拉昌、申玉铭、王茂军、王鹏飞、周德民

(27) 中国旅游研究院：吴普

(28) 中国医学科学院北京协和医学院：杨明

(29) 水利部水利水电规划设计总院：曹建廷

(30) 环境保护部环境规划院：饶胜

(31) 环境保护部环境与经济政策研究中心：殷培红

(32) 中国环境科学研究院国家环境保护区域生态过程实验室：杜加强

(33) 北京联合大学商务学院会展所：刘敏

（34）中国地震局地质研究所：魏海泉
（35）国土资源部土地整理中心：王军
（36）中国地质科学院矿产资源研究所：赵汀
（37）中国地质科学院地质研究所：王永
（38）中国水利水电科学研究院防洪减灾研究所：张红萍
（39）中国水利水电科学研究院水环境研究所：丁相毅、杜彦良
（40）国家发改委宏观经济研究院：徐国弟
（41）中国测绘科学研究院：王均
（42）中国水利水电科学研究院泥沙研究所：曹文洪、胡春宏、姜乃森
（43）中国水利水电科学研究院水利研究所：韩松俊
（44）中国城市规划设计研究院：邹德慈
（45）北京市城市规划设计研究院：龙瀛
（46）中国疾病预防控制中心环境所：张岚
（47）水利部水土保持监测中心：李智广
（48）中国气象局预测减灾司：翟盘茂
（49）中国气象局政策法规司：张钛仁
（50）中国气象局气象探测中心：张雪芬
（51）中国气象局培训中心：刘莉红
（52）中国气象局国家气象信息中心：李庆祥、沈艳、王丽萍、赵平
（53）中国气象局工程咨询中心：马金玉
（54）中国气象局北京城市气象研究所：卢丽萍
（55）国家气候中心：段居琦、韩荣青、何勇、刘洪滨、肖风劲、张华
（56）国家气象中心：何延波
（57）中国气象科学研究院农业气象研究所：俄有浩、郭建平、梁宏、毛飞、王培娟、魏凤英、张人禾
（58）中国气象科学研究院灾害天气国家重点实验室：刘英、施晓晖、施小英、于淑秋
（59）中国农业科学院农业环境与可持续发展研究所：高清竹、游松财
（60）中国农业科学院农业资源与农业区划研究所：陈佑启、李文娟、李正国、唐华俊、辛晓平、徐明岗、吴文斌、尹昌斌、张宏斌
（61）中国农业科学院 农业经济与发展研究所：杨世基
（62）中国地质科学院地质力学研究所：邵兆刚、吴中海
（63）中国地质环境监测院：郑跃军
（64）中国农业大学信息与电气工程学院地理信息工程系：王鹏新
（65）北京林业大学林学院：刘琪璟、彭道黎、孙玉军
（66）北京林业大学水土保持学院：齐元静
（67）北京林业大学自然保护区学院：雷霆、张成梁
（68）北京林业大学森林培育与保护教育部重点实验室：王襄平

（69）中国地质大学（北京）水资源与环境学院：梁四海
（70）中国地质大学（北京）地球科学与资源学院：杨桂芳
（71）中国环境科学研究院生态环境研究所：龚斌
（72）中国林业科学研究院湿地研究中心：崔丽娟
（73）中国林业科学研究院湿地研究所：李胜男
（74）中国林业科学研究院森林生态环境与保护研究所：孙鹏森、王彦辉
（75）环境保护部卫星环境应用中心生态遥感部：侯鹏
（76）北京市农林科学院：李红
（77）国家农业信息化工程技术研究中心：宋晓宇、杨贵军、王纪华
（78）北京市社会科学院历史研究所：孙冬虎
（79）北京联合大学城市科学系：孟斌、熊黑钢、张景秋
（80）中国农业大学资源与环境学院：李保国、刘志娟、王国安、杨晓光、张凤荣
（81）中国科技出版传媒股份有限公司：李久进
（82）中国测绘科学研究院：李青元
（83）国家海洋局海洋咨询中心：张继承
（84）中国人民大学环境学院：王西琴

2. 天津相关单位及审稿专家

（1）南开大学环境科学与工程学院：毕晓辉
（2）天津大学建筑工程学院：高学平
（3）海河水利委员会水资源保护科学研究所：王立明
（4）天津师范大学城市与环境科学学院：孟广文、周江
（5）河北工业大学土木工程学院：杜子涛

3. 河北相关单位及审稿专家

（1）中国地质科学院水文地质环境地质研究所：程彦培、刘敏、赵华
（2）河北师范大学资源与环境学院：葛京凤、刘劲松、商彦蕊、许清海
（3）河北师范大学旅游学院：路紫
（4）中国科学院农业资源研究中心：沈彦俊
（5）石家庄市气象局：李国翠
（6）河北农业大学林学院：杨新兵
（7）河北农业大学植物保护学院：袁淑杰

4. 山西相关单位及审稿专家

（1）山西省气象局：李芬

（2）山西省气象台：赵桂香
（3）山西省气候中心：武永利
（4）太原师范学院城市与旅游学院：王尚义、王玉明、牛俊杰
（5）山西省地震局：王秀文
（6）山西农业大学资源环境学院：樊文华
（7）山西师范大学城市与环境科学学院：贾文毓

5. 内蒙古相关单位及审稿专家

（1）内蒙古农业大学生态环境学院：李青丰
（2）内蒙古师范大学地理科学学院：乌兰图雅
（3）内蒙古气象局：沈建国

6. 辽宁相关单位及审稿专家

（1）中国科学院沈阳应用生态研究所：郭书海、李明财、刘周莉、于大炮
（2）沈阳大气环境研究所：蔡福
（3）大连水产学院海洋工程学院：黄妙芬
（4）辽宁师范大学城市与环境学院：韩增林、李雪铭、孙才志、张威、杨俊

7. 吉林相关单位及审稿专家

（1）中国科学院东北地理与农业生态研究所：程叶青、杜国明、宋开山、隋跃宇、闫敏华、张平宇、张世春、张树文
（2）东北师范大学城市与环境科学学院：刘惠清、殷秀琴、修春亮、王士君
（3）吉林大学环境与资源学院：董德明、汤洁
（4）吉林大学地球探测科学与技术学院：姜琦刚
（5）吉林省气象台：马树庆
（6）北华大学林学院：刘盛

8. 黑龙江相关单位及审稿专家

（1）黑龙江大学水利电力学院：戴长雷
（2）黑龙江省农业科学院栽培研究所：矫江
（3）佳木斯大学：张淑兰

9. 上海相关单位及审稿专家

（1）华东师范大学生态与环境学院：陈振楼、杜德斌、丁金宏、宁越敏、王军、许世远、徐建华、杨凯、曾刚

（2）华东师范大学河口海岸科学研究院：陈沈良、戴仕宝、戴志军、侯立军、李占海、陆健健、王宪业、杨世伦

（3）华东师范大学中国行政区划研究中心：刘君德

（4）上海市气象局：周红妹、许建明

（5）上海市气候中心：史军

（6）中国水产科学研究院东海水产研究所：全为民

（7）同济大学测量与国土信息工程系：刘妙龙、石忆邵

（8）同济大学海洋与地球科学学院：范代读

（9）同济大学建筑与城市规划学院：王德、王云才

（10）中交上海航道勘察设计研究院：刘红

（11）中国极地研究中心：闫明

（12）长江口水文水资源勘测局：张志林

（13）上海市环境科学研究院：赵敏

（14）上海师范大学地理系：尹占娥、王承云、温家洪

（15）复旦大学历史地理研究所：满志敏、杨煜达

（16）复旦大学环境科学与工程系：张浩

（17）长江勘测规划设计研究院上海分院：唐建华

（18）上海市卫星遥感与测量应用中心：崔林丽

10. 江苏相关单位及审稿专家

（1）中国科学院南京地理与湖泊研究所：曹有挥、陈雯、陈爽、段学军、郭华、胡守云、李恒鹏、刘健、马荣华、陶辉、王国杰、于革、虞孝感、张虎才

（2）中国科学院南京土壤研究所：丁维新、刘勤、孙伟、于东升、张甘霖、张学雷

（3）中国科学院南京分院：佘之祥

（4）南京气象科学研究所：曾燕

（5）南京大学地理与海洋科学学院：韩志勇、侯书贵、黄贤金、金晓斌、李兰、李满春、吕建树、鹿化煜、罗小龙、庞洪喜、汪亚平、王腊春、夏非、殷勇、翟国方、朱诚、朱大奎、张捷、章锦河、宗跃光、甄峰

（6）南京大学环境学院：王远

（7）南京大学水科学系：吴吉春、吴剑锋

（8）南京大学大气科学学院：陈星、蒋维楣、张耀存

（9）南京大学生命科学学院：安树青

（10）南京大学现代分子中心：胡忻

（11）南京信息工程大学环境科学与工程学院：陈书涛、王连喜

（12）南京信息工程大学大气科学学院：丁裕国、高庆九、李栋梁

（13）南京信息工程大学应用气象学院：包云轩、景元书、申双和、孙卫国、王琳、杨沈斌

（14）南京信息工程大学海洋科学学院：于文金

（15）南京信息工程大学遥感学院：白淑英、沈润平、王慎敏、王艳君

（16）南京信息工程大学数理学院：秦伟良

（17）南京信息工程大学气象灾害省部共建教育部重点实验室：陈海山、陈中笑、张杰、周顺武

（18）南京师范大学地理科学学院：黄震方、刘红玉、陆玉麒、倪绍祥、汤国安、汤茂林、杨浩、杨山、杨昕、叶超、袁林旺、周生路、张小林、赵媛

（19）江苏教育学院地理系：史威

（20）江苏省农业科学院农业资源与环境研究所：金之庆

（21）南京水利科学研究院河港研究所：陈可锋

（22）南京水利科学研究院水文水资源与水利工程科学实验室：陆永军、马涛、宋晓猛

（23）南京水利科学研究院水利部应对气候变化研究中心：刘艳丽

（24）南京农业大学农学院：曹卫星

（25）南京农业大学资源与环境科学学院：李兆富、潘剑君、宗良纲

（26）河海大学水文水资源与水利工程科学国家重点实验室：刘凌

（27）河海大学水文水资源学院：梁忠民、钟平安

（28）河海大学地理信息科学系：张友静、张晓祥

（29）河海大学港航学院：郑金海

（30）河海大学地球科学与工程学院：刘建刚

（31）解放军理工大学气象学院军事气象系：朱益民

（32）江苏师范大学城市与环境学院：葛兆帅、马晓冬、史春云、朱传耿

11. 浙江相关单位及审稿专家

（1）浙江省气象局科技发展处：刘洁

（2）国家海洋局第二海洋研究所：张华国

（3）浙江省环境监测中心：连纲

（4）浙江大学环境与资源学院：章明奎

（5）杭州师范大学公共管理学院：张恒义

（6）宁波大学海岸带资源与环境研究中心：李加林

（7）中国林业科学研究院亚热带林业研究所：李正才

（8）浙江师范大学旅游与资源管理学院：陈修颖、冯利华、谢守红
（9）温州大学生命与环境学院：崔灵周

12. 安徽相关单位及审稿专家

（1）安徽省气象科学研究所：邓学良
（2）安徽大学资源与环境工程学院：周忠泽
（3）中国科学技术大学地球与空间科学学院：彭子成
（4）安徽师范大学国土资源与旅游学院：曹卫东、查良松、方凤满、高超、焦华富、陆林、卢松、苏勤、汪青、王朝辉、吴立、杨兴柱、张宏梅
（5）淮河流域水资源保护局：于术桐
（6）滁州学院地理信息与旅游系：戴仕宝

13. 福建相关单位及审稿专家

（1）福建师范大学地理科学学院：李志忠、杨玉盛
（2）福建师范大学地理研究所：曾从盛
（3）福州大学环境与资源学院：徐涵秋

14. 江西相关单位及审稿专家

（1）江西师范大学鄱阳湖湿地与流域研究实验室：齐述华
（2）江西师范大学地理与环境学院：丁明军、刘耀彬
（3）南昌大学环境与化学工程学院：胡春华
（4）南昌大学建筑工程学院：刘成林
（5）江西科技师范大学旅游学院：谢冬明
（6）东华理工大学核工程技术学院海洋地球物理学系：彭俊

15. 山东相关单位及审稿专家

（1）山东师范大学人口·资源与环境学院：李子君
（2）中国科学院烟台海岸带研究所：侯西勇、于君宝
（3）中国科学院海洋研究所：何宜军、黄海军、王凯、赵保仁
（4）山东省海洋环境监测中心：王叶堂
（5）鲁东大学地理与规划学院：常学礼、孙峰华
（6）国家海洋局第一海洋研究所：曹建荣
（7）中国海洋大学地学院：李广学
（8）中国海洋大学河口海岸研究所：王厚杰

(9) 中国海洋大学海洋环境学院：荣增瑞
(10) 中国海洋大学环境科学与工程学院：张龙军、郑西来
(11) 中国石油大学地球科学系：吕洪波
(12) 山东农业大学资源与环境学院：李新举
(13) 曲阜师范大学地理与旅游学院：李宝富

16. 河南相关单位及审稿专家

(1) 郑州大学水利与环境学院：万红友
(2) 黄河水利科学研究院：董年虎、侯素珍、姚文艺、张原锋
(3) 河南省气象科学研究所：陈怀亮
(4) 河南省气候中心：顾万龙
(5) 中国农业科学院农田灌溉研究所：孙景生
(6) 河南师范大学化学与环境科学学院：孙剑辉
(7) 河南理工大学测绘与国土信息工程学院：乔旭宁
(8) 河南大学环境与规划学院：丁圣彦、李小建、苗长虹、乔家君、王发曾

17. 湖北相关单位及审稿专家

(1) 长江水利委员会水文局：张欧阳
(2) 长江科学院河流研究所：郭小虎
(3) 湖北大学资源环境学院：汪权方
(4) 华中师范大学城市与环境学院：龚胜生、曾菊新
(5) 中国地质大学（武汉）地球科学学院：李长安
(6) 中国科学院测量与地球物理研究所：李仁东
(7) 武汉大学水资源与水电工程科学国家重点实验室：崔远来、谢平
(8) 武汉大学测绘遥感信息工程国家重点实验室：陈晓玲
(9) 武汉大学遥感与信息工程学院：吕安民、泰昆、王海军
(10) 湖北师范学院地理科学系：陈成忠

18. 湖南相关单位及审稿专家

(1) 湖南省气象科学研究所：黄晚华
(2) 国防科技大学信息系统与管理学院管理系：欧朝敏
(3) 湖南师范大学资源与环境学院：李景保、周国华
(4) 湖南大学环境科学与工程学院：李忠武
(5) 湖南大学经济与贸易学院：王良健
(6) 中南大学信息物理工程学院：曾永年

(7) 长沙理工大学土木与建筑学院：熊鹰
(8) 湖南科技大学地理系：王欣
(9) 衡阳师范学院资源环境与旅游管理系：刘沛林、邹君

19. 广东相关单位及审稿专家

(1) 中山大学地理科学与规划学院：曹小曙、陈建耀、董玉祥、高全洲、何深静、李郇、李贞、李志刚、黎夏、林耿、林凯荣、刘丙军、刘云刚、刘小平、许学强、薛德升、闫小培、张强、周春山、周素红、左冰
(2) 中山大学旅游学院：保继刚、曾国军、孙九霞
(3) 中山大学地理水科学与规划学院：陈晓宏
(4) 中山大学近岸海洋中心：龚文平
(5) 中山大学社会学系：王宁
(6) 华南师范大学地理科学学院：陶伟、王为、朱弘
(7) 华南师范大学旅游管理系：蔡晓梅
(8) 华南理工大学经济管理学院旅游系：戴光全
(9) 华南环境科学研究所：蔡立梅
(10) 广州大学地理科学学院：林彰平、千怀遂、吴志峰、张灵
(11) 中国气象局广州热带海洋气象研究所：吴兑
(12) 广东省气象局：龚建周、何溪澄
(13) 广东省林业科学研究院：周平
(14) 珠江水利委员会珠江水利科学研究院：张文明
(15) 北京大学深圳研究生院城市规划与设计学院：吴健生
(16) 广东海洋大学农学院：谢平
(17) 广州地理研究所：李小玲

20. 广西相关单位及审稿专家

(1) 广西大学农学院农业资源与环境系：梁骏
(2) 广西气象减灾研究所：廖雪萍
(3) 中国地质科学院岩溶地质研究所：韦跃龙
(4) 广西师范大学历史文化与旅游学院：黄松
(5) 桂林理工大学环境科学与工程学院：金鑫

21. 重庆相关单位及审稿专家

(1) 重庆师范大学地理科学学院：李月臣、邵景安
(2) 西南大学地理科学学院：蒋勇军、谢世友

(3) 中国科学院重庆绿色智能技术研究院：杨复沫
(4) 重庆市气象科学研究所：高阳华
(5) 重庆市气象局：周浩

22. 四川相关单位及审稿专家

(1) 中国科学院水利部成都山地灾害与环境研究所：白晓永、陈晓清、程根伟、程尊兰、崔鹏、邓伟、范建容、贺秀斌、罗辑、聂勇、王根绪、张信宝
(2) 成都理工大学地质灾害防治与地质环境保护国家重点实验室：唐川、王小群
(3) 西南交通大学地球科学与环境工程学院：张建强
(4) 四川大学水利水电学院：敖天其、梁川
(5) 四川省气候中心：马振峰
(6) 四川省气象台：王明田
(7) 中国气象局成都高原气象研究所：李跃清、闵文彬、王顺久
(8) 四川师范大学地理与资源科学学院：姜世中
(9) 成都信息工程学院大气科学学院：范广洲、华维、李国平
(10) 成都信息工程学院资源环境学院：刘志红
(11) 四川农业大学资源环境学院：王昌全
(12) 四川农业大学林学院：张健

23. 贵州相关单位及审稿专家

(1) 贵州师范大学地理与环境科学学院：李晓燕
(2) 中国科学院地球化学研究所：张国平

24. 云南相关单位及审稿专家

(1) 云南省水利水电勘测设计研究院规划分院：顾世祥
(2) 云南大学亚洲国际河流中心：冯彦、何大明、胡金明、陆颖、杨飞龄
(3) 云南大学旅游系：杨桂华
(4) 云南师范大学旅游与地理科学学院：陈光杰、明庆忠
(5) 云南财经大学城市管理与资源环境学院：李少娟
(6) 西南林业大学环境科学与工程系：宋维峰
(7) 中国科学院西双版纳热带植物园：刘文杰
(8) 大理学院生命科学与化学学院：冯建孟
(9) 楚雄师范学院地理系：何萍

25. 西藏相关单位及审稿专家

（1）西藏高原大气环境科学研究所：除多
（2）西藏自治区气候中心：杜军
（3）西藏农牧学院植物科学技术系：王建林

26. 陕西相关单位及审稿专家

（1）陕西省气象局气候中心：李茜、肖舜
（2）陕西省气象科学研究所：李星敏
（3）陕西省气候中心：姜创业
（4）西安理工大学水利水电学院：黄强、秦毅
（5）长安大学资源学院：任朝霞
（6）陕西师范大学旅游与环境学院：白凯、查小春、董治宝、卢新卫、马彩虹、庞奖励、任志远、孙根年、延军平、赵景波、赵振斌
（7）西北大学地质系：郑国璋
（8）西北大学城市与环境学院：白红英、李书恒、宋进喜、杨新军
（9）延长石油研究院：曹红霞
（10）中国科学院地球环境研究所：刘禹、徐海
（11）陕西省国土资源厅：王雁林
（12）中国科学院水土保持研究所：高海东、郭忠升、穆兴民、吴普特、张晓萍、赵世伟
（13）西北农林科技大学资源环境学院：李志、周建斌
（14）西北农林科技大学水利与建筑工程学院：李毅
（15）西北农林科技大学林学院：陈槐
（16）西北农林科技大学农学院：韩清芳
（17）宝鸡文理学院：周旗

27. 甘肃相关单位及审稿专家

（1）中国科学院寒区旱区环境与工程研究所：安文玲、陈仁升、陈世强、丁永建、高前兆、高鑫、韩添丁、韩致文、胡光印、吉喜斌、金炯、靳鹤龄、康尔泗、蓝永超、李新荣、李宗省、刘俊峰、刘时银、马明国、沈永平、田辉、文军、韦志刚、吴吉春、肖洪浪、徐中民、赵哈林、赵井东、赵文智
（2）中国科学院兰州资源环境科学信息中心：张志强
（3）兰州大学资源环境学院：陈发虎、刘勇、王乃昂、杨永春
（4）兰州大学西部环境与气候变化研究院：靳立亚、魏国孝

（5）兰州大学大气科学学院：王澄海、左洪超
（6）兰州大学草地农业科技学院：侯扶江、林慧龙
（7）兰州大学生命科学学院：赵传燕
（8）兰州大学草业学院：金樑
（9）兰州大学地质科学与矿产资源学院：宋春晖
（10）甘肃省水文水资源局：王双合
（11）兰州商学院：尚海洋
（12）中国气象局兰州干旱气象研究所：邓振镛
（13）甘肃省气象局：韩兰英、张强、赵庆云
（14）西北师范大学地理与环境科学学院：贾文雄、王圣杰、张明军、赵成章、赵传燕、朱国锋
（15）白银市气象局：陈少勇
（16）天水农业气象试验站：蒲金涌

28. 青海相关单位及审稿专家

（1）青海省气候资料中心：李林、时兴合
（2）青海师范大学生命与地理科学学院：侯光良、刘峰贵

29. 宁夏相关单位及审稿专家

（1）宁夏农科院生物技术研究中心：张源沛
（2）宁夏大学资源与环境学院：汪一鸣、展秀丽
（3）北方民族大学管理学院：贾耀锋
（4）宁夏水利科学研究所：徐利岗

30. 新疆相关单位及审稿专家

（1）中国科学院新疆生态与地理研究所：陈亚宁、姜逢清、李奇虎、罗格平、钱亦兵、唐宏、王亚俊、徐海量、杨玉海
（2）中国气象局乌鲁木齐沙漠气象研究所：刘新春、王健、杨青、杨莲梅、张广兴、赵勇
（3）新疆大学资源与环境科学学院：刘敬强
（4）新疆水文水资源局：吴素芬
（5）克拉玛依市气象局：孙东霞
（6）伊犁水文水资源勘测局：王姣妍